神学の技法

キリスト教は役に立つ

佐藤優
Masaru Sato

平凡社

神学の技法

キリスト教は役に立つ

はじめに

本書は二〇一五年一月に平凡社から上梓《じょうじ》した『神学の思考』の続篇である。想定しているのは、キリスト教徒ではないがキリスト教について、一歩深く知りたいと考える読者である。神学や哲学に関する知識のない人でも読み進めていくことができるように細心の配慮をした。

日本のキリスト教をめぐる出版事情には、著《いちじる》しい偏《かたよ》りがある。キリスト教入門、聖書入門のような本はたくさんある。また、プロテスタント神学について言うならば、聖書神学、歴史神学、組織神学、実践神学の各分野に関しては、高度な専門書がいくつも出ている。しかし、入門と応用をつなぐ、初級、中級レベルの基本書（教科書）に相当するような本が少ない。それならば自分でつくってしまおうと思って書いたのが本書だ。

神学という概念には、そもそも無理がある。神学を英語ではtheology（シオロジー）、ドイツ語ではTheologie（テオロギー）、ロシア語ではтеология（テオロギヤ）と呼ぶが、この言葉自体に矛盾が含まれている。神に相当するtheo、Theo、теоは、ユダヤ教の伝統を継承する動的な概念だ。これに対して、学に相当するlogy、logie、логияは、ギリシア古典哲学の静的な概念だ。静的な言語で動的な神について表すことはそもそも無理だ。人間の言語能力は有限である。その有限な人間の言語で無限の神を言い表すことは不可能だ。しかし、その「不可能の可能性」に挑むことが神学なのである。具体的には、どうやって記述を進めるか。さまざまな方法があったが、私はプロテスタント神学の伝統に従うことにした。ここで重視したのが枠組みだ。スコラ神学というとカトリック神学の専売特許のように思われているが、プロテスタント神学にも正統主義と呼ばれるプロテスタント・スコラ神学の流れがある。啓蒙《けいもう》主義の影響をプロテスタント神学が内在化するまで、歴史的には一七世紀に強い影響を持った神学の潮流だが、その枠組みは現代神学にも強い影響を与えている。この枠組みを尊重することにした。前著『神学の思考』では、プロレゴメナ（序論）、神《しん》論、創造論、人間論、キリスト論について説明した。本書『神学の技法』では、救済論、教会論、信仰論、終末論を扱う。もっともプロレゴメナから終末論を通して、私が読者に伝えているメッセージはたった一つだ。それは、イエス・キリストがわれわれの救済主であるということだ。神学とは、同じ事柄を別の言葉で表現するパラフレーズ（敷衍《ふえん》）の繰り返しなのである。従って、『神学の思考』と『神学の技法』については、どの章から読んでいただいても理解できるような記述を心がけている。例えば、キリスト教の歴史観について知りたいならば、終末論の章を読んでいただければよい。また、父、子、聖霊からなる三一《さんいつ》（三位《さんみ》一体《いったい》）の神について知りたいならば、神論を読んでいただければよい。イエスが真の神で真の人とはどういう意味なのかを知りたい人は、キリスト論を読んでほしい。もちろん、最初から通して読むことで、神学に関する体系的な知識を身に付けることができる。

この二冊を読めば、国際基準で教養としてのプロテスタント神学の知識は十分に付く。日本でならば、総合大学大学院の神学研究科博士課程（前期）の組織神学並びに歴史神学の試験に合格することができる。

神学にはさまざまな学派がある。私自身が共感を覚えていても、標準的な見解から極端に離れている言説については、本書ではあえて取り扱わなかった。私が読者に願うのは、危機的な現代を乗り切るために神学を活用してもらうことだ。実践知としての神学は、原理原則からかなり乖離《かいり》した「型破り」なものになる。それだからこそ重要なのは、神学に関する知識を得る最初の段階では「型」をしっかり覚えておくことだ。見た目は「型破り」であっても、神学の基本を押さえていないと、それはただの出鱈目《でたらめ》に過ぎないからだ。残念ながら、キリスト教神学の基礎的訓練を受けていない有識者は、自らの専門分野では優れた学識を有しているにもかかわらず、「一神教は偏狭だが、多神教は寛容である」というような間違えたことを平気で言う（この言説のどこが間違いかについては、本書を読み終えた人ならばきちんと説明できるようになる）。

各章末には練習問題を付けた。本書の内容が理解できていれば、いずれも解答できる問題である。是非積極的に取り組んでいただきたい。

「あなたたちは真理を知り、真理はあなたたちを自由にする」（「ヨハネによる福音書」8章32節）

神学の技法
キリスト教は役に立つ

目次

装幀　菊地信義
本文デザイン　水戸部功

救済論

イエス・キリストは救い主なのか

イエス・キリストの死をどうとらえるか

教義学の中で、贖罪《しょくざい》に焦点をあてた議論を救済論（soteriology）と呼びます。救済論はギリシア語の soteria（救済）を語源とし、伝統的には「贖罪論」や「キリストの業《わざ》」と呼ばれていました。贖罪とは、罪のないキリストの十字架上の死によって、神に対して人類が行った罪が償《つぐな》われたという意味です。

キリスト教とは、「真の神であり真の人であるイエス・キリストが救い主である」ことを信じる宗教です。つまりイエス・キリストが救済の根拠です。それですから、当然、救済論はキリスト論の一部を構成します。もっともそういう言い方をするならば、教会論や終末論もすべてキリスト論に含まれます。神論や、創造論ですら、イエス・キリストを通じて神や創造について語るので、キリスト論に包摂されます。教義学とは人間に啓示された真理を体系的に論証することですが、教義学の各論は、すべてキリスト論的な根拠を持っています。二〇世紀最大の神学者と言われるカール・バルト（Karl Barth, 1886-1968）は、「イエス・キリストとともに立ちもし、倒れもする」という言い方をしましたが、イエス・キリストを欠いた教義学は成り立ちません。そのことをまず押さえておいてください。

救済論にはいくつかの類型がありますが、本書では三つの類型について説明します。

第一は、イエスの十字架における死を犠牲《ぎせい》としてとらえる考え方です。

第二は、十字架におけるイエスの死を復活と結びつけて、「勝利者キリスト（Christus victor）」と理解する考え方です。

第三は、十字架におけるイエスの死によって、人間の罪を赦《ゆる》す根拠が与えられたという考え方です。

早速、第一類型のイエスの十字架上での死を犠牲としてとらえる考え方を紹介しましょう。キリスト教では、原罪を負った人間が自力で救済されることはあり得ません。「キリストの業」による救済が、どうしても必要になります。ユダヤ教においては子羊による犠牲（贖《あがな》い）であったのが、キリスト教においては、イエス・キリストという真の神で真の人の犠牲によって完成するのです。この点について端的に述べたのがパウロです。

パウロの書簡である「ローマの信徒への手紙」から、該当箇所を見てみましょう。


ところが今や、律法とは関係なく、しかも律法と預言者によって立証されて、神の義が示されました。すなわち、イエス・キリストを信じることにより、信じる者すべてに与えられる神の義です。そこには何の差別もありません。人は皆、罪を犯して神の栄光を受けられなくなっていますが、ただキリスト・イエスによる贖い〔佐藤註＊ヒラステーリオン〕の業を通して、神の恵みにより無償で義とされるのです。神はこのキリストを立て、その血によって信じる者のために罪を償う供え物となさいました。それは、今まで人が犯した罪を見逃して、神の義をお示しになるためです。このように神は忍耐してこられたが、今この時に義を示されたのは、御自分が正しい方であることを明らかにし、イエスを信じる者を義となさるためです。（「ローマの信徒への手紙」3章21〜26節）

ヒラステーリオン（hilasterion）とは、エルサレムの神殿に置かれていた「契約の箱」もしくは、「箱の蔽《おお》い」を指します。神殿が破壊された後は、ヒラステーリオンがかつて置かれていた場所を指すようになりました。ユダヤ教の祭日「贖いの日」には、そこに犠牲の血が注がれました。

神はこれまで人間の罪を見逃していましたが、もはや忍耐の限界に至ったので、自らのひとり子《ご》であるイエス・キリストをこの世界に派遣して、罪を贖うための「供え物」として献《ささ》げることによって、人間を救済したのです。これがパウロが言う「キリスト・イエスによる贖いの業」です。人間の罪が忍耐の限度に至っても、人間を滅ぼすのではなく、救済するところにキリスト教の神の特徴があります。

パウロは「コリントの信徒への手紙一」でも、「キリストが、わたしたちの過越《すぎこし》の小羊として屠《ほふ》られたからです」と述べています。神によって愛のリアリティがこのような形で示されるのです。

わずかなパン種が練り粉全体を膨らませることを、知らないのですか。いつも新しい練り粉のままでいられるように、古いパン種をきれいに取り除きなさい。現に、あなたがたはパン種の入っていない者なのです。キリストが、わたしたちの過越の小羊として屠られたからです。だから、古いパン種や悪意と邪悪のパン種を用いないで、パン種の入っていない、純粋で真実のパンで過越祭を祝おうではありませんか。（「コリントの信徒への手紙一」5章6～8節）

この思想を発展させ、子羊の犠牲をキリストの贖いという形に神学的な整理をしたのが古代キリスト教の神学者アタナシオス（Athanasios, 298-373）でした。アタナシオスの「復活祭書簡七」の記述を、英語圏で標準的なプロテスタント神学の入門書として用いられているアリスター・E・マクグラス『キリスト教神学入門』から引用します。

［キリストは］真に父なる神のものでありながら、我々のために受肉した。我々に代わって父に自らを献げるためである。そうして自らの献げ物と犠牲とによって我々を贖うためである。……これこそかつては小羊として、その小羊において予見されていたその方である。しかしその後、彼は我々のために殺された。我々の過越なるキリストは犠牲となったのである（Iコリ五・七）。（アリスター・E・マクグラス［神代真砂実訳］『キリスト教神学入門』教文館、２００２年、５６２頁）

このパウロ、アタナシオスの系譜に、古代キリスト教最大の教父といわれるアウグスティヌス（Aurelius Augustinus, 354-430）の思想も位置づけられます。

例えばアウグスティヌスは犠牲の思想を引き継いで、キリストは「罪のために犠牲とされた。その受難の十字架において自らを焼き尽くす献げ物として献げた」と述べている。アウグスティヌスはキリストの犠牲の本性についてのこの議論全体に新たな明晰さを与えた。『神の国』において示された明晰で非常に影響力のある犠牲の定義によってである。「真の犠牲は我々を神との聖なる交わりに結び付けようとするあらゆる行為において献げられている」。この定義に基づいてアウグスティヌスは何の困難もなく、キリストの死を犠牲として語る。「キリストの死は我々のために献げられた真に唯一にして最も真実な犠牲であるが、これによってキリストは、王たちや諸力が我々に償いを合法的に求めさせることになるいかなる罪過をも清め、廃棄し、消滅させるのである」。この犠牲においてキリストは、犠牲と祭司との両方となっている。彼は自らを犠牲として献げる。「彼は我々のために犠牲を献げた。どこに彼は献げるべき汚れのない犠牲を見出したか。彼は自らを献げた。他に見出し得なかったからである」。（前掲書562頁）

神と人間の仲介者（仲保者、イエス・キリストのこと）は、単なる媒介項ではありません。仲保者自身が神であるところに、ユダヤ教とキリスト教の本質的な相違があります。

イエス・キリストの犠牲と人間の救済

キリスト教において、仲保者自身が神であるのは、なぜなのでしょうか。

それは、人間との媒介を持たない神では、原罪を負った人間が救われるという根拠を得ることができないからです。神と人間の間には質的、能力的に決定的な断絶があります。人間がどれだけ努力しても神になることはできません。救済は、絶対的な神から人間への一方的な恩恵によってのみ成り立つというのがプロテスタンティズムの考え方です。イエス・キリストにおいて真の神が真の人になったこと、つまり神と人をつなぐイエス・キリストあってこそ、救済の業が可能になるのです。神はそのひとり子を、人間の悲惨さの最も深い深淵《しんえん》にまで送りました。そして、イエス・キリストは、人間のために犠牲となったのです。

この犠牲をプロテスタント神学は、罪に由来する人間の三重の悲惨（無知であること、罪を負っていること、罪に抑圧され縄目にかけられていること）から、キリストの三つの権能《けんのう》と結びつけて考えるようになりました。

一つ目は預言者としての権能です。キリストは神の意思を宣言する役割があります。

二つ目は祭司としての権能です。キリストは罪のための犠牲を献げる役割があります。

三つ目は王としての権能です。キリストは自分の民を権威をもって支配する役割があります。

この三つの機能は、一六～一七世紀に「キリストの三職」として定式化され、キリストの死を犠牲として理解することがプロテスタントの救済論の中心となっていきました。

しかし、キリストの三つの権能について、聖書に明確な記述はありません。聖書解釈から導き出すことは、無理があります。それですから、現代神学において三つの権能については、あまり関心が払われていません。ドイツのプロテスタント神学者ヴォルフハルト・パネンベルク（Wolfhart Pannenberg, 1928-2014）は、三つの権能という概念を構築したのは、ルター派のアンドレアス・オジアンダー（Andreas Osiander, 1498–1552）であり、それがカルヴァン（Jean Calvin, 1509–64）によって一般的になったと考えます。

一五三〇年のアウクスブルクの帝国議会のために書かれた彼〔佐藤註＊アンドレアス・オジアンダー〕の反論において、彼はキリストの三職、換言すればキリストの三重の職務についてなぜ語らねばならぬかについて、古典的な根拠づけを次のようにした。「そのようにキリストは油注がれた者と呼ばれ、預言者、王、大祭司にのみ油注がれたのであるから、私たちはこれらの三職すべてはまさしく彼に属していることを知る。すなわち、彼のみが私たちの教師であり主であるゆえに、預言者職に属し（マタイ二八・八以下）、彼はヤコブの家で永遠に支配するゆえに王の権能を有し（ルカ一・三二以下）、さらに彼はメルキゼデクの位に従えば、祭司であるゆえに祭司職を継承するのである（詩篇一一〇・四）。パウロがコリント人への第一の手紙一章で証言しているように、キリストは私たちの知恵・義・聖・救いであるということが、彼の職務なのである」。キリストの職務が三つあるということは、カルヴァンによって一般的な承認を受けるようになった。カルヴァンが一五三六年以来、ジュネーヴ信仰告白において、また『キリスト教綱要』の諸版において、三職の教義を述べた。明らかにカルヴァンから、改革派も後のルター派正統主義も、三職の教義を受け取ったと言える。（ヴォルフハルト・パネンベルク〔麻生信吾／池永倫明訳〕『キリスト論要綱』新教出版社、１９８２年、２５６頁）

キリストの三つの機能に関する教理が整備された時期が、近代的な合理主義と啓蒙主義が流行する前である一六〜一七世紀であったことに留意する必要があります。

重要なことは、三つの機能という教理に当時の神学者が至った思考の過程を追うことです。キリスト教の本質は救済宗教です。神学者は、イエス・キリストの犠牲によって人間は救われるという救済論を追求した結果、三つの機能の発見に至りました。救済と犠牲を絡めたところに、神学的に大きな意味があるのです。

犠牲は、ユダヤ教で献げ物にされる動物との類比で出てきた概念です。これが啓蒙主義の時代になって、プロテスタント神学にも影響を及ぼし始め、徐々に意味が変化しました。犠牲が人間の英雄的な献身的行為を指すようになるのです。特に神との関係が断絶されたところで、人間が自らの生命を献げることを犠牲と考えるようになり、ナショナリズムと結びつくようになりました。罪の贖いというキリスト教的意味が消去され、人間の自己絶対化と結びつくようになったのです。特にナチスが、犠牲の概念を利用し、第一次世界大戦の莫大《ばくだい》な補償金に苦しむドイツ国民の苦境を、より大きな栄光のための犠牲だという論理転換をしました。

この点について、マクグラスの指摘が示唆に富みます。

> 犠牲のイメージを用いることは、一九四五年以降の特にドイツ語圏の神学においてははっきりと盛んではなくなった。これについては、この言葉が世俗の文脈において、特に国家の危急の状況において悪い意味を持つようになったことと直接に関係があるという可能性が高い。犠牲のイメージが世俗において用いられるとき、それはしばしば安っぽいスロ

ーガンと化すことになり、そうして言葉と概念の両方が汚され、歪められてしまったと広く受け止められているのである。例えば第一次世界大戦の時の英国では「彼は王と祖国とのために自分を犠牲にした」という言葉がよく聞かれたし、アドルフ・ヒトラーは犠牲のイメージを大がかりに用いて、経済的苦境と一九三〇年代後半におけるドイツの復興のための市民的自由の喪失とを正当化したのである。こうした否定的な連関のために、多くの人々はキリスト教の教えや説教においてこの言葉を事実上、使えなくなったのである。

（マクグラス『キリスト教神学入門』５６６頁）


犠牲のイメージは、戦没者を顕彰《けんしょう》するという形でも表れます。日本における靖国《やすくに》神社をめぐる論争も、犠牲のイメージと結びついています。キリスト教神学における救済論を理解していれば、靖国問題がなぜこれだけ大きな政治問題になるかについて説明することができます。戦争のために生命を献げた英霊によって、現在、生きているわれわれが救われるという論理が政治問題の背後に隠れているのです。

「勝利者キリスト」と悪魔の権利

それでは第二類型、すなわち「勝利者キリスト」という考え方について紹介しましょう。

この考えを支えているのは、悪に対するキリストの勝利という発想です。新約聖書は、イエスの十字架における死と、その三日後の復活によって、罪と死を超克《ちょうこく》しただけでなく、悪魔（サタン）に対しても勝利したことを強調します。この「勝利者キリスト」は、イエス・キリストの犠牲は悪魔に対する身代金《みのしろきん》だったという考え方とも親和的です。人間が悪にまみれているのは、悪魔の人質になっているからであり、神は悪魔に対して身代金を払い人間を解放したという考え方です。しかし、この考え方に立つと、悪は神の影響下になく、それ自体として自立しており、悪魔も権利を持つということが前提になります。

この類型に属する大グレゴリウスの「釣針《つりばり》のたとえ」を、マクグラスはこう説明します。

グレゴリウスは餌の付いた釣針のイメージを出す。キリストの人性が餌で、神性が針である。悪魔は大きな海の怪物のように餌に飛び付く。針に気づいたときには、もう遅い。「針にかけるために餌は誘うのである。それゆえに我々の主は人類の贖いのために来られたとき、悪魔の死のために自らを一種の針としたのである」。他の思想家たちは同じ思想を別のイメージを用いて考えているが、それは悪魔を罠にかけるというイメージである。

（前掲書567〜68頁）

これは、神が悪魔を騙《だま》すという筋書きです。果たして、われわれが信じる神は、誰かを騙すような存在なのでしょうか。四〇〇年頃に活躍したアクィレイアのルフィーヌスなど、そのように考えた神学者もいますが、中世のカトリック神学においては、神が悪魔を騙すという論理を内包する「勝利者キリスト」という救済論は人気を持たなくなりました。神は善であるので、たとえ相手が悪魔であっても「騙す神」というのが受け入れがたかったからです。

中世神学の特徴は、論理性を重視するところにあります。中世神学はスコラ神学とも呼ばれ、教会や修道院付属の学校や大学で形成されました。英語のスクール（school）の語源になったラテン語のスコラ（scola）の本来の意味は、「暇」です。暇な時間を利用して真実を追究していくことが学問なのです。ここで用いられるのが、アリストテレス型の論理学です。もっとも、これはアラビアを経由したアリストテレス哲学ですので、実際にはプロティヌスをはじめとする新プラトン主義の影響が入っています。ただし、ここでは新プラトン主義の影響はとりあえず無視しても構いません。

中世神学には、神は天上にいて、人間は地上にいて、その下に地獄があるという確固たる形《けい》而上学《じじようがく》が存在します。この前提条件を認めた上で、神の存在を論理的に証明していきます。従って、中世における神学上のディベート（論戦）は、事前に与えられた条件の下で、誰が精緻な論理を展開することができるかという技能の争いになりました。知識を武器にして、いかにして相手を打ち破るかが、神学論争の主要目的になります。神学者は自らの知的技能の研鑽《けんさん》に力を注ぐようになり、その結果、一般のキリスト教徒にとって、神学論争とは「わけのわからないこと」を指すようになってしまいました。

「勝利者キリスト」という考え方は、「悪魔の権利」であるとか「神が悪魔を騙す」という議論を導くことになるので、「神は絶対善である」「悪は自立しない（善の欠如に過ぎない）」というスコラ神学の前提に都合がよくない論点が出てきてしまいます。そういう切り口で議論しても、神学論争で勝利することができないので、中世では「勝利者キリスト」という議論が後景に退いていったのだと思います。

「勝利者キリスト」という考え方は、一六世紀の宗教改革で甦《よみがえ》ります。ルター（Martin Luther,

1483-1546）による福音《ふくいん》の再発見は、救済宗教としてのキリスト教を甦らせることでした。それだから「勝利者キリスト」という中世のスコラ神学が捨てた概念を拾い上げました。もっともルターの神学は、弟子のメランヒトンらによってスコラ化されていってしまいます。プロテスタンティズムにも、カトリシズム同様、スコラ神学があります。それは、プロテスタンティズムという運動が、中世的な世界観の中で起きたので、スコラ化は不可避的なのです。その結果、「勝利者キリスト」という救済論は再び後景に退いてしまいました。

第一次世界大戦後の神学

さらに近代になって、宇宙観が天動説から地動説に変化しました。そうなると旧来の形而上学が持っていた、上に天国があり、下に地獄があるという世界像を維持できなくなります。従って、「勝利者キリスト」という考え方は、前近代的な迷信と見なされ、神学者はこの説明を用いなくなりました。もっともロシア正教会では、悪魔の権利を前提とした「勝利者キリスト」という考え方が継承されました。この考えは、ドストエフスキーの『罪と罰』『悪霊』『カラマーゾフの兄弟』などの小説に端的に表れています。

二〇世紀に入ってからは、プロテスタント神学において「勝利者キリスト」を再評価する動きが出てきます。スウェーデンのプロテスタント神学者グスタフ・アウレン（Gustaf Aulén, 1879-1977）は、二〇世紀のプロテスタント神学に「勝利者キリスト」という考え方を甦らせることによって、人間の救済というキリスト教の目的に資することができると考えました。

アウレンは「勝利者キリスト」の伝統的な解釈を、中世のスコラ神学者であるカンタベリーのアンセルムス（Anselmus Cantuariensis, 1033–1109）の「客観的なもの」、同じく中世のスコラ神学者ペトルス・アベラルドゥス（Petrus Abaelardus, 1079–1142）の「主観的なもの」に類型化し（この二者については、後で論じます）、そのいずれとも異なる解釈を提示しました。具体的には、〈この世の悪の力、人類を隷属させ苦しめている「暴君」どもと戦い、勝利し、神はキリストにおいてこの世を自己に和解させる〉（前掲書570頁）という考え方です。その結果、神学は政治的性格を強く帯びることになります。

しかし、この政治性に目を奪われてはなりません。重要なのは、アウレンが、この世における悪の問題を正面から見据《みす》えたことです。このアプローチはとても重要であると私は思います。救済を確実にするためには、悪の強さを等身大で認める必要があるとアウレンは考えたのです。

アウレンの「勝利者キリスト」についての論考は、一九三〇年に発表されました。この背景には、第一次世界大戦があります。ヨーロッパで生まれた二〇世紀の神学や思想・哲学について語るとき、第一次世界大戦の意味が決定的に重要になります。一六一八～四八年の三十年戦争以後、初めてヨーロッパの広範な地域が戦場となり、大量破壊と大量殺戮《さつりく》が行われました。第一次世界大戦は、召集された国民による継続的な総力戦であり、ヨーロッパ大陸の各国は、戦勝国も敗戦国も大きな打撃を受けました。

日本も第一次世界大戦に参戦しました。しかし、日本は、遼東半島や太平洋の諸島で限定的な戦闘を行っただけで、しかも簡単に勝利しました。そのため日本人は第一次世界大戦が引き起こした大量破壊、大量殺戮を皮膚感覚として理解することができませんでした。第一次世界大戦に勝利し、国際連盟の常任理事国となり、アジア唯一の帝国主義国となった成功体験が、「たたかいは創造の父、文化の母である（「国防の本義」）」という発想につながっていくのです。

実は最初の本格的な大量破壊、大量殺戮が行われた戦争は、一九〇四～〇五年の日露戦争でした。二百三高地の戦い、奉天《ほうてん》会戦、日本海大海戦などで、私たちは戦争の悲惨さを経験したはずです。しかし、日本は戦勝国であったので、戦争は成功体験としてとらえられました。「悪の実在」について、日本の神学が鈍感であったのは、第二次世界大戦に敗北するまでの戦争観と関係していると私は考えています。

第一次世界大戦に直面して、人間はもはや理性や科学技術を手放しで信頼することができなくなりました。この現実を正面から受けとめたので、アウレンの贖罪論が人々の心をとらえたのです。

しかし私は、アウレンの説に説得力があるとは考えていません。十字架による死が贖罪になるということが独断的に述べられるだけで、なぜ十字架でなくてはならなかったかという必然性に関する説明が欠けているからです。その意味で、アウレンの贖罪論も、人間の主観性を重視する一九世紀の自由主義神学の枠組みから抜け出すことができていません。

十字架の死を贖罪ととらえる

それでは第三類型の、十字架におけるイエスの死によって、神が罪を許す根拠が与えられたという考え方を紹介しましょう。これはカンタベリーのアンセルムスによる贖罪論で、プロテスタント神学の主流です。

特徴的なのは、悪について、「悪魔の権利」をどうとらえるかです。ロシア正教会の神学では、「悪魔の権利」を認める考え方が主流です。それだから、神は悪魔を騙すことがあります。人間の救済にあたって、神が正直でない場合もあります。このような理屈に立てば、現実の社会で悪と不正が横行していることを、神の知恵に基づいた戦略として説明することができます。しかし、アンセルムスは、神が不正を働くことはないという原則にいささかでも反する論理展開に対して忌避《きひ》反応を抱きました。

マクグラスの説明を見てみましょう。

> アンセルムスには理解出来なかった。どうして悪魔が罪に堕《お》ちた人類に対して、何らかの「権利」などというものを持っていると言えるのか。その権利を神が尊重しなければならないのはどうしてかということは措いておくとしても、どうしてそのようなことが言えるのだろうか。せいぜい悪魔には人類に対する事実上の権力を持つことが許されたというところであろう。その権力は非合法的で正当化出来ないものであるとしても、事実として存在する。しかしそれを法的な権威と考えることは出来ない。つまりそれは、ある法的な、あるいは道徳的な原理にしっかりと基礎を置いた権威ではない。「これがどのような力を持つのか、私にはわからない」というのが、この思想を退けるにあたってのアンセルムスの言葉である。同じようにアンセルムスは贖罪の過程において神が悪魔を欺《あざむ》いたとする考えをすべて退ける。贖罪の道筋全体は神の義に基礎を持ち、それを反映していなければならない。（前掲書５７２〜７３頁）

アンセルムスは、ローマ法的な思考を重視するので、このような論理展開をします。正直に告白すると、私はアンセルムスの贖罪論がどうもストンと腹に落ちないのです。アンセルムスが、人間の悪を過小評価しているように思えてならないからです。それだからこそアンセルムスの贖罪論を、反面教師として、私たちは学ばなくてはならないのだと思います。マクグラスがまとめたアンセルムスの贖罪論の論点から、その主張を検証していきましょう。

1　神は人類を原義の状態に創造した。その目的は人類を永遠の祝福に与《あずか》らせることであった。

2　その永遠の祝福の状態は、人間の神への従順に依存している。しかしながら罪によって人類はこの必要な従順を達成出来ない。これは元来、神が人間を創造したときの目的を挫折させるように見える。（前掲書573頁）

「原義の状態」とは、創造されたままの本来の状態において人間は罪を持っておらず、神によって祝福される状態であったということです。悪は人間の罪によって生まれます。従って、神の責任を回避するためには、人間が罪なくして創造されたという理屈が必要になります。このような理屈を必要とするということに、アンセルムスのスコラ学的な思考がよく表れています。この罪は神に対する人間の反抗という形で表れます。そのことによって、神が創造したこの世界に悪が生まれます。しかし、神は悪を創造したのではないので、この点を説明しなくてはなりません。そこでアンセルムスは、以下の説明と解決手段を考えます。

3　神の目的が挫折させられることはあり得ないので、この状況への対策がなければならない。しかしながら、この状況への対策は罪の償いがなされることしかない。言い換えれば、人間の罪によって引き起こされた違反が取り除かれる何かがなされなければならない。

4　人間がこの必要な償いをすることは出来ない。それに必要なものを欠いているからである。他方、神は要求されている償いをなすのに必要なものを所有している。

5　「神‐人」が要求されている償いをする（神として）能力と（人間として）義務との両方を備えている。それゆえに受肉《じゅにく》が起こったのであり、それは要求されている償いをなし、人類を贖うためなのである。（前掲書573頁）

人間は神の命令に違反し、それを回復する能力を持たないとアンセルムスは考えます。一方、神は罪を犯していないので、罪を克服するために何かを行う義務を負っていません。そこで、真の神で真の人であるイエス・キリストならば、能力と義務の双方を持つので償いが可能になります。こういう発想も、論理を過度に重視するスコラ学に特徴的です。

償いに救済の見返りを求めるという発想は、贖宥状《しょくゆうじょう》（いわゆる免罪符）につながりかねません。このような発想が出てくるのは、悪が「善の欠如」に過ぎない程度のものだという悪の力に対するアンセルムスの軽視があります。もっともこの発想はアンセルムスだけでなくカトリック教会の多くの神学者に見られる特徴です。

アンセルムスの償いの概念を発展させたのが、トマス・アクィナス（Thomas Aquinas, 1225?–74）です。アクィナスは、キリストの償いの根拠を、その愛の大きさゆえだと主張しました。これはアベラルドゥスが展開した、十字架におけるキリストの死が愛に基づくものであったという考え方を継承しています。もっともイエス・キリストの死の価値は、キリストの神性に基づくものという考え方にアクィナスは引き寄せられています。それだから、アクィナスは、人間の罪を負って死によって償っても、償いを超える価値があったという認識をしています。

神と人間の仲介者イエス・キリスト

一六世紀の宗教改革でアンセルムスは再評価されます。そして、神の圧倒的な恩恵によって人間の罪は赦されるという、プロテスタント神学の根幹を支えることになります。

マクグラスは宗教改革当時に重要性を増していた法的概念を援用し、代表、参与《さんよ》、代理という三つのキーワードで、一六世紀のプロテスタント神学を類型化します。

まず一つ目のキーワード「代表」について見てみましょう。

1　〈代表〉　ここではキリストは人間側の契約代表と理解される。信仰によって信者は神と人間との間の契約関係に入ることになる。十字架によってキリストがなし遂げたことのすべては、契約のゆえに人間のものとなり得るのである。ちょうど神がその民イスラエルとの契約関係に入ったように、神は教会との契約関係に入ったのである。キリストは十字架上での従順のゆえに契約の民を代表する。その代表として民のために恩恵を勝ち取るのである。個々人は信じるようになることで契約に入り、キリストが十字架と復活とによって勝ち得たあらゆる恩恵に与ることになる。その恩恵には我々の罪の充分で無償の赦しが含まれている。(前掲書575頁)

契約は、複数の当事者がいないとできません。伝統的なプロテスタント神学の救済論においては、イエス・キリストは、十字架において、まず人間側の代表として、神と契約をします。繰り返して述べますが、真の神で、真の人であるという媒介者を置くことがキリスト教の特徴です。ユダヤ教とイスラームでは、神は神、人間は人間で、両者は交わりません。しかし、キリスト教の場合、神と人間は平行線ですが、イエス・キリストという一点で交わるのです。ユークリッド幾何では、平行線は交わりません。しかし、非ユークリッド幾何の一つであるリーマン幾何では、平行線は交わります。地球儀を思い浮かべてみてください。赤道上で緯度線は、互いに平行です。しかし、それは北極点、南極点では交わります。数学者ベルンハルト・リーマンの基礎教育がプロテスタント神学なので、イエス・キリストとの類比で、平行線が交わるという発想が出てきたのだと思います。

この契約に続き、「イエス・キリストが十字架の上で死んだことによって、私も救われた」と信じることが重要になります。マクグラスは、これを参与と呼びます。

2 〈参与〉 信仰によって信者は甦りのキリストに参与する。信者は、パウロの有名な言葉を借りて言えば「キリストに結ばれ」ているのである。信者はキリストの内にあり、その甦りの命に参与する。その結果、信者はキリストが十字架上での従順によって勝ち得たあらゆる恩恵に与ることになる。そのような恩恵の一つが罪の赦しである。（前掲書575〜76頁）

パウロの「コロサイの信徒への手紙」から、関連箇所を引用しておきます。

あなたがたは、主キリスト・イエスを受け入れたのですから、キリストに結ばれて歩みなさい。キリストに根を下ろして造り上げられ、教えられたとおりの信仰をしっかり守って、あふれるばかりに感謝しなさい。人間の言い伝えにすぎない哲学、つまり、むなしいだまし事によって人のとりこにされないように気をつけなさい。それは、世を支配する霊に従っており、キリストに従うものではありません。キリストの内には、満ちあふれる神性が、余すところなく、見える形をとって宿っており、あなたがたは、キリストにおいて満たされているのです。キリストはすべての支配や権威の頭《かしら》です。あなたがたはキリストにおいて、手によらない割礼《かつれい》、つまり肉の体を脱ぎ捨てるキリストの割礼を受け、洗礼によって、キリストと共に葬られ、また、キリストを死者の中から復活させた神の力を信じて、キリストと共に復活させられたのです。肉に割礼を受けず、罪の中にいて死んでいたあなたがたを、神はキリストと共に生かしてくださったのです。神は、わたしたちの一切の罪を赦し、規則によってわたしたちを訴えて不利に陥れていた証書を破棄し、これを十字架に釘付けにして取り除いてくださいました。そして、もろもろの支配と権威の武装を解除し、キリストの勝利の列に従えて、公然とさらしものになさいました。（「コロサイの信徒への手紙」２章６〜15節）

パウロは、信仰によってキリストの死に参与することで、人間は罪と罪に満ちた古い時代と決別することができると考えました。キリストの死に参与することで、人間は永遠の命を得るのです。このことは、同時に神を知ることになります。

カトリシズムが救済には「信仰と行為が必要である」と主張するのに対し、プロテスタンティズムは「信仰のみだ」と強調します。その差異は、十字架にかけられたイエス・キリストへの参与に対する認識の違いから生まれます。プロテスタント神学は、人間が救済される根拠は十字架によるイエス・キリストの死に参与することのみで十分と考えます。その参与が、信仰なのです。「信仰のみ」を掲げるプロテスタント教徒が行為を軽視しているわけではありません。信仰即行為になるので、両者を分離できる「と」で結びつける「信仰と行為」という形に、プロテスタント神学は異議を申し立てているのです。

宗教改革の下降史観と啓蒙主義の進歩史観

イエス・キリストは真の人ですが、他の人間との重要な違いがあります。それは、イエス・キリストが罪を持っていないことです。罪を持っていないイエス・キリストが、代理として、罪を持つわれわれの代わりに死んだということをプロテスタント神学は重視します。この点について、マクグラスの三つ目のキーワード「代理」を見てみましょう。

3 〈代理〉 ここではキリストは代理、つまり我々に代わって十字架に向かう者と理解されている。罪人はその罪のゆえに十字架に架けられるべきなのであるが、キリストが罪人に代わって十字架につけられた。神はキリストが我々の代わりとなり、我々の罪責を引き受け、それによって十字架上での従順によって勝ち取られた義が我々のものになることを許したのである。(マクグラス『キリスト教神学入門』576頁)

このような贖罪の解釈は、近代より前の世界像の中で営まれています。一六世紀のルター、ツヴィングリ、カルヴァン等の宗教改革は、中世的世界像の枠組みの中で営まれました。宗教改革の本質は、「イエス・キリストに還《かえ》れ」という復古維新運動です。復古維新運動の基本は、時間の経過とともに人間は悪くなっていくという下降史観に基づいています。

イエス・キリストはこの世に現れ、十字架に磔《はりつけ》にされて死に、葬られてから三日後に復活し、弟子たちの前に現れました。そしてキリストは、「然《しか》り、わたしはすぐに来る」(「ヨハネの黙示録」22章20節)と言い残して、再び天上に帰りました。その後、地上でイエス・キリストの教えを継承することになったのが教会です。教会の長は、目に見えないイエス・キリストです。しかし、時間が経過するとともにローマ教皇は、自らが教会の長と勘違いした振る舞いをするようになります。宗教改革者からすれば、これは堕落以外の何ものでもありません。時間の経過とともに、原罪のある人間と、その人間によってつくられた共同体は堕落していく傾向があるのです。これを是正するために、原点であるイエス・キリストに立ち返る必要があると一六世紀の宗教改革者たちは考えました。それだから、宗教改革者は、人によって濃淡の差がありますが、究極的なところで人間の理性を信頼しませんし、進歩に対しても懐疑的です。

これに対して、一七世紀末から始まった啓蒙主義は理性を肯定的にとらえます。啓蒙主義は、英語でenlightenment、ドイツ語でAufklärungという言葉で表現されます。いずれも「光によって明るくすること」を意味します。光は、理性を象徴しています。各人が理性の力を行使すれば理想的な社会ができるというのが、啓蒙主義者の基本的な了解事項です。この発想は、原罪というキリスト教の人間観となじみません。原罪がないとするならば、イエス・キリストによる贖罪の必要もなくなります。この観点から、キリスト教の救済論は危機的状況に陥ります。アンセルムスの救済論にあった、悪の自立性を軽視する傾向が、啓蒙主義によって加速するのです。その結果、一九世紀の自由主義神学は、悪の問題を等閑視《とうかんし》してしまいました。

バルトの十字架理解に見る弁証法的構造

しかし人間の生活する領域で、理性によって支配されているのは一部に過ぎません。それを人間のすべての領域に拡張することは、間違いです。同じようにキリスト教を含むすべての宗教は、非合理な要素を持っています。従って、神学には、必ず恣意《しい》的な前提があります。数学においても、証明することができない公理系が想定されているわけですから、恣意的前提が完全に排除されている学問はありません。

一方、啓蒙主義の影響下で、原罪を人間の心理的現象に還元する動きも出てきます。フロイトの精神分析がその一例で、罪の起源を神にではなく、人間の本性の混乱にあるとしました。フロイトの心理学的方法の問題は、原罪を性欲に還元してしまうことです。人間の本性が混乱しているのは間違いのない事実ですが、性欲や人間の心理に還元することができない悪が現実に存在しています。神学者がこのことを再認識するのは、前に述べたように、第一次世界大戦の大量殺戮と大量破壊に直面した後のことです。

この世界大戦によって、悪が可視化されました。職業軍人だけでなく、すべての国民が戦争に巻き込まれる総力戦に直面することによって、人間によってつくり出された悪が人類を滅ぼしてしまう危険性があると、ヨーロッパの人々は考えたのです。それだから、自由主義神学が前提としていた啓蒙的理性を信頼する進歩主義をもはや維持することができなくなりました。また、道徳的な楽観主義も、力を失いました。神学者は、神の義が回復されなくてはならない、つまり思弁ではなく、現実において、神によって定められた正しい秩序が回復されなくてはならないと考え、その結果、原罪と救済の関係をもう一度、真剣に考えるようになります。

この正しい秩序を回復する力は人間の側にはありません。神からの恩恵によって、人間に与えられたイエス・キリストの十字架上の死によって秩序が回復されるのです。キリスト教徒が悔《く》い改めて、イエスが伝えた福音の内容を、再度、自らのものとすることによって、神と人間の和解がなされます。原罪を負う人間は、イエス・キリストに徹底的に従うことによってのみ、福音を知ることができるのです。

この考え方を徹底したのが、カール・バルトです。人間は原罪を負っているので、人間であるということは、同時に罪人であるということになります。このことをバルトはSündermensch（「罪の者」「罪の人」）という言葉を用いて、人間から罪が切り離せないことを強調します。もっともこの考え方は、カトリック神学では通用しません。なぜなら、罪を持たないイエスを産んだマリアにも罪がないという理解（「マリア無原罪の昇天」）をカトリック教会がしているからです。カトリック神学では、マリアを除く人間はすべて罪人ということになります。

罪のある人間が、自らを救済することはできません。それだから、キリスト教は自力救済を否定します。絶対他力《たりき》によってのみ、人間は救われると考えます。キリスト教の救済論の構成は、浄土真宗に近いのです。

しかし、人間は自分の力によって救済が可能になると勘違いする傾向があります。これが自己義認《ぎにん》の誘惑です。自己義認は、自らを神と崇《あが》める偶像崇拝に他なりません。それだからバルトは、人間が自分自身の審判者になろうとすることを忌避します。

バルトは、イエス・キリストが十字架で処刑された出来事が、人間にとって自己義認が不可能であることを示す出来事と考えます。マクグラスが引用しているバルトの文章を紹介します。

> そこで起ったことは、神の御子が、自ら人として、われわれの代理となり、われわれに対して下された審きを、われわれに代って、御自身に対して宣告せしめ給うたということである……神は、その審《さば》きを、その御子において、われわれに対して遂行しようと欲し給うたゆえに、それは御子の身において、彼に対しての告発・断罪・死刑として起ったのである。神は審き給うたのであるが、しかし、そこで審かれ御自身を審かしめ給うたのは、審判者である。……「何ユエ神ハ人トナッタカ」。それは、神御自身によって、神とのわれわ

れの和解が起り、神のもとにわれわれが立ち返るために、神が人として、そのようなことを、不正を行うわれわれに代って為し・行い・遂行し・完成するためであった。(前掲書579頁)

つまり、十字架は、人間を救済する機能と人間の自己義認を忌避する機能を同時に果たすのです。自己義認が不可能であることを理解し、徹底的にイエス・キリストに従うことで、人間が救済されるようになるというバルトの十字架理解を私も支持します。

キリスト教神学の構成は、弁証法的です。否定的な媒介項を経由して、肯定的結論を導き出します。神は、原罪を負った人間に対して両義的態度を取ります。第一は、否定です。それだから、人間はエデンの園から追われ、労働に従事しなくてはならなくなりました。また、人間は死を免れることができなくなりました。しかし、同時に神はこのような人間を愛しています。そして赦す用意があります。イエス・キリストという、真の神で真の人が一世紀のパレスチナに現れ、罪のある人間たちの代理として死にました。イエスには、原罪がありません。それだから、死ぬ必然性はないのです。しかし、他の人間を救うために、あえて十字架への道を選択したのです。イエスが、神の子であるという自覚を持っていたので、自らを犠牲として神に差し出すことができたのです。また、これは、神の自己犠牲であるとも言えます。神は、自らには責任がないにもかかわらず、罪にまみれた人間の責任を負ったのです。イエス・キリストが十字架上で死んだという逆説的な出来事によって、神の否定が、肯定に転換したのです。

人間に向かう神の愛

これまで述べた事柄に、別の側面から光をあててみましょう。アレクサンドリアのクレメンス（150?–215?）は、イエス・キリストの十字架上での自己犠牲を、神の愛ととらえました。

重要なのは、この愛のベクトル（指向性）です。この愛は、神、人間の双方に向かっています。神に向かう愛については、三一論（三位一体論）で解釈する課題です（三一論については『神学の思考』で扱っています）。救済論では、人間に向かった神の愛について扱います。この愛は、見返りを何も求めていません。この愛が、人間を救済する根拠になるからです。

マクグラスはこの文脈で、中世の神学者ペトルス・アベラルドゥスを取り上げます。

彼〔佐藤註＊アベラルドゥス〕を論じる人々の中には、彼が十字架の意味を神の愛の実証に引き下ろしたと解釈する者もあるが、それは本当ではない。この点は強調しておかなければならない。これはアベラルドゥスの救済論を構成している多くのものの中の一つなのであって、彼の救済論にはキリストの死を人間の罪のための犠牲とする伝統的思想も含まれている。ただ特徴的なこととして、十字架の主観的影響の強調があるのである。（前掲書581頁）

マクグラスが指摘する「十字架の主観的影響の強調」が鍵になる概念です。神が人間となった受肉の出来事によって、人間が変化するのです。人間を救済するために、この世界の悲惨の最も深い深淵に、自らのひとり子イエス・キリストを派遣した神の愛に、十字架の出来事によって触れた人間は、キリストを愛することができるようになるのです。愛する力を人間が外部から持つようになることが、救済において、決定的に重要です。なぜなら、罪にまみれた人間自身に、神を愛する力は内在していません。神を愛したいと主観的に思っていても、それと異なる行為、発言を人間は行ってしまいます。これを克服することは、外部からの力によってしかできません。その外部からの力と人間が触れるのが、十字架の出来事なのです。

われわれは愛について考えるときに、この十字架の出来事に立ち返る必要があります。イエス・キリストは、十字架による苦難を引き受けることによって、人間への愛を示しました。つまり、愛は、人間が主体的に苦難を引き受けることを抜きにして成立しません。このイエス・キリストに倣《なら》った行動を実践することが、キリスト教徒に求められています。これは「友のために自分の命を捨てること、これ以上に大きな愛はない」（「ヨハネによる福音書」15章13節）に端的に示されています。「愛の共同体」である教会は、「苦難の共同体」でもあります。

アベラルドゥスは、断片的に鋭い問題提起をして、体系を切り崩していくタイプの神学者であり、中世の静的なスコラ体系を破壊する起爆力があります。アベラルドゥスに見られる、行為の善悪は実際に何を行ったかではなく、実行行為から切り離された「意図」（intensio）によって判断されるという心情を重視する倫理学は、近代神学を先取りしています。

救済論にとって重要なのは、人間の理性に基づき、この世界を自立した自律的なものと考える啓蒙主義をどう克服するかという問題です。次章ではこの問題について検討します。

人間の理性と神の救い

啓蒙主義による世界観の変化

一六世紀末から一七世紀に、人間の思想に啓蒙主義という考え方が入ってきました。暗い部屋に蠟燭《ろうそく》を一本ずつ点《つ》けていくと、徐々に明るくなって、周囲が見えていくようになります。ここで蠟燭にあたるのが人間の理性です。人間の理性の能力を磨いていけば、人間は世の中がよりよくわかるようになるという楽観的な人間観です。

もっとも蠟燭の光が点く前は、部屋の中は真っ暗です。それだから、光と影の区別はありません。これに対して、部屋に明かりがともって、そこにある物の姿がはっきり見えるようになると、同時に物の影も見えるようになります。つまり、光と同時に影も生まれるのです。この単純な事実に人類が気づくのに、かなりの時間がかかりました。

一九世紀ヨーロッパのロマン主義者は、啓蒙の限界に気づきました。しかし、影を、感情や情念といったロマン主義的で肯定的な感情に転換していきました。しかし、ロマンは実現しないので、壁に突き当たったロマン主義者はニヒリストになります。もっとも、ロマン主義やニヒリズムは、知識人に限定された運動でした。第一次世界大戦の大量殺戮と大量破壊に直面して初めて、一般の人々が啓蒙の限界を自覚しました。啓蒙によって生まれた科学技術、社会工学が闇の力と結びつくと、人類を破滅させる危険性があることを自覚したのです。

このような人間の思想の変化は、神学にも影響を与えます。啓蒙主義の台頭により、主流であった楽観的な贖罪論に対して、批判の目が向けられるようになりました。啓蒙主義によって理性が事実上の神の位置を占めてしまったがために、原罪が消え、救済論の構築が難しくなってきます。それと同時に、神学を営む思想の前提が変化します。それは、自然観の変化です。

中世において、自然は二つに区別されました。

第一は、天上界の秩序です。ここでは、神の意思が直接貫徹され、正しい秩序と正義が実現されています。

第二は、原罪によって堕落した人間が形成する地上界の秩序です。人間が罪を負っている以上、不正、悪、苦難など、天上界と逆の状態にあることが、地上界においては自然なのです。

啓蒙主義ではこのような二元論的な自然観を取りません。ガリレオ、コペルニクス以後、太陽が地球を回っているという天動説ではなく、地球が太陽を回っているという地動説が主流になりました。地動説的な世界観に立つと、「上にいる神」という概念が説得力を失います。宇宙的規模で考えた場合に、上と下という位置が成立しなくなります。結果として、天上界の自然が地上に降りてきて、罪にあふれた地上界の自然は、どこかに消えてしまいました。

その影響を受け、自然法の性格が変化します。中世においては、疫病《えきびょう》、暴力、不正などの悪がこの世界に充満している方が自然法に合致した状態でした。しかし、啓蒙主義の流行とともに罪が地上から消し去られてしまったので、正義、秩序、平和、平等、人権などが自然法とされたのです。その結果、楽観的な人間観が社会を支配しました。

人間に原罪がないということになれば、イエス・キリストが、罪から人間を救い出すという事柄に対する関心が薄れていきます。原罪論は、キリスト教的人間論の要《かなめ》であり、原罪という概念が消えてしまうとキリスト教は成立しなくなります。啓蒙主義を信奉する神学者は、イエス・キリストの神性を軽視もしくは否定することによって、神学を神なきヒューマニズムに還元していこうとしました。イエス・キリストを、真の神で真の人と考えることは、キリスト教の教理の基本ですが、イエス・キリストは偉大な人間であり、模範的な人生を示したわれわれの先生であるという認識に至るようになったのです。このようなキリスト論を持つのが、アメリカに多いユニテリアンです。

ユニテリアンについて、『世界大百科事典』（平凡社）の記述を引用しておきます。

キリスト教の正統教義である三位一体論に反対して、神ひとりだけの神性を主張し、イエスの神性を否定する教派。神学思想としては、古代教会のアリウスや宗教改革時代のセルベトゥス、ソッツィーニなどによって主張されていたが、教派としては18世紀から19世紀にかけてイギリスとアメリカで別々に成立した。とくにアメリカでは会衆派教会のなかで、ハーバード大学神学部を中心として一教派になるまで発展した。（中略）ユニテリアンはアメリカ思想界における合理主義と人道主義の代表的系譜を形成してきた。

ここで指摘されているように、ユニテリアンは合理主義的なキリスト教です。そうなると、十字架におけるイエスの死が超越的な出来事ではなくなり、イエスという一人の人間が死んだという以上の意味を持たなくなります。合理主義において、十字架の意味は、偉大な教師であるイエスが、命を賭けて理想を追求したということになるのです。言い換えると、十字架におけるイエスの死を、他の人間も模範にすべきであるということです。「イエスという偉大な教師は、自らの死によって、他の人間への愛を示した。こういう愛を、われわれもできるだけ実践すべきである」というように、福音が道徳に還元されてしまうのです。

こういう合理主義的なキリスト論は、一九世紀のヨーロッパで、またアメリカでもハーバード大学神学部を中心に無視できない力を持ちました。ユニテリアンを名乗る教会もでき、会衆派、長老派、メソジスト派などの教会にも、教派横断的にユニテリアンの影響が及びました。

シュライエルマッハーの救済論

啓蒙主義が神学に影響を与えつつあった流れを転換する上で、重要な役割を果たしたのがドイツの神学者フリードリヒ・シュライエルマッハー（Friedrich Schleiermacher, 1768–1834）です。シュライエルマッハーは、宗教を道徳に還元してしまう傾向を厳しく批判し、キリストの到来は神意識を人間の内に生じさせることだと考えました。外部から与えられる神意識が人間の心を刺激し、そこから神に対する絶対依存の感情が生じてくると考えたのです。この神に対する絶対依存の感情を持った人の生き方は、他の人々を感化します。

シュライエルマッハーは、優れたカリスマ性を持つ政治指導者のようなモデルで、イエス・キリストをとらえています。イエス・キリストは民衆に自分の考えを強く訴え、その話を聞いた民衆は、イエスが説く「神の国」を確信し、その理念と実践に殉《じゅん》じるというようなイメージです。

マクグラスは、シュライエルマッハーの救済論において、「Urbildlichkeit（ウアビルドリッヒカイト）」と「Vorbildlichkeit（フォアビルドリッヒカイト）」という二つの言葉が鍵になると考えます。少し難しい論理展開をしていますが、キリスト教における救済について考えるよいきっかけになるので、紹介します。

1　二つの中心的ドイツ語、Urbildlichkeit と Vorbildlichkeit はシュライエルマッハーがこの問題を論じるにあたって用いている言葉であるが、これは適切に訳すのが難しい。

Urbildlichkeit は「理念・理想である性質」とでも訳せよう。シュライエルマッハーにとって、ナザレのイエスは人間の神意識の理想であり、人間の敬虔《けいけん》の究極である。これだけをとれば、この概念はイエスを人間の道徳の理想とする合理主義の思想に接近しているように見える。だがシュライエルマッハーは二つの仕方で、これを回避出来るのである。第一にシュライエルマッハーが強調しているのは、ナザレのイエスは単なる一つの道徳の模範、永続的な道徳の真理を例示した者ではないということである。彼こそは、人間の完全な神意識、純粋に道徳的なのでも合理的なのでもない「宗教的」な理想の唯一の理想的な例なのである。第二にキリストにはこの神意識を他者へと伝達する能力が備わっている。これは先に触れたことであるが、シュライエルマッハーが Vorbildlichkeit という言葉を使って論じているのが、これである。次に、この Vorbildlichkeit を見てみよう。

2　Vorbildlichkeit は「この理念・理想を他の人の内に喚起し得る性質」とでも訳せよう。ナザレのイエスは、単にこの理想の例であるだけではなく、この性質を他者の内に喚起する能力をも備えていたのである。（マクグラス『キリスト教神学入門』584頁）

重要なのは、理念を現実に受肉させることができる能力（シュライエルマッハーの言葉では Vorbildlichkeit）をイエス・キリストが持っていることです。これが、合理主義者とシュライエルマッハーのキリスト論の違いです。

直観や感情などの経験を通して、イエス・キリスト、神を理解するというのが、シュライエルマッハーのアプローチです。直観や感情は、それをもたらす外部からの力を前提にしています。多くの神学者が、シュライエルマッハーのこの重要な前提を無視して、同人のキリスト論を人間の内面だけで処理できる主観主義の変種として処理してしまい、同人が忌避していた「道徳的努力により救済が得られる」という人間中心主義と同一視してしまいました。

「人が神となる」正教

シュライエルマッハーよりも人間主義的な傾向を強めた救済論があります。ロシアの正教神学者ウラジーミル・ロスキー（Vladimir Lossky, 1903-58）です。

フランスに亡命したロスキーの著作は、ソ連への持ち込みを認められませんでした。しかし、禁書目録に入れられていたわけではなく、ロシア正教会が年に一回刊行している『神学研究』に論文が掲載されることがありました。ソ連崩壊後のロシアでは、ロスキーの神学が強い影響力を持っています。

ギリシア正教、ロシア正教などで構成される東方正教会は、カトリック、プロテスタントとは異なるキリスト教の伝統を持っています。それは「神は人となった。人が神となるためである」という命題です。ロスキーの神学もその流れにあり、人間が神になることが可能であると考えます。そのため、ロスキーは受肉をイエスという一人の人間に限定せずに、イエスに表れている人間の本性一般に拡大します。プロテスタントからすると、汎神《はんしん》論の変種に見えます。

ロスキーの論理を、論文「贖いと神化」（１９５５年発表）から見てみましょう。

> 神的位格としてのキリストが降ること（katabasis）で人間は聖霊において上昇すること（anabasis）が起こるようになった。神の子の自発的な謙卑《けんぴ》、贖いをなす自己無化（kenosis）が起こることは必要であった。罪に堕ちた人間が本来の召命《しょうめい》である theosis、つまり造られざる恵みによる被造物の神化を達成するためにである。こういうわけでキリストの贖いの業は、むしろもっと一般的に言うならば言の受肉は、被造物の究極的目的である神との結合を知ることと直接に関係している。この結合が人となった神である神の子の位格において達成されたのであれば、今度はそれぞれの人間が恵みによって神となること、聖ペトロの言葉によれば「神の本性にあずか」る者となること（Ⅱペト一・四）が必要となる。
> （前掲書５９０頁）

ロスキーが自らの主張を根拠づけている「ペトロの手紙二」を引用します。

主イエスは、御自分の持つ神の力によって、命と信心とにかかわるすべてのものを、わたしたちに与えてくださいました。それは、わたしたちを御自身の栄光と力ある業とで召し出してくださった方を認識させることによるのです。この栄光と力ある業とによって、わたしたちは尊くすばらしい約束を与えられています。それは、あなたがたがこれらによって、情欲に染まったこの世の退廃を免れ、神の本性にあずからせていただくようになるためです。だから、あなたがたは、力を尽くして信仰には徳を、徳には知識を、知識には自制を、自制には忍耐を、忍耐には信心を、信心には兄弟愛を、兄弟愛には愛を加えなさい。これらのものが備わり、ますます豊かになるならば、あなたがたは怠惰で実を結ばない者とはならず、わたしたちの主イエス・キリストを知るようになるでしょう。これらを備えていない者は、視力を失っています。近くのものしか見えず、以前の罪が清められたことを忘れています。だから兄弟たち、召されていること、選ばれていることを確かなものとするように、いっそう努めなさい。これらのことを実践すれば、決して罪に陥りません。こうして、わたしたちの主、救い主イエス・キリストの永遠の御国に確かに入ることができるようになります。（「ペトロの手紙二」1章3〜11節）

この手紙の著者は、神的なものと地上的なものを対立させるグノーシス的な見方をしています。そして、終末が到来したときに、すべてのキリスト教徒が「神の本性」にあずかることにより、罪から免れて救済されるという認識を示します。この考え方は、万人救済説に道を開きます。

しかし、「神となること（theosis）」と「神のようになること（homoiosis theoi）」は神学的に区別する必要があります。「神となること」は、人間の自己神格化です。ロスキーは、theosis、すなわち人間が神と結合するという実体論的な認識を示しています。プロテスタンティズムからすれば、人間が神になるというのは、自己神格化への道を開く暴論で、絶対に認めることができません。人間が「神のようになること」も、人間の増長を招きかねません。ソ連のような無神論国家が創設され、人間の力によって、理想的な社会と国家を建設することが可能であるという夢にロシア人が取り憑《つ》かれ、多くの悲劇が生み出されました。ソ連の出現も、人間から神へのベクトルを肯定するロシア正教の伝統抜きには理解できません。

「人が神となるためである」というベクトルで救済を考えると、必ず悪を生み出します。このことを自覚していたのがパウロでした。それですから、プロテスタンティズムの救済論は、パウロ神学を核にしてまとめられます。

人間と神の和解

パウロは、「コリントの信徒への手紙二」で、神と人間の和解についてこう述べています。

主に対する畏《おそ》れを知っているわたしたちは、人々の説得に努めます。わたしたちは、神にはありのままに知られています。わたしは、あなたがたの良心にもありのままに知られたいと思います。わたしたちは、あなたがたにもう一度自己推薦をしようというのではありません。ただ、内面ではなく、外面を誇っている人々に応じられるように、わたしたちのことを誇る機会をあなたがたに提供しているのです。わたしたちが正気でないとするなら、それは神のためであったし、正気であるなら、それはあなたがたのためです。なぜなら、キリストの愛がわたしたちを駆り立てているからです。わたしたちはこう考えます。すなわち、一人の方がすべての人のために死んでくださった以上、すべての人も死んだことになります。その一人の方はすべての人のために死んでくださった。その目的は、生きている人たちが、もはや自分自身のために生きるのではなく、自分たちのために死んで復活してくださった方のために生きることなのです。

それで、わたしたちは、今後だれをも肉に従って知ろうとはしません。肉に従ってキリストを知っていたとしても、今はもうそのように知ろうとはしません。だから、キリストと結ばれる人はだれでも、新しく創造された者なのです。古いものは過ぎ去り、新しいものが生じた。これらはすべて神から出ることであって、神は、キリストを通してわたしたちを御自分と和解させ、また、和解のために奉仕する任務をわたしたちにお授けになりました。つまり、神はキリストによって世を御自分と和解させ、人々の罪の責任を問うことなく、和解の言葉をわたしたちにゆだねられたのです。ですから、神がわたしたちを通して勧めておられるので、わたしたちはキリストの使者の務めを果たしています。キリストに代わってお願いします。神と和解させていただきなさい。罪と何のかかわりもない方を、神はわたしたちのために罪となさいました。わたしたちはその方によって神の義を得ることができたのです。（「コリントの信徒への手紙二」5章11〜21節）

受肉した神と出会った人間は、神に対して自己批判するとともに、他の人間に対して、「自分は、本来やるべきことをしていない」と自己批判しなくてはならないのです。この「他の人間」には、キリスト教徒やユダヤ教徒だけでなく、異教徒や無神論者も含まれます。

チェコの神学者ヨゼフ・ルクル・フロマートカ（Josef Lukl Hromádka, 1889–1969）は、受肉の意味についてこう述べます。

イエスが私たちのところにやってきたのは、私たちの顔、私たちの心、私たちの存在すべてを正しい方向に向けるためである。私たちのわがままや神への反抗心によって壊されたものを再建するためである。イエスは眼前に、幸せな者と不幸な者、満足している者と不満な者、きちんとした者とだらしない者、教育のある者と無学な者、裕福な者と貧しい者等々、あらゆる群衆が、いかに自分勝手に自分の物差しに基づいて生き、いかに神から遠ざかっていくかを見ている。また、いかにこうした逃避のゆえに、人間の罪と困窮と不幸が増えているかを見ている。神は、その裁きと厳しさにおいても、忠実であり続けた。神は、人間が神との友情を反故《ほご》にしても、友であり続けた。神は、いくら人が絶えず平和を乱し平穏を遠ざけても、平和と平穏の手をさしのべ続けた。神は人間、つまりあなたと私と私たち皆と和解することを望んでいる。ところが私とあなたと私たち全員、つまり人間は、むしろ不信と不服従と自己愛の壁を固め、強化しようとする。ナザレのイエスは愛について、和解において教えることはしない。道徳規則を示すのでもなければ、人を道徳的に裁くこともしない。イエスは私たちを追い求める。私たちが溺れかけている水に入り、私たちがはまりこんで窒息している泥の中に入り、私たちが嘆いている孤独の元を訪ね、無力と絶望と落胆の深みにはまっている人間のもとにもやってくる。イエスはその自分の現象全体によって、神の愛の本質と事実を明らかにする。あなたの父たちの神は、怒りと敵意の玉座に座っているのではない。あなた方がその犠牲、宗教的務め、あるいはあらゆる他の手段で神と和解するのを待っているのではない。敵は神ではない。敵はあなた、人間である。（ヨゼフ・ルクル・フロマートカ［平野清美訳、佐藤優監訳］『人間への途上にある福音』新教出版社、2014年、211〜12頁）

人間は、神を裏切りました。しかし、それでも神は人間を信頼し続けました。この非対称性を深く認識しておくことが、キリスト教を理解する前提になります。神は、イエス・キリストを、罪深い人間が生活する地上に派遣することによって、神と人間の和解を実現します。表面上は悲惨で、神が不在のように見える状況に、イエス・キリストは受肉したのです。同時に、このことによって人間と人間の和解が実現されたのです。それですから、キリスト教は、社会倫理の次元でも平和を追求します。

和解は、神からの一方的行為です。神との和解が達成されることによって人間は救われます。神を裏切って罪に堕ちた人間は、神と和解する以外に救済される道はありません。救済も神から人間に向けた一方的行為です。和解や救済に向けて行う人間の努力は、まったく効果がありません。

このことがよくわかるのが、「ルカによる福音書」放蕩《ほうとう》息子のたとえです。このたとえ話全体をとらえておく必要があるので、少し長くなりますが関連箇所を引用します。

また、イエスは言われた。「ある人に息子が二人いた。弟の方が父親に、『お父さん、わたしが頂くことになっている財産の分け前をください』と言った。それで、父親は財産を二人に分けてやった。何日もたたないうちに、下の息子は全部を金に換えて、遠い国に旅立ち、そこで放蕩の限りを尽くして、財産を無駄使いしてしまった。何もかも使い果たしたとき、その地方にひどい飢饉が起こって、彼は食べるにも困り始めた。それで、その地方に住むある人のところに身を寄せたところ、その人は彼を畑にやって豚の世話をさせた。彼は豚の食べるいなご豆を食べてでも腹を満たしたかったが、食べ物をくれる人はだれもいなかった。そこで、彼は我に返って言った。『父のところでは、あんなに大勢の雇い人に、有り余るほどパンがあるのに、わたしはここで飢え死にしそうだ。ここをたち、父のところに行って言おう。「お父さん、わたしは天に対しても、またお父さんに対しても罪を犯しました。もう息子と呼ばれる資格はありません。雇い人の一人にしてくださ い」と。』そして、彼はそこをたち、父親のもとに行った。ところが、まだ遠く離れていたのに、父親は息子を見つけて、憐《あわ》れに思い、走り寄って首を抱き、接吻した。息子は言った。『お父さん、わたしは天に対しても、またお父さんに対しても罪を犯しました。もう息子と呼ばれる資格はありません。』しかし、父親は僕《しもべ》たちに言った。『急いでいちばん良い服を持って来て、この子に着せ、手に指輪をはめてやり、足に履物を履かせなさい。

それから、肥えた子牛を連れて来て屠りなさい。食べて祝おう。この息子は、死んでいたのに生き返り、いなくなっていたのに見つかったからだ。』そして、祝宴を始めた。

ところで、兄の方は畑にいたが、家の近くに来ると、音楽や踊りのざわめきが聞こえてきた。そこで、僕の一人を呼んで、これはいったい何事かと尋ねた。僕は言った。『弟さんが帰って来られました。無事な姿で迎えたというので、お父上が肥えた子牛を屠られたのです。』兄は怒って家に入ろうとはせず、父親が出て来てなだめた。しかし、兄は父親に言った。『このとおり、わたしは何年もお父さんに仕えています。言いつけに背いたことは一度もありません。それなのに、わたしが友達と宴会をするために、子山羊一匹すらくれなかったではありませんか。ところが、あなたのあの息子が、娼婦どもと一緒にあなたの身上を食いつぶして帰って来ると、肥えた子牛を屠っておやりになる。』すると、父親は言った。『子よ、お前はいつもわたしと一緒にいる。わたしのものは全部お前のものだ。だが、お前のあの弟は死んでいたのに生き返った。いなくなっていたのに見つかったのだ。祝宴を開いて楽しみ喜ぶのは当たり前ではないか。』」（「ルカによる福音書」15章11～32節）

前提として、当時の遺産分配について理解しておかなくてはなりません。ユダヤ教では、父の遺産を息子に生前に分配することが可能です。その場合、長子権を持つ兄は、他の弟たちの倍を得ることができます。二人兄弟ですので、兄は父の遺産の三分の二、弟は三分の一を得ました。弟は、分与された遺産を直ちに売却して、旅に出てしまいます。これは、当時の習慣では異例のことです。その結果、父は恥をかかされました。また、放蕩息子が「豚の世話」をしたということが記されています。イエスが生きた時代、イスラエルにおいて豚は不浄な動物とされ、食用にされることも犠牲獣にされることもありませんでした。放蕩息子は豚の世話をすることによって、ユダヤ教の伝統では穢《けが》れた存在になってしまっていました。

通常、悔い改める側の次男を人間、その次男を受け入れる父親を神として、このたとえ話は解釈されます。しかし、フロマートカは、神は次男の側で働いていると考えます。なぜなら、次男が「お父さん、わたしは天に対しても、またお父さんに対しても罪を犯しました。もう息子と呼ばれる資格はありません。雇い人の一人にしてください」と悔い改める決心をしたとありますが、この決心をする力は、外部から、すなわち神からやってきたと考えるからです。従って、神の意思によって戻ってきた息子を、父親と長男は受け入れなければならないのです。このたとえ話の文脈においては、長男が神の意思に反対して、己《おのれ》の主観的な正義観に固執することが罪として描かれています。

神の意思は、具体的な人間と人間の関係の中に現れます。放蕩息子のたとえでは、神によって回心させられた次男が神の意思を体現しているというフロマートカの読みときには、説得力があります。この読みときは、パウロに基づいています。

それで、わたしたちは、今後だれをも肉に従って知ろうとはしません。肉に従ってキリストを知っていたとしても、今はもうそのように知ろうとはしません。だから、キリストと結ばれる人はだれでも、新しく創造された者なのです。古いものは過ぎ去り、新しいものが生じた。これらはすべて神から出ることであって、神は、キリストを通してわたしたちを御自分と和解させ、また、和解のために奉仕する任務をわたしたちにお授けになりました。つまり、神はキリストによって世を御自分と和解させ、人々の罪の責任を問うことなく、和解の言葉をわたしたちにゆだねられたのです。ですから、神がわたしたちを通して勧めておられるので、わたしたちはキリストの使者の務めを果たしています。キリストに代わってお願いします。神と和解させていただきなさい。罪と何のかかわりもない方を、神はわたしたちのために罪となさいました。わたしたちはその方によって神の義を得ることができたのです。（「コリントの信徒への手紙二」5章16～21節）

「肉」とは、身体を持った人間のことです。肉によらずにキリストを知るとは、人間の意思や理性ではなく、聖霊（神）の力によってキリストを知るということです。「これらはすべて神から出る」というパウロの神学をフロマートカは継承しているのです。

人間はどのように救済されるのか

人間は、自己中心的な存在です。それだから、自らが過ちを犯した場合にも、素直にその事実を認めようとしません。そして、他者との関係において、自己正当化に努めます。この現実は、人間の神に対する反抗が、類比的に現れていることなのです。神と人間の関係は、人間と人間の関係において現れるのです。フロマートカは、このように説明します。

これは私たちの神に対する関係の実態を、完全ではないが明確に示している。私たちは神の愛に耳を貸そうとしない。私たちには愛を与える神の顔が見えず、厳しい審判者、そう、ときには敵としか見えない。聖なる神の声やナザレのイエスの存在が自分の内面に分け入って、自分が何者なのか、自分が何を犯したかを理解するよう強制し、急きたて、人が心の罪深さを自覚する場合でも、どのように自分の罪が赦されることができるのかが見えないために、神のもとへ戻ることを心の罪が妨げる。不信と不安が人間の心の中でちらちらと揺れるので、戻ることを妨げる。だがイエスの生と死に関する福音と使徒の宣教は、罪人の目を現実に向けさせる。その現実は罪の力を本質から砕き、神と人間の間の壁を倒し、神への帰還、和解、平和のために必要な一切は神の側でなされているのだと人を心底納得させることができる。このナザレのイエスの中で行われた神の和解の行為には、二つの面がある。(フロマートカ『人間への途上にある福音』213頁)

フロマートカは、「イエスの生と死に関する福音と使徒の宣教は、罪人の目を現実に向けさせる。その現実は罪の力を本質から砕き、神と人間の間の壁を倒し、神への帰還、和解、平和のために必要な一切は神の側でなされているのだと人を心底納得させることができる」と強調します。これがフロマートカの救済論の骨子です。

プロテスタント神学において重要なのは具体性です。人間がどのようにして救済されるかについて、フロマートカは二つの面から考察します。

第一は、神が人間の後を追っていくという現実です。神による後追いは、人間の意思とは無関係に行われます。

神は人間の後をついて行く。人間が神の前から逃げて敵意と不信感を抱くときも人間をおいかける。以下の図式を具体的に思い浮かべてほしい。あなたが踏みにじり、傷つけ、侮辱した者が、あなたに手をさしのべ、あなたと仲良く暮らしたいという思いを伝えるためにあなたを追い求める。しかしあなたはその善意を信じず、あなたの中の怒りが、仲直りしたいという人の率直な願いを聞き入れない。あなたは、その人のあなたに対する態度をありとあらゆる風に曲解する。その人間の振る舞いを揶揄してその人との間の溝を自ら深めてしまう。その人は、しかしあきらめずに働きかけ、自分の友情の証しに、あなたの行為の責任を取ろうとする。つまりあなたの罪の大部分を自らに背負おうとする。しかしそれでもあなたはその人の説得を受け入れようとしない。むしろ心の中の不信と反感は大きくなる。まったく自分本位に自分の「敵」だと判断する。自分の動機をその人に当てはめ、自分の目からみて常にその人を悪役に仕立てようとする。あなたの「敵」は最後の最後まであなたについて行き、命をかけてあなたへの愛を証明しようとする。（前掲書213〜14頁）

フロマートカがここで表現する神は、まるでストーカーのようです。人間が、「私は今のままでいい。救いなんか必要じゃない。滅びても構わない」と言っても、神は人間を追いかけてくるのです。親子や兄弟姉妹の関係を想像してもらえるとわかりやすいでしょう。このことは、人間の内側に人間を救済する力はなく、その力は外側からやってくることを示しています。

第二は、イエスの十字架上の死によって、人間の救済が担保されるということです。フロマートカは、カンタベリーのアンセルムスの、人間が救済されるためには、神と人間の双方が犠牲とならなくてはいけないという考えを継承し、真の神で真の人であるがゆえにイエス・キリストの苦しみは増したと考えます。なぜなら、フロマートカは、アンセルムスを含む中世のカトリック神学者がローマ法の枠組みを用いて神学を営んだことに対し、ローマ法の影響を受ける以前のキリスト教の視座に立って、つまり新約聖書の視座からアンセルムスを読み直す必要があると考えるからです。

フロマートカは、よく言われる、旧約聖書の神は「裁きの神」で恐ろしいけれども新約聖書は「愛の神」で優しいというような見方を退けます。イエスは、律法を廃止するためではなく完成させるために、われわれの世界に現れた神です。新約聖書の神も「裁きの神」なのです。それですから、イエス・キリストの前に立つとき、キリスト教徒は恐れの感覚も持つのです。このことを多くの神学者が見逃していますが、フロマートカは、シモン（後のペトロ）が、イエスと出会ったときの物語から読みといています。

イエスがゲネサレト湖畔に立っておられると、神の言葉を聞こうとして、群衆がその周りに押し寄せて来た。イエスは、二そうの舟が岸にあるのを御覧になった。漁師たちは、舟から上がって網を洗っていた。そこでイエスは、そのうちの一そうであるシモンの持ち舟に乗り、岸から少し漕ぎ出すようにお頼みになった。そして、腰を下ろして舟から群衆に教え始められた。話し終わったとき、シモンに、「沖に漕ぎ出して網を降ろし、漁をしなさい」と言われた。シモンは、「先生、わたしたちは、夜通し苦労しましたが、何もとれませんでした。しかし、お言葉ですから、網を降ろしてみましょう」と答えた。そして、漁師たちがそのとおりにすると、おびただしい魚がかかり、網が破れそうになった。そこで、もう一そうの舟にいる仲間に合図して、来て手を貸してくれるように頼んだ。彼らは来て、二そうの舟を魚でいっぱいにしたので、舟は沈みそうになった。これを見たシモン・ペトロは、イエスの足もとにひれ伏して、「主よ、わたしから離れてください。わたしは罪深い者なのです」と言った。とれた魚にシモンも一緒にいた者も皆驚いたからである。シモンの仲間、ゼベダイの子のヤコブもヨハネも同様だった。すると、イエスはシモンに言われた。「恐れることはない。今から後、あなたは人間をとる漁師になる。」そこで、彼らは舟を陸に引き上げ、すべてを捨ててイエスに従った。（「ルカによる福音書」5章1〜11節）

イエスがペトロに漁師をやめて「人間をとる漁師」になると言ったときの印象的な物語です。ペトロが自発的にイエスの弟子になったわけではありません。あくまでもイニシアティブはイエスの側にあります。イエスがペトロに「漁をしなさい」と言いますが、ペトロは自分たち漁師が徹夜で働いたにもかかわらず、何もとれなかったので、イエスのような素人の言うことを聞いても意味がないと疑います。しかし、それに反する出来事を目の当たりにして、イエスの背後にある大きな力を感じ、恐れの感情を抱きます。恐れていないならば、ペトロが「主よ、わたしから離れてください。わたしは罪深い者なのです」と言うことはありません。ペトロの知識と経験に裏付けられた「人間的なもの」が、イエスによって否定されるのです。このときイエスは、弟子になることをペトロに命じます。ペトロは、イエスの言葉を神による召命と受けとめました。それだからすべてを捨ててイエスに従うことにしたのです。ペトロは、恐れを感じたので、自らの召命を正しく理解することができたのです。

また、フロマートカは、十字架に二重の意味があると考えます。一つは、神の愛の無限性です。もう一つは、人間と神が和解し、救済されることを実現しようとする神の意志です。

人間は限界があり、罪深い存在です。それですから、人間は常に自己正当化を試みます。その結果、自分の力で救済が可能であると勘違いしてしまいます。しかし、救済は、神の愛の力によってなされます。この力は、イエス・キリストを通してのみ、われわれ人間に具体的に働きかけることができるのです。

フロマートカは、〈イエスの愛は無限である。ゴルゴタへの道と、「わが神、わが神、どうしてわたしをお見捨てになったのですか」（マタイ福音書27章46節）という彼の叫びは、イエスの和解の行為の、自由な意志による自発的な結末だが、避けられない結末だった。イエスは罪人自身が歩むべき道を引き受けて歩いた〉（フロマートカ『人間への途上にある福音』217頁）と強調します。イエス・キリストは、真の人として、自由な意志と自発性によって十字架における死を選択しました。このことが同時に真の神として、人間を救済する必然性だったのです。この方法以外に人間が救済される道はありません。

イエスの「わが神、わが神、どうしてわたしをお見捨てになったのですか」という言葉は、恐怖と絶望を示しています。この恐怖と絶望が同時に救済になるという弁証法が、キリスト教においては貫かれています。従って、フロマートカは、十字架におけるイエスの死をシンボルや神話ととらえる見解に反対します。十字架の出来事を、近代の実証史学的方法では証明できないが、確実にあった事実としてとらえます。一見、独断論に似た論法でフロマートカはこう述べます。

もう一度言うが、これはシンボルや神話の話ではない。これは、イエスが苦しみ、十字架にかけられたという事実の中の事実の話なのである。ゴルゴタは単に懺悔《ざんげ》する人間の心の中で起きる表現ではなく、天地の間で起きた出来事の場所であり、また、神と人間の和解の条件であり前提であり、しかしまた和解の証拠であり、さらに和解が実現した出来事の場所なのである。神の側からは、人間を神のもとへ戻らせ和解させるために一切が為された。人間の側からは取り除くことのできない罪と罪責が、道から取り除かれた。人間が神に対する不信と敵意を強める可能性のあるものすべてが排除されたのである。（前掲書218頁）

重要なのは、十字架の出来事は、神から人間への恩恵として、一方的に起きたという事実です。十字架の出来事によって人間は救済されます。人間の意思や行為は、救済に影響を与えることがまったくできません。このような宗教改革の基本線をフロマートカは堅持しています。

過去と未来を支配する十字架の出来事

それでは、救済論のまとめに入りましょう。

本書の前篇となる『神学の思考』では、神論、創造論、人間論、キリスト論について説明しました。それを読んだ読者には、「似たようなことを何度も繰り返して論じているのはなぜか」という疑問が、当然、湧いてくることと思います。これは神学の本質にかかわる問題です。

神学の勉強で重要なのは、「漆塗《うるし》り方式」です。複雑な事項を一遍に詰め込んでしまうのではなく、漆塗りのように、何度も同じ事柄に立ち返り、繰り返していきます。しかし、それは単純な反復ではありません。少しずつ講義の密度が濃くなっていきます。

神学は、単なる知識の集成によっては完成しません。キリスト教の目的は、人間の救済です。神学はこの目的に隷属《れいぞく》します。従って、神学も人間の救済についての指針を示すことが究極目標になります。教義学は、「イエス・キリストは救いである」という単純な真実を、異なった切り口から論じます。

神学は、論理（ロゴス）を重視します。あるキリスト教徒が、「イエス・キリストを信じることによって自分は救われたと思った」という自らの信仰体験について語っても、それだけでは神学になりません。自らの信仰体験を他者に伝達可能にする論理が必要になります。

他方、人間の能力には限界があります。従って、人間が展開する論理にも限界があります。有限な人間が無限の神について語ることは、原理的に不可能です。不可能な事柄に挑むことが、神学では必要になるのです。「不可能の可能性」を追究することが、神学的方法論に必然的に組み込まれます。それだから同じ事柄について、三一の神からアプローチしたり、神の創造からアプローチしたりと、さまざまな角度から人間にとってイエス・キリストが唯一の救済の根拠であるということを繰り返し語るのです。神学とは、同じ事柄を別の言葉で語ることです。

救済論は、まさに「救済とは何か」を、真正面から考察します。そこから導かれたのは、十字架におけるイエス・キリストの死は、人間が救済されるために必要であったという結論です。

フロマートカは、十字架の出来事を神の主権に基づくものと解釈します。神は人間を神のもとに戻らせて和解するという目的を持ち、イエス・キリストを地上に派遣しました。人間の側から努力しても取り除くことができない罪が、イエス・キリストの十字架の死によって取り除かれたとフロマートカは考えます。私もこの意見に賛成です。神と人間の関係は非対称です。人間の努力によって、人間の神に対する負債の一部もしくは全部を返済することができるという発想は根本において間違っています。神から人間への一方的な恩恵によって、人間の負債は取り消されるのです。旧約聖書の預言者も、この現実をイスラエルの人々に伝えるように努力したのです。しかし、ほとんどの人がこの預言を真摯《しんし》に受けとめることができませんでした。

イエス・キリストの十字架の死と、その後の死からの復活によって、神の恩恵が可視化されました。後は、イエス・キリストによる救いの事実を受け入れるか否《いな》かが、人間に問われるだけです。それだから、イエス・キリストが現れた後、地上に預言者は必要なくなりました。われわれは、イエス・キリストが救い主であることについて証言する新約聖書というテキストを持っています。新約聖書を解釈することによって、人間はイエス・キリストを通じて、神を知ることができます。

また、神学では、新約聖書の視座から旧約聖書を解釈します。そのことによって、旧約聖書に記された預言が、新約聖書に根拠づけられていることが明らかになります。神学においては、時間の流れが逆転することがあります。イエス・キリストの出現と十字架の死による人間の救済という出来事が、その出来事が起きる以前の過去のすべての出来事を包摂するのです。十字架の出来事は、同時に未来も支配します。フロマートカはそのことを聖霊と関係づけてこう論じます。

> 十字架に掛けられた方が死と地獄に勝ったとき、キリストに代わって神との和解を民に呼びかけさせるために、聖霊が使徒たちのもとに遣わされた。「神がわたしたちをとおして勧めをなさるのであるから、わたしたちはキリストの使者なのである。そこで、キリストに代って願う、神の和解を受けなさい」（コリントの信徒への手紙二5章20節）。教会は使徒からこの使命を受け入れた。教会の本質的な課題は、和解の使信と、ナザレのイエスが私たちのために自らの人生と働きによって成し遂げたこと一切を宣《の》べ伝えることである。
> （前掲書219頁）

聖霊が信徒たちの元に遣わされたときの状況について、聖書はこう記します。

> 五旬祭《ごじゅんさい》の日が来て、一同が一つになって集まっていると、突然、激しい風が吹いて来るような音が天から聞こえ、彼らが座っていた家中に響いた。そして、炎のような舌が分か

れ分かれに現れ、一人一人の上にとどまった。すると、一同は聖霊に満たされ、〝霊〟が語らせるままに、ほかの国々の言葉で話しだした。

さて、エルサレムには天下のあらゆる国から帰って来た、信心深いユダヤ人が住んでいたが、この物音に大勢の人が集まって来た。そして、だれもかれも、自分の故郷の言葉が話されているのを聞いて、あっけにとられてしまった。人々は驚き怪しんで言った。「話をしているこの人たちは、皆ガリラヤの人ではないか。どうしてわたしたちは、めいめいが生まれた故郷の言葉を聞くのだろうか。わたしたちの中には、パルティア、メディア、エラムからの者がおり、また、メソポタミア、ユダヤ、カパドキア、ポントス、アジア、フリギア、パンフィリア、エジプト、キレネに接するリビア地方などに住む者もいる。また、ローマから来て滞在中の者、ユダヤ人もいれば、ユダヤ教への改宗者もおり、クレタ、アラビアから来た者もいるのに、彼らがわたしたちの言葉で神の偉大な業を語っているのを聞こうとは。」人々は皆驚き、とまどい、「いったい、これはどういうことなのか」と互いに言った。しかし、「あの人たちは、新しいぶどう酒に酔っているのだ」と言って、あざける者もいた。（「使徒言行録」２章１〜13節）

聖霊は、言語、民族、地域を越えて人々にイエス・キリストは救いであるという使信を伝える力を持ちます。この使信とは、具体的には教会によって伝達される使信です。従って、救済論は必然的に教会論に発展します。

「救済論」の課題

一、キリスト教徒にとって、救済とは何かを述べよ。
二、人間に原罪はあるだろうか。あなたの考えを述べよ。
三、人間に原罪がないと仮定すると、この世界の「悪」はどのように説明されるだろうか。あなたの考えを述べよ。

教会論

キリスト教とナショナリズム
──カール・バルト『ローマ書講解』を読みとく

教会の成り立ち

教会について取り扱われる神学の分野は、「教会論（ecclesiology）」と呼ばれます。この言葉は、ギリシア語の ekklesia（教会）に由来します。

聖書には、教会の誕生について証言されています。それは救済論の末尾で紹介した、五旬祭に聖霊が天から下ってきて、炎のような舌が一同の上に留まったときのことについての箇所です。大勢の人々がやってきて、人々は自分の故郷の言葉を聴きます。興奮が集団を覆い、酩酊《めいてい》しているような状態になります。そこでペトロが立ち上がって話し始めます。

するとペトロは十一人と共に立って、声を張り上げ、話し始めた。「ユダヤの方々、またエルサレムに住むすべての人たち、知っていただきたいことがあります。わたしの言葉に耳を傾けてください。今は朝の九時ですから、この人たちは、あなたがたが考えているように、酒に酔っているのではありません。そうではなく、これこそ預言者ヨエルを通して言われていたことなのです。

『神は言われる。

終わりの時に、
わたしの霊をすべての人に注ぐ。
すると、あなたたちの息子と娘は預言し、
若者は幻を見、老人は夢を見る。
わたしの僕やはしためにも、
そのときには、わたしの霊を注ぐ。
すると、彼らは預言する。
上では、天に不思議な業を、
下では、地に徴《しるし》を示そう。
血と火と立ちこめる煙が、それだ。
主の偉大な輝かしい日が来る前に、
太陽は暗くなり、
月は血のように赤くなる。
主の名を呼び求める者は皆、救われる。』

イスラエルの人たち、これから話すことを聞いてください。ナザレの人イエスこそ、神から遣わされた方です。神は、イエスを通してあなたがたの間で行われた奇跡と、不思議な業と、しるしとによって、そのことをあなたがたに証明なさいました。あなたがた自身が既に知っているとおりです。このイエスを神は、お定めになった計画により、あらかじめご存じのうえで、あなたがたに引き渡されたのですが、あなたがたは律法を知らない者たちの手を借りて、十字架につけて殺してしまったのです。しかし、神はこのイエスを死の苦しみから解放して、復活させられました。イエスが死に支配されたままでおられるなどということは、ありえなかったからです。ダビデは、イエスについてこう言っています。

『わたしは、いつも目の前に主を見ていた。
主がわたしの右におられるので、
わたしは決して動揺しない。
だから、わたしの心は楽しみ、
舌は喜びたたえる。
体も希望のうちに生きるであろう。
あなたは、わたしの魂を陰府《よみ》に捨てておかず、
あなたの聖なる者を
　朽ち果てるままにしておかれない。
あなたは、命に至る道をわたしに示し、
御前《みまえ》にいるわたしを喜びで満たしてくださる。』

兄弟たち、先祖ダビデについては、彼は死んで葬られ、その墓は今でもわたしたちのところにあると、はっきり言えます。ダビデは預言者だったので、彼から生まれる子孫の一人をその王座に着かせると、神がはっきり誓ってくださったことを知っていました。そして、キリストの復活について前もって知り、

『彼は陰府に捨てておかれず、

その体は朽ち果てることがない』と語りました。神はこのイエスを復活させられたのです。わたしたちは皆、そのことの証人です。それで、イエスは神の右に上げられ、約束された聖霊を御父《おんちち》から受けて注いでくださいました。あなたがたは、今このことを見聞きしているのです。ダビデは天に昇りませんでしたが、彼自身こう言っています。

『主は、わたしの主にお告げになった。

「わたしの右の座に着け。

わたしがあなたの敵を
あなたの足台とするときまで。」』

だから、イスラエルの全家は、はっきり知らなくてはなりません。あなたがたが十字架につけて殺したイエスを、神は主とし、またメシアとなさったのです。」

人々はこれを聞いて大いに心を打たれ、ペトロとほかの使徒たちに、「兄弟たち、わたしたちはどうしたらよいのですか」と言った。すると、ペトロは彼らに言った。「悔い改めなさい。めいめい、イエス・キリストの名によって洗礼〔バプテスマ〕を受け、罪を赦していただきなさい。そうすれば、賜物《たまもの》として聖霊を受けます。この約束は、あなたがたにも、あなたがたの子供にも、遠くにいるすべての人にも、つまり、わたしたちの神である主が招いてくださる者ならだれにでも、与えられているものなのです。」ペトロは、このほかにもいろいろ話をして、力強く証しをし、「邪悪なこの時代から救われなさい」と勧めていた。

（「使徒言行録2章14～40節）

この説教に、キリスト教の教会がどういう経緯でできたかが表れています。整理しましょう。

一、聖霊によって、キリスト教徒は目に見えないものを見る。そして、天には不思議な業が、地には徴が現れる（もちろんこの時代の人々は、コペルニクス以前の宇宙観の中で暮らしていたので、「上」や「下」が持つ意味は現在と違います）。

二、ペテロは、ナザレのイエスこそが救済主としてこの世に送られてきたという現実を強調する。

三、イエスは死んだが神の力によって復活する。

四、イエスは天に上げられ、神から聖霊を注がれる。

五、悔い改め、洗礼を受ければ、神は人間の罪を赦してくださり、賜物として聖霊を与えてくれる。

イエス・キリストの働きは、十字架にかけられて、死んで、復活し、天に上げられて神の右に座したことで終わるわけではありません。イエスは、弟子たちに「わたしは天と地の一切の権能を授かっている。だから、あなたがたは行って、すべての民をわたしの弟子にしなさい」という遺言を残しています。そして、聖霊を地上に残しました。弟子たちは聖霊の力によって教会を形成することが可能になるのです。「マタイによる福音書」から当該箇所を引用しておきます。

さて、十一人の弟子たちはガリラヤに行き、イエスが指示しておかれた山に登った。そして、イエスに会い、ひれ伏した。しかし、疑う者もいた。イエスは、近寄って来て言われた。「わたしは天と地の一切の権能を授かっている。だから、あなたがたは行って、すべての民をわたしの弟子にしなさい。彼らに父と子と聖霊の名によって洗礼を授け、あなたがたに命じておいたことをすべて守るように教えなさい。わたしは世の終わりまで、いつもあなたがたと共にいる。」（「マタイによる福音書」28章16～20節）

パウロとローマ帝国

教会が初めて形成されたとき、キリスト教はローマ帝国の反体制的宗教でした。もっとも帝国は、近代の国民国家と異なり、単一の基準で統治することをしません。それだから、ローマ帝国の皇帝崇拝と対立する宗教でも、その存在が見逃される余地はありました。キリスト教はかなり厳しい迫害を受けましたが、ローマ帝国との決定的な対決は避け、ローマ市民、貴族層などの帝国のエリートの中にも密《ひそ》かにキリスト教に改宗する人々が出てきました。

三一三年のミラノ勅令《ちょくれい》でコンスタンティヌス帝はキリスト教を公認します。コンスタンティヌス帝は伝統宗教を廃棄せずに、最高神官（Ponitifex Maximus）の称号を生涯保持しましたが、臨終の場でキリスト教の洗礼を受けました。もっとも、コンスタンティヌス帝に洗礼を授けたのは、後に正統派教会から異端として断罪されることになるアレイオス（アリウス）派の司教でしたが、最終的にコンスタンティヌス帝がキリスト教徒となったことによって、ローマ帝国と教会の関係が質的に転換し、教会は徐々に国家のサブシステムになっていきます。そして、ローマ帝国の存在に神の意思を認めるような見解が支配的になっていきます。

教会と国家の間に軋轢《あつれき》が生じないようにするために、パウロの言説が最大限に利用されました。なぜなら、パウロは、「ローマの信徒への手紙」において、キリスト教徒が上からの権威に従うべきであると強調しているからです。

人は皆、上に立つ権威に従うべきです。神に由来しない権威はなく、今ある権威はすべて神によって立てられたものだからです。従って、権威に逆らう者は、神の定めに背くことになり、背く者は自分の身に裁きを招くでしょう。実際、支配者は、善を行う者にはそうではないが、悪を行う者には恐ろしい存在です。あなたは権威者を恐れないことを願っている。それなら、善を行いなさい。そうすれば、権威者からほめられるでしょう。権威者は、あなたに善を行わせるために、神に仕える者なのです。しかし、もし悪を行えば、恐れなければなりません。権威者はいたずらに剣を帯びているのではなく、神に仕える者として、悪を行う者に怒りをもって報いるのです。だから、怒りを逃れるためだけでなく、良心のためにも、これに従うべきです。あなたがたが貢《みつぎ》を納めているのもそのためです。権威者は神に仕える者であり、そのことに励んでいるのです。すべての人々に対して自分の義務を果たしなさい。貢を納めるべき人には貢を納め、税を納めるべき人には税を納め、恐るべき人は恐れ、敬うべき人は敬いなさい。（「ローマの信徒への手紙」13章1〜7節）

ただし、パウロが国家や権力者に従えと単純に命じていると解釈してはいけません。パウロは、終末が近未来に訪れると信じたキリスト教徒が宗教的に熱狂して、国家権力と不必要な軋轢を起こし、教会が潰《つぶ》されてしまうことを恐れ、戦術的にこのような勧告を行ったのです。このパウロの勧告を読みとくことで、地上における教会の特徴が見えてくるようになります。

キリスト教は国家権力に従うべきか

二〇世紀の文脈で見事にパウロの言葉を読みといたのが、カール・バルトの『ローマ書講《こう》解《かい》』（第二版、1922年）でした。バルトの講解の特徴は、まず「ローマの信徒への手紙」に対する独自訳を行った後に、読みときをするところにあります。

バルトは、翻訳を12章21節から始めます。新共同訳では、〈悪に負けることなく、善をもって悪に勝ちなさい〉と訳されている箇所です。まず、バルトの独自訳を見てみましょう。

悪に負けてはいけない。かえって善において悪に勝ちなさい。すべての人はそのつど支配している権威に従うべきである。というのは、神によらない権威はなく、そのつど現存する権威は神によって制定されているからである。したがって権威に逆らう者は神の定めに反抗している。しかし反抗する者は自分の身に裁きを招く。というのは、権力者は善行に対してはどのような恐怖をも意味しないが、しかし悪に対しては恐怖を意味するからである。それゆえあなたが権威を恐れたくないのであるなら、善を行なうがよい。そうすればあなたは権威の称賛をえるであろう。というのは、権威はあなたの善のために神の召し使いだからである。しかし、もしあなたが悪を行なうなら、恐れなさい。というのは、権威は見せかけに剣を帯びているのではないからである。というのは、悪を行なう者に対しては怒りを執行する者として権威は神の召し使いだからである。だから、怒りのためばかりでなく、良心のためにに、是非とも従わなければならない。そのためにあなたがたは確かに租税をも払っているのである。かれら（権力者たち）は神の祭司であって、この唯一の目的を執り行なう。あなたがたはかれらすべてに、あなたがたの払うべきものを払いなさい。租税を納めるべき者には租税を納め、年貢を納めるべき者には年貢を納め、恐れるべき者は恐れ、敬うべき者は敬いなさい。（カール・バルト［小川圭治／岩波哲男訳］『ローマ書講解　下』平凡社、２００１年、４１３～１４頁）

パウロはローマ帝国を悪ととらえていました。悪は罪から生まれます。人間は原罪を負っているのですから、人間が建設した国家が悪であるのは自明のことです。国家の特徴は、ウエーバーやレーニンが言っているように暴力装置を独占していることにあり、国家とは暴力を背景に秩序を維持する機関です。同時に、人間は社会を営んでいます。社会にも秩序が必要となります。ただし国家の移行と社会の秩序は起源を異《こと》にします。社会の秩序は暴力ではなく、慣習や文化によって形成されます。

バルトは、「秩序を維持するためには国家が必要だ」というような短絡的結論を導くことを避けるために、まず、秩序について考察します。

> われわれは人間の社会生活のそのつどの現行秩序について語らなければならないし、またこの秩序そのものを破らないということが、到来する世の秩序を大きく実証する行為であるべきであるということについて語らなければならない。われわれは、ここで語られ、聞かれるべき事柄を持つ激烈な議論の余地のある地盤に足を踏み入れるように命じる。あまりにも現実的関心を持っているすべての人たちに対して、とりわけセンセーションを好むすべての人たちに対して向けられた一つの警告は不適当であるとは思えない。すなわち、本書を読むに当たって、そういう人たちはとにかく決してここから読み始めないで欲しい。というのは、われわれを全体として理解しない人は、なぜわれわれがまさにこのことを語り、なぜそれ以上のことを、またなぜそれ以下のことを語らないのかをここで少しも理解しないだろうからである。（前掲書４１４～１５頁）

バルトは、「そのつどの現行秩序」という表現で、国家は変容するものであるという認識を示します。パウロが「ローマの信徒への手紙」を書いたローマ帝国、バルトが『ローマ書講解』を書いたワイマール期のドイツ、バルトが命がけで国家との闘争を展開したナチス・ドイツ第三帝国は、それぞれ「そのつどの現行秩序」であり、これらの秩序に対する一般理論を構築することはできません。従って、「ローマの信徒への手紙」13章冒頭から、キリスト教徒の国家に対する一般理論を抽出してはならないのです。

人間が神について知ることができるのは、現実に存在する社会の中においてです。人間と人間の具体的関係において、神を知ることができるのです。修道院の独房で瞑想《めいそう》しているときに浮かび上がった神は、人間の心理的作用の結果に過ぎず、神という名の幻影に過ぎません。神は、流れている時間（ギリシア語で言うクロノス）を切断するところで表れます。この切断が、ギリシア語で言うカイロス、英語のタイミングに相当します。カイロスの前と後では、時間が質的に変化します。従って、キリストと出会う前と後では、時間が全く別の質に変化します。バルトは、国家が引き起こす何らかの事態に対してキリスト教徒がどのようなカイロスをつくり出すかという実践的視座に立って、国家について考察すべきと考えます。

それは全くたくさんの倫理的所与性に突き当たる、すなわち、個々の単独者の多少なりとも騒がしい実験にだけではなく、一見すべての偶然とすべての恣意のはるか彼岸《ひがん》で、より高次の客観性の領域の中で、国家、法、教会、社会という、大きな現状に突き当たる。それらのものの中に、〈われわれは何を行なうべきか〉という倫理的問いに対する答えをすでに知っているという主張を申し立てる個々の人たちのほとんど全体に近い大多数が存在する。きわめて活発に、またきわめて明白な論証に支えられて、これらの既成の事実は徹底的にただ単に既成の事実であるだけでなく、余計な仕方でわれわれによって初めて求められた、人間行為の解決、秩序、進路でもあると主張する。これらの既成の事実は称賛と従順とを要求し、またわれわれはこれらにその要求するものを与えようとするのか、それとも拒否しようとするのかという問いと対決しなければならない。（前掲書415～16頁）

一人のキリスト教徒にとって、現在、目の前にある国家は与件です。理屈では、人間が国家をつくったということがわかっていても、皮膚感覚としては、人間から独立した強力な客観的存在です。国家だけでなく、法や教会も人間から独立した大きな客観的存在です。これらの客観的存在に従うべきか、従うべきではないかという問いを突きつけられたときにどうすればいいか。こういう問題を設定することによって、バルトは国家に対する考察を掘り下げようとします。キリスト教神学にとって、国家論は倫理学の課題になるのです。

もしわれわれが前者を選ぶなら、われわれは明らかに合法性の原理を選ぶ。もし後者を選ぶなら、明らかに革命の原理を選ぶ。しかしわれわれは神の栄光を実証する行為として、――このテキストを軽率に読む人、あるいはむしろ（というのは、この点ではみなもともと党派に属しているのであるから）反革命的に読む人が希望するようにたとえば前者を選ばないが――しかし、すでに非常に多くの者が――ローマ書の他の読者がひそかにこの場所で見いだそうと望んでいた後者をも選ばないで、（その理由はすぐ明らかとされるが）後者の否定を選ぶ。それは非革命だ、とわれわれは言う。この言葉でわれわれは暗《インプリツイテ》にすでに非合法だ、と言ったことになる。しかしわれわれはそのことを明白《エクスプリツイテ》に言わないわれわれなりの理由がある。（前掲書416頁）

ここでのバルトの表現は、非常にわかりにくいです。

バルトは革命の原理を採用していません。しかし、それだからといって「国家秩序を支持せよ」という合法性の原理を支持しているわけでもありません。革命を否定する「非革命」という奇妙な概念を持ち出します。非革命とはいったい何を意味するのでしょうか。そして、それは反革命とどう異なるのでしょうか。

　ここで重要なのが、バルトのパウロ理解です。一般にパウロの社会倫理は保守的と見られており、「ローマの信徒への手紙」13章冒頭もキリスト教徒に国家権力への服従を要請した箇所と伝統的に解釈されてきました。しかし、その解釈をバルトは転倒させます。そもそもパウロは、終末論的な確信から、社会の全体構造が抜本的に変化すると考えていました。その意味において、パウロは革命家なのです。パウロの問題意識は、現実に革命が成就することを担保するために、国家権力からの介入にどう対処すべきであるかという点にあります。従って、パウロは、革命の美学に走って、軽々《けいけい》に命を投げ出すような態度を否定します。キリスト教に引き寄せて言うならば、国家権力に対峙《たいじ》して、あえて殉教《じゅんきょう》するような局面をつくり出すという美学です。

　近現代人の信仰については、大雑把《おおざっぱ》に言って二つの類型があります。第一は、信仰を年中儀式（慣習）の一部、あるいは個人の内面の問題ととらえる類型です。こういう人は、宗教が政治に関与することを嫌う傾向が強く、此岸《しがん》（この世）よりも彼岸（あの世）を重視します。政治的には、既存の国家秩序を追認します。すなわち保守的立場を取るのです。

　これに対して、信仰は人間生活の中心であり、信仰を中心に据えた価値観、世界観、人間観で行動すべきと考える人たちがいます。この類型に属する人たちは、近現代の世俗化を正面から受けとめ、此岸性を重視します。この世の中で起きる現実的問題を解決することを通じて、目に見えない超越的な世界をつかもうとします。此岸性に彼岸性を包み込んでいくのです。キリスト教にはさまざまな潮流がありますが、バルトが信じる宗教改革者カルヴァンの伝統を引くプロテスタンティズムは此岸性の信仰観を持っています。それだからバルトには、パウロが月並みな革命家を超えた、根源的な革命家に見えるのです。

世俗権力に潜む悪

パウロを根源的な意味での革命家と見るバルトの解釈に、私も賛成します。パウロやバルトにおいて、革命は、神の意思によって行われます。

まず、天上で神による革命が行われます。この革命に対する応答責任を、地上にいる人間は負います。人間がこの世の秩序を変化させるのではなく、神の意思に忠実に従うことによって、天の革命が地上に反映されるのです。パウロの「人は皆、上に立つ権威に従うべきです。神に由来しない権威はなく、今ある権威はすべて神によって立てられたものだからです」という前提を崩すような、すなわち神に由来していないにもかかわらず、権威を持とうとする人間に対して、天の神は、地上の秩序を変更せよという意思を示します。この意思に従うことが、キリスト教徒の義務になります。これが、パウロが説く「悪に負けてはいけない」ということの意味であるとバルトは考えます。

「悪に負けてはいけない。かえって善において悪に勝ちなさい」。すべての現行秩序は、そのものとしては、「敵」(一二・一九－二〇)よりもなおはるかに根本的に、不法に対する法の勝利についての問いの前にわれわれを立てる。というのは、現行秩序は神の秩序を求める者に対して、不法が具体化され、勝利するという印象以外のどのような印象を与えるだろうか。すなわち、この秩序は現行の、すでに見いだされる秩序なのである。それは神に逆らう人間の新たな強化また防衛、すべての面から通常の世の成り行きの前提のもつ大きな不確かさによって与えられる動揺に対する、その世の成り行きの確保以外の何だろう。すなわち、それは、多数者の平安、知恵、力が終わりに達するまさにそこで発言し、そこからのみ発言することのできる一者に対する実に多くの者の陰謀である。秩序！　現行秩序とは何のことか。人間が偽善的な仕方でもう一度自分に決着をつけたということを意味する。臆病者のかれが自分の生存の秘義の前にもう一度自分を安全なところに移したことを意味する。愚者《ぐしゃ》であるかれがもう一度自分の死刑判決の執行にあたって十五分の猶予を乞うたということを意味する。（前掲書４１８～１９頁）

人間が、自らの社会を人間だけの力で統治していくことは不可能です。自らの力の限界を認識し、それゆえに他者を自らの意思に従わせることが原理的に不可能であるということを前提に統治を行わなくてはなりません。それですから、現在の秩序が持つ不正に憤《いきどお》った人間が、革命によって新たな秩序を構築しても、その秩序自体が必ず、一部の人間による他の人間に対する支配と抑圧を生み出すことになります。宗教改革、フランス革命、ロシア革命、イランのイスラーム革命、最近では「アラブの春」など、理想的な社会を人間の力で構築しようという発想自体が、死刑の執行を一五分間だけ猶予するのと類比的な、人間の浅知恵に過ぎません。

このような権力は、自らに性悪な本性があることを認めません。権力が持つ悪に対して抑制するという発想自体がなくなります。フランス革命におけるロベスピエール、ロシア革命におけるレーニンやトロツキーは、善意によって、人々を地獄に誘ったのです。共産主義、アナーキズムなど、国家を廃止することを主張する政治思想が現実の社会で具現化すると、例外なく冷酷な抑圧体制になります。もっとも、あらゆる秩序を否定するアナーキズムもありますが、秩序から解放された自由な社会をつくり出そうとする人々でも、現実の秩序の転換をするためには、力を必要とします。つまり、自由を実現するために、自由の敵対者が解体されるまでの力の行使が不可欠になります。

従って教会は、秩序の中に神の意思がある、あるいは秩序を撤廃することが神の意思であるという、いずれの考え方も拒否すべきであるとバルトは考えます。

> そしてもし法が神権政治という形で、すなわち、理想的な教会（たとえば、改良された装いをとって、国際連盟という教会にまで拡大されたカルヴァンの教会！）が自分に信頼を寄せる民衆に与えることもできるであろう優れた霊の成果という形で現われるとすれば、この真に最高の法もまた――最高の不法であろう。この夢もまた、悪魔がキリストに向かって行き、かれにこの世の国々を与えようと申し出たところで、すなわち、ドストエフスキーの大審問官のところで必然的に終わりを告げる。人間は、人間と比べて客観的に正しいという権利はない。そしてそのさい人間は、客観性によって取り囲まれていることを承知しているが、その客観性の外見が大きければ大きいほど、かれが他者に加える不法はいっそう

大きい。(前掲書420頁)

バルトは、改革派に属する神学者です。しかし、カルヴァンの政治姿勢については極めて批判的です。カルヴァンは、ジュネーヴを自らの思想に基づく、禁欲的で厳格な規律によって支配される都市国家に改変しました。そして、ヨーロッパ各地にジュネーヴと同じような国家をつくろうと腐心《ふしん》します。ドストエフスキーは『カラマーゾフの兄弟』で、民衆に自由を認めると、誰もが利己的に自分の欲望を満たそうとし、その結果、一部の人々が飽食し、他の人々は飢えるので、そのような事態を回避するために独裁者が必要だと主張する大審問官を描きました。カルヴァンも大審問官型の人間なのです。

一九一七年一一月のロシア革命で、ボリシェヴィズム(共産主義)の名の下に、大審問官型の国家が生まれました。キリスト教は、無神論を掲げる共産主義国家を忌避しました。しかし、バルトは、カルヴァンの政治観も共産主義者と同じではないかと指摘し、人間の力で正義を実現する国家を建設しようとすると、そこでは必ず不義が国家を支配することになるという認識を示します。自らの不法を自覚することこそが、人間において、現実的に可能な法であるということを、バルトは言いたいのです。

正義の実現は可能か

それでは、正義を地上の国家で実現することは不可能なのでしょうか。結論を先に述べると、バルトは不可能と考えます。これは、正義を国家において、あるいは国家を廃絶した状態のある種の秩序において可能と考える革命家の思想を批判的に検討することによって明らかになります。革命は、単なる権力奪取ではなく、正義と結びついています。カルヴァンも大審問官もレーニンも地上に正義を実現しようとします。

バルトは、社会から革命家が生まれてくる経緯についてこう述べます。

もちろん他者は一者の正義を期待する。しかしさらに大多数の者の正義がどこでいつ一者の正義であるというのか。むしろその正義はどこでいつ詐取され、無理に奪われなかったというのだろうか。どの合法性がその根底において違法でないというのか。どのような権威が、それを権威とするという点で圧制でないというのか。あるいはあるかも知れない現状の欠陥も、現状そのものが悪であるということを認識させるきっかけを与えることができるにすぎない。制御しえない自由の衝動にかられて生じるのはよい君主の下においても、悪い君主の下においても、多数者がわれわれに取り付けようと願う、おそらくは、きわめて極端に善意からでた枷に対抗する何ものかである。多数者は虚構をもってこの枷を着けようとするのだが、かつてなく鋭くわれわれのうちの何ものかがこの虚構を洞察する。秩序の中の悪、すなわち、秩序が存在することの中にその本質のある悪を認識する時、やがて革命的人間が生まれるであろう、というのが普通である。それは悪と戦ってそれを滅ぼす、すなわち、それゆえ現状を不法の具体化として取り除き、新しいもの、すなわち、法をその代わりに立てようと意図することによって悪を免れようと考える人間である。（前掲書420～21頁）

どのような国家も固有の悪を持っています。人間は原罪を持ち、罪は悪をもたらします。そういう人間がつくる国家が、悪から免れるはずがありません。しかし一部の人間は、秩序の中にある悪を除去することができるという夢想にとらわれます。国家秩序、社会秩序から悪を除去するという目的自体は、キリスト教徒も支持します。しかし、神に根拠を持たない、人間の恣意的革命によって悪を除去することは、より大きな悪を導き出すことになるとバルトは警《けい》鐘《しょう》を鳴らします。なぜなら、人間の革命の動機は現行秩序への恨みであり、そこから導き出される正義には悪が忍び込んでいるからです。

しかしまさに革命的人間こそが（自明のことながらこの革命的人間は血まみれの暴力を行使することは断固禁止されているところで初めて始まるのでなく、現状に対する悪意ある恨みを最初に、ひそかに抱くところで始まる。多くの者は「暴力」を憎めば憎むほど、それだけますますこの恨みに支配されるのだ）、かれこそが、この計画を立てることですでに「悪に負かされ」ていると言われなければならない。そしてかれは、自分が一者でない、自分の渇望するあの自由であることの主体ではない、きわめて不気味に鋭く自分の目で見るあの方ではない、大審問官に向かい合って立つキリストではなくて、逆にずっとひき続きしかも初めてきちんとキリストに向かい合って立つ大審問官であるということを忘れている。（前掲書４２１頁）

現状に完全に満足し、社会に不満を持たないのに、生命の危険を冒して革命に従事する人はいません。理想ではなく、恨みが社会変革へと人間を突き動かすというバルトの心理的洞察は優れています。恨みが根底にあるので、革命家は、暴力を躊躇《ちゆうちよ》することなく行使することができるのです。

それと同時に、革命が社会を全面的に転換することができるというのは幻想であるとバルトは考えます。どのような革命であっても、すでに存在する社会基盤の下で行われるからです。その意味で、古い秩序の残滓《ざんし》を人間が完全に克服することはできないのです。

いったいどの人間が「新しいもの」、すなわち、「新しい」時代や世、それぱかりか「新しい精神」を出現させ、これを主張する権利を持つというのだろうか。すべての「新しいもの」は、それが人間によって立てられるのが可能であるかぎり、現状から生まれたのではないのか。そしてその新しいものは人間によって立てられるやいなや、ただちにそれ自身一つの現状となる。人間が(人間がなのだ)「新しいもの」を立てるならば、まさにそれによってどの人間が悪を行なわないというのか。かれが勝とうとする古いものも、かつて人間によって立てられていたのではないのか。そしてそれゆえにこそそれはまさに古いもの、悪ではないのか。革命的人間は保守的人間よりもいっそう「悪に負かされ」ている。かれはその否によってきわめて不気味に神のすぐ近くに立つからである。(前掲書422頁)

バルトは、社会転換を否定しているわけではありません。人間は終末に向かって、歩みを止めることがありません。終末は、キリスト教徒にとっては同時に救済が完成するときなので、目的であるとともに完成です。この救済は神の一方的な力によってのみ実現可能です。この世の秩序の変換は、より大きな悪を防ぐために、小さな悪を行使するという、悪と悪の間での抗争です。その現実を忘れ、自分だけは悪から免れていると考える革命家の自己神格化をバルトは批判するのです。

権力を背景に民衆から収奪《しゆうだつ》する政治エリート、経済力を背景に民衆を搾取《さくしゆ》する経済エリートは、当然のことながら国民から憎まれます。こういう人たちが、カリスマ性を帯びることはありません。これに対して、民衆の側に立つ革命家は、カリスマ性を容易に得ることができます。それだから、革命家は自らの罪に無自覚になってしまう可能性が高いのです。

革命の勝利者イエス・キリスト

それでは、現行の秩序が間違っていると確信し、革命に参加するけれども、同時に破壊の原理に絡《から》め取られることを避けようとする人、そしてキリスト教徒はどうすればよいのでしょうか。

実はキリスト教徒にとって、革命は既に開始されています。一世紀のパレスチナで神がイエス・キリストを通じて行った「神の革命」がそれです。キリスト教徒にとってのみならず、すべての人間にとって、イエスは革命の勝利者です。人間は、神に対する応答責任があり、「神の革命」に対応する形で、地上では「人間の革命」を行います。教会がキリストを頭とする共同体であるということは、教会員全員がイエス・キリストに服従しているという意味であり、われわれに求められているのは、イエスに従っていくことです。イエス・キリストの誕生と十字架における死、さらに復活という出来事だけで、革命は十分なのです。
しかし、自己の能力が極度に高いと勘違いして、人間は不必要な革命を行います。

しかし革命家は他の革命を行なった。すなわち、不満、憎悪、反抗、反乱、破壊という可能な可能性である。この可能性はこれと対立する満足、充足、安全、不遜よりも善くなくてむしろいっそう悪い。なぜなら、この場合、神はいっそう理解されてはいるけれども、なおいっそう悪用されているからである。革命家は真の秩序の設立を意味するあの革命を志し、真の反動である他の革命を行なう（それは合法主義者が、自分自身としては悪に負かされて、真の革命の点火を意味する合法性そのものをめざしているが、実際には――反乱である他の合法性を守るのとまさに同じだ）。人間が行なうことは常に人間が願うことの裁きである（七・一五、一九）。もし革命的人間がこの裁きを認識するなら、かれはかれの十分基礎づけられもし、十分正当な革命的行為の可視性から神の行為の不可視性へと投げかえされる。（前掲書423頁）

バルトの弁証法的思考が顕著に表れている箇所なので、ていねいに読みといていきましょう。イエス・キリストによって革命は既に始まっています。繰り返し強調しますが、人間にとって必要なのは、イエス・キリストの出現によって起きた「神の革命」に参与していくことです。しかし、人間は神ではありません。従って、イエスの生き方を完全に真似ることはできません。われわれ一人ひとりの中にある罪が、「神の革命」の成就を妨害しているのです。それだから、キリスト教徒は自らの罪を認め、悔い改め、キリストを頭とする教会の生活を通じて、「神の革命」に参与していくのです。いずれにせよ、「神の革命」に参与することは、人間にとって不可能の可能性を追究することです。

これに対して、人間が自らの力で起こそうとする革命は、可能の可能性を追究しているに過ぎません。この革命を起こそうとする人たちは、イエス・キリストが説いた正義に近い事柄を実現しようとします。虐《しいた》げられた同胞に救いの手を差し伸べようとします。ただし、神を抜きにして、です。ここで本来の善なる意図が悪に転換します。人間が望む事柄を神聖視することは、人間が思い浮かべた偶像を崇拝することに他なりません。真実の革命は、不可視の領域でなされるのです。不可視の領域で「神の革命」が先行し、それに対応して地上で「人間の革命」が起きるのです。フランス革命、ロシア革命など、人間の理性によって構築された革命が一時的に成功しても持続しないのは、真実の革命にとって絶対・必要条件である不可視性を欠いているからです。バルトは、フランス革命やロシア革命のような人間の力を過信した革命に反対しているわけではありません。革命の人間的限界を突破することを主張しているのです。

人間には原罪があり、いかなる状況においても悪から逃れることはできません。現行の秩序の悪を、善なる意図を持つ人が人間の力による別の悪で克服しようとするのが、人間の側で起きる革命なのです。この革命をキリスト教徒は基本的に支持します。それは人間が悪を克服していこうとする運動だからです。しかし、この革命には参与しません。それは革命における悪をキリスト教徒が認識しているからです。キリスト教徒の役割は、善なる意図を持って革命を行う人に、「あなたの中にある悪を正確に認識しないと、革命に拠ってても、あなたが望む善は実現できない」と説得することです。革命家に自らの罪を自覚させることにより、権力が持つ悪を抑制させるのです。革命運動に好意的な「傍観者《ぼうかん》」となることをバルトは勧めます。つまり、革命の瞬間において、革命的な行動を一切取らないことにより悪に加担しないことになります。バルトの念頭にあるのは、革命を道義的に支持する、非暴力的な知識人のことでしょう。

バルトは、キリスト教徒の政治に対する関与は、消極的であるべきと考えます。もっとも何をもって、消極的、積極的という判断をするかについて、バルトは説明していません。バルト自身は、政治的には社会民主主義を支持しています。当時の社会民主主義には、マルクス主義もその一潮流として含まれていました。社会民主党も革命政党だったのです。それだから、キリスト教徒は政治への関与は消極的にすべきであるというバルトの発想は、革命的な無神論者、唯物論者と比較して消極的であるべきだという訴えなのです。そして、パウロの「すべての人はそのつど支配している権威に従うべきである」という言葉を、国家権力への従属ではなく、革命に対するキリスト教徒の態度という文脈で解釈し直します。

「すべての人はそのつど支配している権威に従うべきである」。「従う」とはここでは、たとえどれほど不可視的な態度を取って具体化しようとも倫理的概念としては純粋に消極的である。それは退却すること、回避すること、謀反を起こさないこと、革命を起こさないことを意味する。現状に対する反逆者は転向するがいい。そして反逆者とならないがよい。なぜなってはいけないのか。かれが反逆者として身を投じる闘争はかれと「そのつど支配している権威」との間でけりをつけられないからである。ここに生じるのは悪と悪との戦いである。もっとも過激な革命もまた現状に対し現状を対抗させることができるにすぎない。もっとも過激な革命もまた反乱にすぎず、しかもそのさいに、そのことがいわゆる「精神的な」あるいは「平和な」革命についても妥当するということは十分注目されるべきである。（前掲書424頁）

革命が成功すると、そこに新たな権力が生じます。真の革命家ならば、権力に対する異議申し立てを、継続しなくてはなりません。革命は、その本質からして永続的であるはずです。そして、権力がこの地上からなくなるまで、異議申し立ては続くはずです。

しかし、実際の革命家は、権力を奪取した後には権力者になってしまいます。世の中の大多数の革命は、権力奪取のための反乱に過ぎないのです。このような革命の本質的な保守性は、暴力を拒否し、議会や大衆運動による平和革命を追求する社会民主主義者においても同じです。革命の結果、現在の弛緩《しかん》した権力がより強化されます。フランス革命やロシア革命が独裁制や強権政治をもたらしたのも、特定の人物の権力欲に原因があるのではなく、革命自体に権力を強化するという性向があるからです。

地上の革命の限界

さて、革命が勝利して、権力を奪取した元革命家たちが国家を運営するようになります。しかし、どのような社会も矛盾《むじゅん》を完全に回避することができません。すると社会から、元革命家である現在の権力者に対して異議申し立てをする運動が必ず発生します。

国家、教会、社全、実定法、家族、専門科学などは、もちろんあらゆる種類の陣中説教やおごそかないかさまによって繰り返して養われなければならない人間の信仰深さによって食べさせてもらっている。それらのものからその情念《パトス》を奪えば、あなたがたはもっとも確実にかれらを飢えさせるのだ。これに反し、革命という制動用蒸気はこの情念にただ新しい糧だけを差し出すのが常である。非革命は真の革命の最善の準備である。しかしこれは処方箋ではない。「従うこと」は最善の意味において無目的行為である。それはただ神に対する従順からのみ生じうる。人間が神に突き当たった、そしてもはや神に裁きを委《ゆだ》ねるより他ないこと、ただそのことがその意味でありうるにすぎない。（前掲書427〜28頁）

人間が構築した制度を維持するためには情熱（情念）が必要です。しかし、制度ができてから一定の時間が過ぎると情熱は失われてきます。そのままいけば制度が自壊《じかい》するので、新たな情熱を吹き込む必要が生じます。それが近現代に生じる革命の本質であるとバルトは考えます。このようにして、革命は歴史において周期的に発生します。

しかし、それは神の革命に対応した、地上の革命ではありません。キリスト教徒は、こういう人間中心主義的な革命から距離を置かなくてはならないとバルトは考えます。バルトは、〈ところが革命の勝利は革命のエネルギーをただ薄め、無害なものとしうるにすぎない。革命は決して反逆者の行為によって現状に対する裁きとなるのではない。事実確かに革命は常にその通りになっている。反逆者が気づかぬうちに陥る闘争は、神の秩序と現行秩序の間の闘争である〉（前掲書425頁）と強調します。キリスト教徒にとって重要なのは、神の声に虚心坦懐《きよしんたんかい》に耳を傾けて、それに従うことです。人間の有限な理性や感情で、無限の能力を持っている神について知ることはできません。人間にできるのは、ただひたすら神に従うことだけです。神に従うことには、目的はありません。人間が目標を設定し、その実現を図るという目的論（テレオロジー）の枠組みを超えることが、キリスト教徒に要請されているのです。このことは、神の目的論を拒否することではありません。全能の神が考える目的論は、有限な人間の目的論とは本質的に異なります。キリスト教徒は、人間の目的論を拒否することによって、神の目的論に参与する可能性が生まれるのです。神の目的論に参与することは、終わりの日の裁きに人間が自らの身を委ねることを意味します。教会は、終末に向けてキリスト教徒を乗せて走る船のような存在です。

人間による革命によって、社会の構造はほとんど変わらないとバルトは考えていることが、以下の記述からわかります。

> もしかれが直接神の秩序に訴えることを許されるなら、すなわち「もしかれが確信に満ちた気分で天を襲い、星そのもののように手放すことも砕くこともできないように上天にかかるかれの永遠の法を引き下ろそうとするなら」（シラー）、かれはそれによって「圧制者の権力は限界を持つ」という優れた洞察を証明する。しかし、かれのこの確信に満ちた天への襲撃は決してこの限界を設けないだろう。というのは、もしかれがそれによって歴

史の判決において最高の法を持つなら、かれはまさしくそれによって神の判決においては最高の不法を得るからである。結果は以下のことを証明する。すなわち、「人間が、人間と対抗するところでは、自然の古い原始状態が復帰する」。問い、いや判決、いや現状そのものに下される神の裁きは、人間が神に代わって行動することによって必然的に差し止められ、働きを失ったものとされる。反逆者はまさにその反逆と共に現状の側につく、まさにそれゆえにかれは転向すべきであり、反逆者となるべきでない。もしわれわれが現行の秩序である国家、教会、法、社会、家族などをその全体として

(a b c d)

と措定し、神の根原的秩序によるこれらのものの廃棄は、その全体と対立する括弧《かっこ》の前のマイナスとして

−(+a+b+c+d)

とすれば、明らかなことは歴史的行動としてあるいは起こるかも知れない革命は、それがどれほど過激であっても、決して人間の秩序そのものの全体を廃棄する括弧の前に付けられたこのマイナスと見なされてはならず、むしろせいぜい、括弧の中の現行秩序を現行秩序として持つ人間の＋《プラス》を廃棄しようとするおそらくは成功するであろう試みを意味しているということである。(前掲書425〜26頁)

つまり、既存のシステムを転覆しても、たかだか括弧の中の、a、b、c、dという項を、プラスからマイナスに変化することしかできないというのです。神の革命は、括弧で括った計

算式の前にマイナス符号を付けるようなもので、すべての項を逆転させます。

バルトは、社会民主主義者が、現状の社会体制に肯定的なものがあると認める発想自体が間違えていると考えます。人間は罪から逃れることができません。罪は悪をもたらします。人間がつくり出したものは、何であっても悪から免れることができません。従って、既存の国家制度、議会、裁判所などを善と規定し、その変革によって革命が実現するという合法主義者の発想に、「人間は偉大なので、神と同じようにすべての問題を解決することができる」と考える「巨人主義（タイタニズム）」が潜んでいると批判します。

バルトは、人間が理想的社会を構築することができるという解釈自体を拒否するべきであると考え、神に従うことによって社会変革が可能になると考えます。これは、本来の革命の考え方です。英語の revolution、ドイツ語の Revolution は、本来「天体の運行」という意味です。人間は天体の運行を支配することはできません。天体の運行が変化することによって、地上の国家体制、政治体制、社会体制が変化するというのが、革命の本来の意味です。人間は革命を起こすことはできません。なぜなら、革命は外部の力によって起こる、人間の手が届かない出来事だからです。従って、人間の合理的計算によって理想的な社会体制が構築できるというフランス革命やロシア革命は、合理主義的に転換された、近現代の革命観です。この革命観には、原罪、外部、超越性などの概念が欠如しています。言い換えると、疎外された革命論です。

ロマン主義で神はとらえられない

この点において、バルトは「権威」の意味を転換します。

以上の点からして次のこともまた理解されうる。「というのは、神によらない権威はなく、そのつど現存する権威は神によって制定されているからである」。「だれでも従いなさい」ということのたった今述べた根拠づけと対立しているような、現行秩序の積極的、肯定的な根拠づけはただ表面上のことであるにすぎない。というのは、「神」という決定的な言葉が残りのローマ書全体と対立してここで突然ある形而上学的一義性と所与性とを持つことはできないことは明らかだからである。本文に対して全く忠実であっても、もしもそれが言葉に対しては不忠実であるという犠牲を払うなら、何の役に立つだろうか。その方によって「権威」は存在し、そのつど現存するどの権威も制定されているその方は、主なる神、未知の隠された神、創造者であってまた救済者、選ぶ者であってまた棄却する者である。すなわち、「権威」というものは、すべての人間的、時間的、事物的なものと同様に神によって測られる。（前掲書428〜29頁）

「上からの権威」とは、王や為政者ではなく、神なのです。神を主語にして、地上の権力を相対化しろというのがバルトの主張です。

神は、人間に対して圧倒的な権威を持っています。しかし、神は人間に直接権力を行使するような存在ではありません。人間の社会、政治、国家の運営は、神によって人間が与えられた自由に基づいて、人間が自由意思に基づいて行います。人間は原罪を負う存在です。地上の権力が悪をもたらすというのは、人間が罪から免れることができない以上、当然の帰結です。

キリスト教徒は、この現実を等身大で見つめなくてはなりません。それだから、バルトは、キリスト教徒に、究極的に地上の権力者に従うのではなく、神に従えと命じるのです。地上の権力は、権威を持たずに長期間存続することはできません。暴力だけで国民を抑えつけるような国家は、権力内部のクーデター、あるいは民衆革命によって自壊します。国民に憎まれている権力は、外敵が侵攻してきた場合にも弱いです。権力者が、長期間、権力を維持することができるかどうかは、その権力者が権威を持つことができるかどうかにかかっています。この権威は、神のみに由来します。

権力が正しいか、間違えているかを判断するのも神です。間違えた権力は、神によって必ず裁かれます。さらに、神は個々の政治的出来事に関しても、「然り」か「否」という評価を下します。近現代人は、人間の理性を中心にして物事を考えるので、この神の声が聞こえにくくなってしまいました。キリスト教徒は、自分がイメージで思い浮かべる神についてのおしゃべりをやめ、神が人間に何を伝えているかを虚心坦懐に聞かなくてはなりません。しかし、神が人間に直接語りかけるわけではありません。われわれキリスト教徒は、神について、イエス・キリストを経由してのみ、知ることができます。イエス・キリストについての証言は、聖書のテキストによって得られます。それだから、バルトは「ローマの信徒への手紙」を丹念に読んで、イエス・キリストを通じて神が人間に何を語りかけているかを知ろうとするのです。こういうアプローチによってのみ、人間が悪から抜け出す指針を見出すことができるのです。地上の悪を克服することができるのは神だけであり、括弧で括られた数式の前にマイナス符号を付けることができるのは、神のみなのです。

ただ神のみが括弧の前の大きなマイナスであって、括弧の中の偽りのプラスの状態を有効に廃棄することができる（きわめて確実に現行体制のロマン主義者は、それらがただ神の大きなマイナスによってのみ真のプラスの状態として立てられる可能性があると言われるままにするより他ない）。神の尺度で武装し、あたかも神がわれわれを通して行為するかのように行為することがわれわれの事柄《ザッヘ》であることはできないのだ。ロマン主義の青い花を革命は断念しなければならない。（前掲書429頁）

ここでバルトが言う「青い花」とは、一八世紀ロマン主義の小説家ノヴァーリスによる未完の小説の題名です。主人公である中世の詩人ハインリヒ・フォン・オフターディンゲンが、あこがれのシンボルである「青い花」を求めて旅をするという話です。「青い花」は、ロマン主義者が追求する理想であり、この理想は人間の心の中で見出されることになります。裏返して言うと、現実の世界で「青い花」を発見することはできません。

バルトの弁証法神学は、近代的な啓蒙主義に対する反発ですが、ロマン主義も啓蒙主義に対する反発です。しかし、ロマン主義が人間の心を重視し、啓蒙主義の合理的な発想を心によって包み込んでしまうのに対し、弁証法神学は人間の力の及ばない外部に解決の緒《いとぐち》があると考えます。バルトは、人間の理性の限界を超える外部としての神を取り戻そうとしているのです。

革命は、現実の社会を変えます。それだから、あくまでも心の領域に留まる「青い花」とは根本的に異なります。革命とは、永遠の理想を捨てることであり、現実の社会と国家を建設することです。神をロマン主義の枠組みでとらえることに、バルトは反対します。

「地の塩」として生きる

ここからバルトは、悪に対する根源的な考察をします。悪は人間の罪が生み出します。その意味では、神は悪に対する責任を負いません。悪の対概念は善です。そうなると神は善に対しても直接責任を負いません。

> 神との関係での悪はわれわれの弾劾の対象となることはできない（神との関係での善がわれわれの讃美の対象となることはできないのと同様だ）。神との関係で、現行秩序の悪と認められたものは、たとえどれほど直接その悪に襲われ、傷つけられた目撃者であろうと、その目撃者を、なおはっきりとすべての神々の上に高く立つ奇異で特異な神である神の前にひざまずかせる。もし神が裁く者であるなら、さあだれが神と共に裁こうというのか。またもし神が裁く者であるなら、さあどこに――正義が存在しないというのか。善を十分指示する悪がさあどこに存在しないというのか。非所与、すなわち、根源的なものと十分かかわる所与が存在しないというのか。非現行体制の十分な比喩であるような現行体制が存在しないというのか。「さらに、被造物が空虚に屈服させられたのは、自分自身の意志によるのではなく、屈服させた方によるのであり、また希望にかけてである」（八・二〇）。（前掲書429～30頁）

神は、人間が判断する善悪を超えた存在です。神が、悪を通じて、善について、人間に語りかけている場合が排除されないことを、バルトはここで言葉遣いに注意しながら慎重に表現しているのだと思います。われわれ人間は、神による被造物です。神は常に被造物の救済を考えています。悪により、われわれが苦難に遭遇するのも、救済の過程なのです。このように現実の悪と向き合うと、希望が生まれてきます。

人間の世界は、人間と自然の間、そして人間と人間の間の複雑な相互連関によって成り立っています。この相互連関は動的です。それだから、人間がつくり出したあらゆる制度が変化します。その意味で、人間の歴史において革命は不可避なのです。

人間の歴史は神に帰属します。なぜなら、神は時間の支配者でもあるからです。歴史の中で営まれる革命家の洞察も、天上で神がイニシアティブを取って行う神の革命が、疎外された形態で反映しているものなのです。それだから、キリスト教徒は、革命という現象の背後にある神の意思をつかまなくてはなりません。

既存の秩序を破壊する革命は、革命が成功したその瞬間において、新しい秩序になります。この秩序を拒否して革命を起こしても、そこにできるのは別の秩序です。人間が社会的動物である以上、その社会を維持するための秩序は絶対に必要です。アナーキーな状態に人間は耐えることができません。秩序を肯定するという意味で、キリスト教は保守的なのです。しかし、そのことは、現実に存在する悪を黙認してもいいということではありません。

なぜなら、キリスト教徒は「地の塩」だからです。イエスは、〈あなたがたは地の塩である。だが、塩に塩気がなくなれば、その塩は何によって塩味が付けられよう。もはや、何の役にも立たず、外に投げ捨てられ、人々に踏みつけられるだけである〉（「マタイによる福音書」5章13節）と述べています。すなわち、この世に対する監視と警告を行うことがキリスト教徒の責務です。繰り返し述べますが、人間は原罪を負った存在なので、人間が関与するすべての事柄に悪が潜んでいます。革命家は、この悪を見つけ出して除去しようとしますが、原罪のある人間の力によって悪を除去することはできません。悪を除去したと人間が主観的に思っていても、客観的には別の形態で悪を呼び込んでいるに過ぎないのです。キリスト教徒にとって重要なのは、この悪の現実を見据えることです。従って、キリスト教徒は革命によって理想的な社会ができるという楽観主義を拒否しなくてはなりません。

神は、この世にある秩序を覆す力を持っています。バルトは、神による革命に、人間が従うことを主張します。人間の努力によって行われる革命ではなく、神の圧倒的な力によって、ある日突然到来する神の革命に従うこと、キリスト教の伝統的な用語を用いるならば、千年王国の到来を受け入れよということです。バルトは、人間社会の内側からの革命は否定しますが、外側からの革命を肯定します。なぜなら、外からの革命は、神の意思によるものであり、原罪を免れているからです。人間の革命ではなく、神による千年王国の到来を信じるべきであるとバルトは考えます。

矛盾に満ちた社会を構造転換することは、絶対に必要なことです。それは主権者である神の意志で行われるはずです。この神の意志を注意深く聞いて、神の革命を実現したのがイエスでした。教会は「キリストの花嫁」と聖書で言われています。もちろん、こういう表現は新約聖書が書かれた当時のジェンダー的偏見があります。ここで言っているのは教会はイエス・キリストに従わなければならないということです。しかし、教会は、イエス・キリストでなく、地上の権力者に従ってしまいました。そのため、教会は神の権威が何であるかを見失ってしまい、神学者たちも「神の革命」を神学的に根拠づけることを怠りました。別の言い方をすると、教会がやるべきことをやらなかったから、一七八九年のフランス革命も一九一七年のロシア革命も起きたのです。キリスト教徒は、革命を教会が自己批判するべき問題としてとらえなくてはならないのです。しかしながら、キリスト教徒は社会に対する裁判官ではありません。社会を裁くのは、人間ではなく、神です。キリスト教には、神の声に謙虚に耳を傾けることが求められているのです。

この観点から、バルトの革命についての考察をとらえなくてはなりません。バルトは、神の革命という視座から、人間による革命の不徹底さ、革命家が正義を打ち立てることができると自らの過大評価を行っていることを批判しているのです。キリスト教徒は、小市民的な財産を守るために革命に反対するのではなく、人間による革命にある悪を批判し、悪に敏感でありながら、革命家によってつくられた新しい社会の建設に批判的に協力すべきであると、バルトは考えています。

バルトは、革命の問題を、現実に進行していたロシア革命との文脈で考えていることも押さえておかなくてはいけません。当時、ボリシェヴィキ側の赤《せき》軍と旧帝政ロシアを支持する白衛《はくえい》軍が精力的に戦闘を展開し、欧米諸国と日本は白衛軍を支援していました。

バルトは人間が他者を断罪するような行動を白衛軍との類比でとらえています。

かれの行為は人間においては可能である（たとえば［ロシア革命の際の］白衛兵の行為と同じように可能なのだ）。しかし神においては（あの白衛兵の場合も同じだ）不可能である。そして現行体制（それが新しいものであることもありうるのだ）の背後に神が立つ。すなわち、裁く者であり、法である神が。反抗（右翼からの反抗も存在するのだ）はこの神に対する反抗である。そうすると悪に打ち負かされて人間は、悪が悪に対して裁きとならざるをえない領域に赴く。その時かれは少なくとも自分の運命を怪しむことは許されない。（前掲書432〜33頁）

ロシアの白衛軍の人々は、ロシア皇帝がキリスト教的な真理を体現した人物と考えていました。そして、皇帝を守る白衛軍はキリストの戦士であるという自己認識を持っていました。バルトはこの自己認識は決定的に誤っていると考えます。人間は神と質的に異なります。人間の行為に神的な意味は何もありません。人間が神の機能を代理することは、原則的にできません。

善と悪の境界線

しかし、革命家が善行を行っているように見えることも、暴力性をはらむ革命によって構築された社会にある種の秩序があるように見えることもあります。この問題を、どう考えればよいのでしょうか。

バルトは革命家の心理に踏み込み、革命と善行、秩序の問題をより深く解明しようとします。

「というのは、権力者は善行に対してはどのような恐怖をも意味しないが、しかし悪に対しては恐怖を意味するからである。それゆえあなたが権威を恐れたくないのであるなら、善を行なうがよい。そうすればあなたは権威の称賛をえるであろう。というのは、権威はあなたの善のために神の召し使いだからである」。普通人間を革命家にするものは、法意識が侮辱されたり、国家、教会、社会の中の多数者の圧迫が悪と感じられる場合である。すなわち、現行体制の中の要求の圧倒的優勢に対する「恐怖」がそれである。もともとこの「恐怖」はどの程度正当化されるのか。明らかにただそれは、われわれ自身の行為が、「権力者」と権威保持者との行為と同一平面上で動くかぎりにおいて、したがって、われわれが思想、言葉、業において、悪に対して悪を対立させ、いわゆる権威に対していわゆる自由を、合法性に対して非合法性を、相対的な秩序に対して相対的無秩序を、「古いもの」に対して「新しいもの」を、粗野な丸太に対して粗野な楔《くさび》を対立させるかぎりにおいて正当化される。（前掲書433頁）

権力は悪をもたらし、権威は善をもたらすとバルトは主張します。すべての悪が人間を起源とし、すべての善は神に由来します。神と人間の間に境界線があるように、善と悪の間にも境界線があります。

権力を弄《もてあそ》ぶ革命家は、悪を行使することができますが、善を行使することはできません。仮に革命家が善を行使していると思われるような状況があるとしたら、それは革命家ではなく、革命家がつくり出した秩序が善を行使しているに過ぎないのです。そして、この秩序は、神の権威によって成立しているのです。

キリスト教徒は善の領域に留まって社会に働きかけるべく努力しなくてはなりません。思想、言葉、行為において、悪に対して悪を、地上の権威に対して自由を、合法性に対して非合法性を対立させることも、それが善の領域の出来事ならば許容されるのです。

しかし、このような善が成り立つ特別な領域、地盤はありません。われわれ人間が現実に生活している場所が、地盤だからです。しかし、人間が悪から抜け出す道を、バルトは逆説的に説明します。

正しく理解すれば、この恐怖は、人間に下される神の裁きに対する恐怖以外の何ものでもない。現行秩序は人間の悪い行為を（そして人間のどの行為がことによると悪くないというのだろうか）神の裁きのもとに置くが、それが現行秩序（しかしまたそれに反抗する革命！）の「神的な点」である。現行秩序はそのために「制定」されている。まさにそれゆえにそれは善行に対してはどのような恐怖をも意味しない。どうしてそうも言えるというのだろうか。権力者は、善が行なわれるところでは権力を持たない。（前掲書434頁）

この世界は悪に満ちあふれており、悪の要素をまったく持たない人間は一人もいません。それだから悪を持たないイエス・キリストに、われわれ人間は向かっていく必要があるのです。神の裁きから逃れるためにイエス・キリストに従うのです。

人間の心の神格化

もちろん、人間の思想は自由です。イエス・キリストに従うというのは、たくさんある思想のうちの一つです。しかし、その中でイエス・キリストに従う自由を選択するというのは、質的にまったく異なる選択になるのです。そのことをバルトは以下の言葉で説明します。

思想は自由である。しかしわれわれすべての中にある一者の不可視的行為はなお全く他なる仕方で自由である。この一者は反抗しない。というのは、それは何に反抗するというのか。それは悪を行なわない。なぜならそれは悪に悩まされていないからである。それは攻撃可能ではない。なぜならそれは攻撃しないからである。傷つけられない。なぜなら傷つけないからである。（前掲書434頁）

ここで「一者」とされているのが、イエス・キリストです。

悪が悪に対して裁きとなり、それゆえまたどのような運命にも支配されないところには一者は存在しない。それは神によってすでに裁かれはしたが、まさにそれゆえにすでに義と認められた人間であり、かれの「善行」とは裁きと正義という永遠の地盤にかれがこのように立つということ以外の何だというのだろうか。（前掲書434～35頁）

どうもイエス・キリストが考える善悪は、人間が考える善悪と位相を異にするようです。一般に善行は、人間が主体的に善なる行動をすることと受けとめられます。しかし、そのような考え方は間違えていると、パウロもバルトも考えます。なぜなら、人間が主観的には善だと思って行っていることが、神の立場から見て善であるという保証がないからです。キリスト教的な観点からの善行は、人間の主観的意志と無関係のところで成立します。そのことをバルトは次のように表現します。

> 「善行」とはその概念からいって、主体である「この人間」の廃棄であり、個人を神のうちに根拠づけることであり、すべての行為がそれによってその根拠に関係づけられる、すべての行為中の無行為である。どのような時にも生じないこの善行に対して、権威（あるいは革命）はどのような「恐怖」をも意味しない。反対に、人間が善を行なうかぎり、人間は現行体制に反対する（あるいは味方する）プロメテウス的闘争を不可避的に伴うあの発作から解放されている。かれは悪の領域の内部で行なうことのできる究極以前のものの彼岸に本当に究極的なものを認める。かれはこの領域の中でますます見えず、聞こえず、広がりを欠いているものとなる。かれはすべての情熱を失い、すべての傍若無人さとくじけぬ勇気とを失う。かれはもはや他の神々と戦う怒っている神ではない。かれは即事的となる。それゆえかれはそれどころか「権威」に「称賛」されさえする。（前掲書４３５頁）

「すべての行為中の無行為」とは、「何もしない」という意味ではありません。人間が、いかに能動的に行為していても、それによって善は実現できないのです。善はこの世の内側からは出てこず、外側からの力によって起きるということをバルトは強調しているのです。人間が設計図を描いて、それに基づいて理想的な社会を建設していくという目的論的発想もここでは拒否されます。イエス・キリストの復活を待ち望むという、徹底的に受動的な態度がキリスト教徒には求められています。

このことはキリスト教徒が社会問題にまったく関与せず、人間の内面的な事柄に信仰を限定するという意味ではありません。キリスト教は、心のように人間の一部ではなく、全体を支配する宗教です。従って、一人のキリスト教徒は、自らの信仰に基づいて、社会で直面する問題に取り組みます。これは当然のことです。しかし、自分の社会的な取り組みに、特別の価値を付与してはならないということをバルトは強調します。

キリスト教徒は、人間の世界の出来事について、それが善であるか悪であるかを判断することを、人間にとって他者である神に委ねなくてはなりません。

既に述べていることですが、近代プロテスタンティズムは、古代、中世の形而上学と決別し、神がいる場所を天から心の中に移動しました。これによって、コペルニクス革命以降の宇宙像とキリスト教信仰の対立を克服しました。しかし、神が心の中に移動してしまった結果、人間は自分の心理作用と神の働きを区別することができなくなってしまいました。まさにロマン主義は、人間の心理と宇宙（すなわち神）を一致させてしまったのです。その結果、心の神格化が起きます。

しかし、心も人間の付属物です。心の神格化は、必然的に人間の自己神格化をもたらします。自分の心を崇拝することも、偶像崇拝の一種です。神に徹底的に従う従順な人間は、自らの限界を知っています。従って、自らの行為が善であり、救済の根拠になるというような傲慢《ごうまん》な発想をすることもありません。

> かれは、ことによると善が全く成功した試みとして並べられるであろうような段階をその段階において決して認めないだろう。かれは、善を、どれほど成功した試みであれ、そのすべての試みと比べ、測りしれない神の優越のうちにのみ認め、あの試みを、そこで試みられているものと比べ、その完全な純粋な否定性（単に「不完全性」なのではないのだ）において認めるという点にこだわるであろう。しかしかれはそれにもかかわらず、悪のただ中での善のこの相対的可能性そのものを認識し、この可能性をこれと対立するものの輪郭を写す影絵として承認し、それを真剣に受けとり、それをせずに置くことのできない実行と叙述と考えて実証する忍耐、鋭い目、ユーモアを所有するだろう（他ならぬ批判的意識がかれにこの「暫定措置」を許す、それどころかむしろ命じるのだ）。（前掲書４３６～３７頁）

人間が善を追求することは、当たり前のことです。しかし、それは常に「悪のただ中での善のこの相対的可能性」としてしか、現れないのです。

政治との付き合い方

バルトは、人間の善悪を社会の具体的文脈において考えなくてはならないと考えます。倫理や道徳は、具体的な人間と人間の関係から生まれるからです。

例えば、読者が家族的結束の固いマフィア組織の一員であるとしましょう。あなたの仕事は会計係で、事務所の入出金を管理しています。あなたはよい人で、組織の金をごまかすようなことはしていません。このマフィア組織は、管理売春、カジノの用心棒、麻薬や武器の販売等で金儲けをしています。あなたは事務職員で、このような犯罪行為には一切関与していません。一般論として、一生懸命働くのはよいことです。しかし、あなたの所属する組織が、構造的に悪事を行っている場合、あなた自身は悪事に直接手を染めないとしても、客観的に見て、悪に手を貸していることは間違いないのです。

人間が構築する社会は、どのようなものであっても、悪をはらんでいます。それは人間が原罪を負う存在だからです。自らの意図に反して、無意識のうちに人間は罪を犯し、悪をつくり出すのです。

革命は、現状に対する異議申し立てです。目の前にある既存の秩序は悪です。しかし、既存の秩序を破壊し、新しくつくろうとしている革命的秩序の中にも悪が潜んでいます。キリスト教徒にとって、目の前にある秩序の悪を除去する努力をするのは当然のことです。それと同時に、革命の中にある悪にも否を唱えなくてはなりません。これは、政治の論理を拒否することを意味します。ドイツの法学者・政治学者であるカール・シュミット(Carl Schmitt, 1888-1985)が述べているように、政治的なものの概念は、敵と味方の二分法で構築されています。知的、道徳的に優れ、魅力のある人であっても、政治的に対立すれば敵なのです。逆に、陰険で、無知蒙昧《もうまい》で、粗野な人でも、政治的立場を共有する人は味方であると考えます。こう割り切ることで、政治的な力を結集することができるのです。バルトはそのことをよくわかっているので、敵・味方という人間関係の図式で政治をとらえることを原理的に拒否し、神と人間の関係で考えます。神からの召命で、特定の人間が政治に関与することはあります。その場合、重要なのは、本質において悪である政治を監視することです。こういう任務に就《つ》く人をバルトは「神の召し使い」と呼びます。

> 「神の召し使い」とはこの場合、すべての所与がひとたびその純粋な否定性において認められて、神である非所与者の肯定性の中で輝き始めるという意味で現行秩序のことである（このことが不安を与えず、また罰を与えず、むしろ自分が正しいということを強める人、その人にとっては革命が「神の召し使い」となるのだ）。すると革命的痙攣《けいれん》の代わりに「法」と「不法」とについての冷静な熟慮が現われるだろう。（前掲書４３７頁）

キリスト教徒が一段高いところから、守旧派と革命派を鳥瞰《ちょうかん》し、批判するということではありません。キリスト教徒が同胞の前に立つことが重要なのです。そこで、イエス・キリストを救い主とする自分が、現実の社会において本来やるべきであったことをやらなかった罪を冷静に見つめ直すことが重要です。この地上で生じている政治という悪について、キリスト教徒は神に対して自己批判しなくてはなりません。神の前で反省する人間は、冷静になることができるのです。

革命によって理想的社会を構築することを信じたのがロマン主義者です。しかし、ロマン主義者は、それほど時間を置かずに現実の壁に突き当たります。ロマン主義者には、この壁を突き破る知力と政治力が不足しています。それだから、政治から文学の世界に逃避する人が多くいます。政治に本気で関与し、破れたロマン主義者はニヒリズムに向かい、現行の秩序すべてを否定する立場を取りました。バルトはこういう方向を避けたいと考えます。その鍵が、悪を正面から見つめることにあるとバルトは考えました。神の前で自らが罪人であると自覚している人は、他の罪人を断罪することができなくなるのです。

「しかし、もしあなたが悪を行なうなら、恐れなさい。というのは、権威は見せかけに剣を帯びているのではないからである。というのは、悪を行なう者に対しては怒りを執行する者として権威は神の召し使いだからである」。われわれは悪を行なうなという警告を聞き漏らすこともありうる。そしてわれわれはこの警告を絶えず聞き漏らしていることについて思い違いをしないだろう。われわれがこの世で行なう処置はどれもももちろんこの悪の陰にある。(前掲書438頁)

「われわれがこの世で行なう処置はどれもももちろんこの悪の陰にある」とバルトは考えますが、これはパウロの原罪観を現代に甦らせたものです。

人間は原罪から免れないのだから、この世に悪が存在していることについては諦め、終わりの日の救済だけを祈っていればいいとパウロの考え方が誤解されることがあります。これはキリスト教が具体的な行為を促す宗教であることを無視する暴論です。パウロの理解において、信仰と行為という二分法は成立しません。

この世で正義を行うということは、信仰を持つキリスト教徒として当然のことです。しかし、それを善なる行為と認識してはいけないとパウロは説いているのです。人間による自己義認は、どれほど小さなものであっても、神に対する反逆につながる現実をパウロは正しく認識しています。そして、バルトはこのパウロの認識を現代に甦らせたのです。

人間の行為は救済に結びつかない

人間が世の中を改革していくのは当然のことです。しかし、そのことを人間の救済と結びつけるのが誤りなのです。

現実の人間社会においては、さまざまな闘争や諍《いさか》いがあります。これらの否定的な出来事は、神学的に何か意味があるのでしょうか。それともまったく意味がないのでしょうか。バルトは、逆説的に意味があると考えます。


ここでわれわれには敵、敵対者、羨望《せんぼう》者、危険な友人、疑わしい従者、他人の不幸を喜ぶ傍観者がいる。ここに反撃、停滞、妨害、絶望、失敗、敗北が見る間につぎつぎと待ちうける。ここにあらゆる種類の裁き、葛藤、誤解、混乱、悲劇的紛糾《ふんきゅう》が生じる。この将棋盤の上には危険な反対の動きが伴わないようなどのような動きもない。何らかの仕方で報復を受けないようなどのような処置もない。自分自身の不可能性をすでに自分自身のうちに含んでいないどのような可能性もない。（前掲書４３９頁）

ここで示されているバルトの善と悪の相互関係に関する認識は、ユダヤ教のカバラー思想に近いです。カバラー思想では、人間が光の領域を増やせば増やすほど、同じ量の闇の領域が拡大していると考えます。そして、いずれかの段階で光と闇が衝突し、全体的な構造の転換につながります。

もっとも、光をもたらす力は人間に内在しています。それだから、人間は、内在的な力に基づいて、不可能の可能性に挑むことができるのです。バルトは地上を善なる世界と悪なる世界に分節化することを拒否します。善なる世界と悪なる世界は、今、この場で同時に存在しているのです。

> われわれは現行体制（友好的であれ敵対的であれ！）と共に一つの地盤の上に立ち、この体制とともに一つの裁きに帰属する。われわれはこの地盤上の可能な肯定と否定のいずれか一方にわれわれの立脚点を置く。そしてすべての肯定と否定とがこの地盤上では相対的であることの償いを無条件でせざるをえない。われわれは突進する。あるいはわれわれは防禦《ぼうぎょ》する。われわれは建設する。あるいはわれわれは破壊する。われわれは闘争する。あるいはわれわれは平和を維持する。われわれは肯定する。あるいはわれわれは否定する。常にわれわれに対して究極の〈止まれ〉が対抗する。（前掲書４３９頁）

われわれは時の中で生きています。ただし、それは、暦《こよみ》の中で流れていく時、すなわちギリシア語のクロノスではありません。ある出来事が起きて、その前と後では、事柄の意味が変化する時、ギリシア語で言うカイロスを指しています。究極の〈止まれ〉はカイロスを意味するのです。旧約聖書の「コヘレトの言葉」には、このような言葉があります。

何事にも時があり
天の下の出来事にはすべて定められた時がある。
生まれる時、死ぬ時
植える時、植えたものを抜く時
殺す時、癒す時
破壊する時、建てる時
泣く時、笑う時
嘆く時、踊る時
石を放つ時、石を集める時
抱擁《ほうよう》の時、抱擁を遠ざける時
求める時、失う時
保つ時、放つ時
裂く時、縫う時
黙する時、語る時
愛する時、憎む時

戦いの時、平和の時。

人が労苦してみたところで何になろう。

わたしは、神が人の子らにお与えになった務めを見極めた。神はすべてを時宜《じぎ》にかなうように造り、また、永遠を思う心を人に与えられる。それでもなお、神のなさる業を始めから終りまで見極めることは許されていない。(「コヘレトの言葉」3章1～11節)

人間の価値観は、カイロスを前後して、変化します。革命もこのようなカイロスです。しかし、キリスト教が説く善悪は、このようなカイロスを超克したところにあります。

人間側から見るならば、革命はカイロスです。しかし、神の視座からすれば、革命がカイロスである必然性はありません。人間による権力の転覆の結果生まれるのは、人間による権力です。人間は原罪から免れることができません。人間による革命政権であっても、人間の持つ原罪から自由になることはできません。従って、いかに高い理想を掲げる革命政権であっても悪を行っていることが明白な悪政よりも、政治的、経済的、社会的な悪を克服し、自分たちは善なる権力を運営していると主張する革命政権の方が、自己絶対化の誘惑により強くとらわれています。

バルト自身は社会主義者です。他のプロテスタント神学者と比較して、ロシア革命に対しては肯定的な評価をしました。共産主義体制を積極的に評価することはありませんでしたが、西側の反共主義に対しては明示的に反対しました。そのバルトが、『ローマ書講解』でここまで激しく革命に反対しているのは、原理の問題を扱っているからです。原理的にキリスト教徒は、既存の体制も、革命勢力も、反革命勢力も支持することができません。イエス・キリストが説いた「神の国」は、地上の国家権力とはまったく別の位相にある存在だからです。バルトが、「究極の〈止まれ〉」と表現しているのは、神の圧倒的な力によって終わりの日に実現される「神の国」のことなのです。

良心とは悪を自覚すること

このように私たちが革命について考えると、必然的に人間の限界という問題に突き当たります。バルトは、人間の限界について、こう述べます。

差し迫った究極の危険、われわれが——人間であるということに対するもっとも重い究極の罰が対抗する。神は本当に人間の干渉（そしていつわれわれはこのような干渉を行なわなかったというのだろうか）の及ぶものではない。革命家の干渉には権威の「剣」をもって対抗する（そして合法家の干渉には革命の「剣」をもって対抗するのだ）。（バルト『ローマ書講解下』439～40頁）

革命家は、暴力を行使してでも、自らが考える理想を実現しようとします。バルトは、革命家の「目的は手段を浄化する」という乾いたプラグマティズムに対して、神が権威の「剣」で対抗する事実を示します。インドのマハトマ・ガンジーが英国の植民地支配に対して戦った武器を用いない不服従闘争のようなものが、権威の「剣」の具体例なのです。

また、合法性を重視するキリスト教徒は、無意識のうちに既存の体制の擁護者になってしまいます。そのような体制派に対する警告として革命の「剣」、武力闘争が有効になることもあります。ラテン・アメリカの「解放の神学」がその例です。

キリスト教徒もこの社会で生きています。従って、革命であれ、現行体制の維持であれ、あるいは反革命であれ、キリスト教徒はこの社会の出来事に対して責任を負います。それだから、政治に関与せずに超然とした態度を取るキリスト教徒が、神の怒りから免れるわけではありません。キリスト教は、政治理論や社会理論ではなく、教会は政党ではありません。従って、キリスト教徒は自らの信仰的良心に従って、さまざまな政治的態度を取ります。信仰的良心に基づいて、ある人は革命に参与し、別の人は合法的に現在の体制を改革しようとします。また、信仰的良心に基づいて反革命的な運動に関与するキリスト教徒もいるでしょう。そのうちどの立場が絶対に正しいとは言えません。どのような立場を取る人であろうとも、神の怒りから逃れることはできないのです。しかし、神の怒りの中に込められている意味を、われわれは正確に理解しなくてはなりません。

> 「だから、怒りのためばかりでなく、良心のためにも、是非とも従わなければならない」。神の怒りをただ神の怒りとしてのみ体験するなら、永遠に死が生じるであろう。しかし「良心」はわれわれに向かって抜かれた剣の〈止まれ〉という命令を理解し、神の怒りの中に神を認める。神の怒りは、われわれに出会った悪をただ阻止と運命と解することを妨

げる。良心はわれわれ自身が悪を行なっているということをわれわれに想起させる。良心はわれわれの悲劇的運命の中でわれわれに出会う神の手が正義であることを認識する。良心は悪がわれわれのために行なうはずの「善への奉仕」を認める。良心は、われわれに下される裁きがわれわれの利益であると説明しないが、それはわれわれの救いであるとわれわれに説明する。良心はわれわれの出会う不法からわれわれのための義認を作り出しはしないが、われわれの希望を作る。良心は、われわれの出会う困難の結果、またしても激怒して、新しい反抗に終わることを許さず、むしろ悪から悪への宿命的循環の終結を宣言する。良心は人間の行為と受難の交代からわれわれを根源、すなわち、神へと連れ戻す。「だから是非とも従わなければならない」。（前掲書４４０～４１頁）

バルトは、人間の良心自体に積極的価値を認めません。なぜなら、「私は良心的だ」という自己弁護の口実に良心が使われることが多いからです。しかし、神の怒りに触れて呼び起こされる良心は、人間の自己満足の良心とは異なり、人間を反省させる機能を持ちます。神の怒りに触れることによって、キリスト教徒は、「私は自分が望んでいる善ではなく、自分が望んでいない悪ばかりを行っている」ということを自覚するのです。キリスト教的には悔い改めることが良心なのです。

これが神の怒りに触れた人間の良心の特徴です。この自覚を持って、イエス・キリストを信じることによって、人間は悪から悪への宿命的循環を断ち切ることができるのです。革命をきっかけにキリスト教徒は神の怒りを知ることになります。革命が無力であるということを知ることが、人間ではなく、神がこの世界における主権者であることを、キリスト教徒が心の底から信じることにつながっていくのです。革命は、神がなすことを人間にも可能であると勘違いした、罪に支配された出来事なのです。それですから、キリスト教徒は、革命の是非について議論する前に、現実に自分が生きている世界の悪を認識しなくてはなりません。

地上の国家と「神の国」

人間の善をなす行為は、外部からの働きかけ、神が人間の世界に介入する瞬間に起きる出来事です。これは地上に流れている時間に、神が天上から介入して、遮断する瞬間に起きます。人間は、神に従うことによってのみ、善を行うことができるのです。バルトは、従うことが、行為ではなく、認識であると強調します。

> したがって「従うこと」はどのような行為でもない。そうではあるがしかしそれは一つの認識である。すなわち、われわれは正しくない、たとえわれわれが正しくても、また正しいときにこそ正しくないという認識である。この認識において、われわれが希望を持つ、すなわち、到来する神の世界の希望を持つということが真実となる。この希望は革命であると同時に秩序でもあるだろう。（前掲書441～442頁）

行為は、人間の自発的意志によって行われるものです。しかし善は、人間の自発的な意志によって行えることではありません。人間が正しいと確信して行っていることが、神からすると間違えている場合があるということをキリスト教徒は自覚しなければなりません。ここから、究極的な善は、終わりの日に再臨するイエス・キリストのみに依存するのだという結論が導き出されます。このことを神の革命と言い換えることができます。神の革命は、終末論的構成を取ります。神の革命によって、新しい秩序である神の国が生まれるのです。

この終末論的観点から、現実に存在する国家と向き合うことをパウロは説きます。国家は抽象的な存在ではありません。官僚によって運営される具体的な組織です。この具体的な組織は、税金によって活動しています。従って、国家を認めるということは、人民（国民ではなく、当該国家の支配が及ぶ地域に住む外国人を含む）が税を支払うことを前提とします。パウロの租税観について、バルトはこう論じています。

「そのためにあなたがたは確かに租税を払うのである」。これは奇妙な結論である。あなたがたはそのさい、いくらか多少なりとも自発的にこれを行なう。すなわち、あなたがたは国家にあなたがたの租税を払っている。あなたがたは自分の行なっていることを知るべきである。それは無行為に満ちた、認識に満ちた、希望に満ちた行為である。「かれらは神の祭司であって、この唯一の目的を執り行なう」。権力者、当局者、現存勢力の公式の代表者――それらが神の祭司なのか。然り、まさにかれらがそれである。（前掲書４４２頁）

神から見るならば、この世の秩序は不完全で悪から免れることができません。しかし、そのような国家に対して、人民はなぜ租税を払わなくてはならないのでしょうか。それは、秩序を維持するためです。地上で秩序が維持されているのは、人間の力によるからではありません。秩序は究極的に神によってもたらされているものです。この現実が、権力者が租税を徴収する根拠になるとバルトは考えます。裏返して言うならば、租税を徴収する地上の権力者は、人民にとって義なる存在となります。しかし、キリスト教徒が待ち望むのは、このような地上の義なる国の基準が一切通じなくなる神の国です。

このようにバルトは、革命と現存秩序の維持のいずれをも、終末論的にとらえることを訴えます。体制の維持、体制の変革の双方が、いずれも地上の人間の業であり、終わりの日にイエス・キリストの再臨によって得られる人間の救済とは関係のない事柄なのです。このようにして、キリスト教は、終末論に基づく非政治的な政治性を帯びるのです。

「神の国」——柄谷行人氏との対話から

ここまでバルトの『ローマ書講解』に基づいて、教会と現行の秩序、つまり国家との関係を考察してきました。なぜ、神学は教会と国家の関係について、これほど神経質になるのでしょうか。

実は、教会と国家の関係をどう整理するかは、神学的に未だ解決がついていない実に深刻な問題なのです。バルトの場合、教会も国家も、神の恵みに基づく秩序です。教会も国家もキリストの支配に服さなくてはなりません。究極的に神の支配が一元的に貫徹されるのです。このことを哲学の側からわかりやすく解説しているのが、柄谷行人《からたにこうじん》氏です。

柄谷行人氏との対話から

以前、柄谷さんと対談をした際に（『現代思想』2015年1月臨時増刊号「柄谷国家論を検討する」）、バルトの国家観をどのように理解するかが大きなテーマとなりました。柄谷氏は、バルトをスイスの文脈で読むことが重要であると指摘します。

柄谷　今日は佐藤さんからバルト神学に関してお話をうかがおうと思っていたのです。私の考えでは、交換様式Dは先《ま》ず普遍宗教として現われる。だから、どうしても普遍宗教について考える必要があるのです。普遍宗教は宗教の批判としてあらわれますが、まもなくそれ自体、宗教になってしまう。そこで、宗教改革が何度も生じる。普遍宗教はDを持つ以上、社会主義的な運動になります。それは千年王国運動のような社会運動として何度も現われた。

一九世紀でも社会主義運動は、宗教的な背景を持っています。我々が言う社会主義は、一九世紀半ば以後、宗教性をとりさったものです。つまり、プルードンやマルクス以後の「科学的社会主義」です。とはいえ、社会主義は交換様式Dであるかぎり、普遍宗教から完全に離れるものではありえない。実は、離れてしまうと、それはむしろ逆に「宗教」になってしまう。そして、社会主義者が教会国家の祭司のようなものとなる。

社会主義者のなかにも、社会主義と普遍宗教の連関を考えた人は少なくありません。例えば、エンゲルスがそうです。一方、普遍宗教の側でもこのことを考えた人がいた。それがカール・バルトです。彼は一九一一年に「イエス・キリストと社会運動」という講演で、イエスと社会運動とは別の二つのものではなく、「イエスとは社会運動であり社会運動とはイエスである」と断言しています。私なりに言い換えると、イエスの示したことも社会主義が目指すことも交換様式Dの実現であるとすれば、それらを区別することはできないし、区別してはならないということです。

私はこれまでバルトについては多少読んでいましたが、最近までよく考えていなかったのは、彼が根本的にスイスの人だということですね。

佐藤　おっしゃる通りです。バルトを、スイスの思想的、宗教的、そして政治的文脈を抜きに考えるのは間違いです。宗教社会主義運動がスイスは非常に強かった。そもそもスイスという国が誓約共同体です。

「イエスとは社会運動であり社会運動とはイエスである」というバルトの発想は、スイスという国家が誓約共同体国家であるという文脈を抜きに考えることができません。柄谷氏が言う、未だ実現されていない交換様式Dをマルクスは共産主義という名で表そうとしました。キリスト教徒が「神の国」や「千年王国」という名で表現しようとしたものと、マルクスの考えた共産主義が、本質において同じ事柄ではないかというのが柄谷氏の問題意識です。私は、バルトが考える「神の国」は、柄谷氏の言う交換様式Dと言い換えることができると考えます。

プロテスタンティズムとナショナリズム

もう少し、柄谷氏の議論を細かく追っていきましょう。

柄谷　バルトはドイツの大学で教えた人だし、私は漠然とドイツの文脈で読んでいたのですが、社会主義といっても、キリスト教といっても、ドイツとスイスでは違う。キリスト教という面では、ドイツはルター派で、スイスはカルヴァン派です。社会民主党という面では、ドイツでは第一次世界大戦に参加したのに対して、スイスでは拒否している。そもそもスイスは国家として中立でしたが。しかし、私はこういう違いを考慮していなかったので、バルトに関しても読み方が浅かったと思います。例えば、ドイツでは社会民主党は非宗教的でしたが、それはエンゲルスやカウツキーが宗教を斥《しりぞ》けたからではない。彼らは宗教批判をしていない。むしろその逆です。宗教否定というのはレーニン主義以降ではないでしょうか。

佐藤　そう思います。ナロードニキのトカチョフというボリシェビズムを考え出した人ですが、彼はナロードニキが民衆によって警察に突き出されていくため、民衆を受動的なままにしておくことで陰謀を実行し、上からの革命を起こしたほうがいいと考えました。ここから民衆に「革命を信じろ」という、神に対する信仰を革命に転換する動きが出てくる。レーニンの革命観は、マルクスよりもトカチョフに近いです。それに伴ってロシア・マルクス主義は裏返した正教のような一神教になった。科学という神、無神論というイデオロギー、共産党という教会に帰依する宗教になったのです。それだからレーニン主義において、科学的無神論（戦闘的無神論）による宗教否定に大きな意味づけがなされるようになったのです。

レーニン主義が、宗教を全面的に否定したという柄谷氏の指摘は正しいです。マルクスやエンゲルスの発想では、疎外された社会での、体制に対する不満が宗教という形で表れてくるので、宗教自体を批判しても意味がないということになります。宗教を批判するのではなく、人々が宗教に慰めを見出さざるを得なくなる社会構造を転換することをマルクスとエンゲルスは説きました。これに対してレーニンはまったく別のアプローチを取りました。「無神論を信じる」ということをロシアの共産主義者に要請したのです。その結果、ロシアでマルクス主義は宗教となりました。そして、この宗教を担保する教会がソ連共産党になったのです。

宗教を理解するためには、ある種のセンス（言語化することの難しい感覚）が必要です。マルクス、エンゲルス、レーニン、あるいはスターリンも宗教的なセンスは悪くありません。宗教が政治に与える影響についてもよくわかっています。特にスターリンは、グルジア正教会の神学校を中退しており、基礎教育が神学です。レーニン、スターリンの宗教論は、革命の現実の中で、宗教とどう対決するかという問題意識に貫かれています。ロシア・マルクス主義の特徴は、世界観の独裁です。マルクス・レーニン主義が絶対に正しいのだという観点から、共産党は宗教を弾圧しました。その結果、マルクス・レーニン主義が宗教になり、共産党が教会としての機能を果たすようになったのです。これでは、宗教の看板が変わっただけで、根源的な宗教批判はできないわけです。

マルクスは、比較的初期に宗教に対する関心を失いました。これに対して、エンゲルスは、初期から晩年まで一貫してキリスト教に対して強い関心を持ち続けました。柄谷行人氏はこの点にも着目します。

柄谷　エンゲルスは初期の『ドイツ農民戦争』（１８５０年）でも、宗教的指導者トマス・ミュンツァーを先駆的コミュニストとして大々的に評価しました。「宗教は民衆の阿片《あへん》」という言葉がありますが、マルクスがそういったのは、宗教を批判する啓蒙主義的知識人への批判という文脈においてです。宗教を批判するかわりに、民衆が宗教を必要とするような現実こそを批判せよ、そのような社会を変革せよ、という意味でした。

佐藤　当時のその「宗教は民衆の阿片」という言葉はよく使われていて、よくあるキャッチコピーを使っただけの話でしょう。それから、エンゲルスの場合は、マンチェスターにいたこともあってカルヴァンの影響を相当受けています。その点からすると、期せずして廣松渉《ひろまつわたる》の初期に書いたエンゲルス論というのは、荒削りのかたちでその辺が表れていて面白いですよね。それを『情況』に連載して、廣松のエンゲルス論に描かれている宗教観についてだいぶ長く書いたことがあります（「今こそ廣松渉を読み返す」、単行本『共産主義を読みとく――いまこそ廣松渉を読み直す「エンゲルス論」ノート』情況出版、２０１１年〔『キリスト教神学で読みとく共産主義』光文社新書、２０１７年〕）。

柄谷　一九世紀末ドイツでは、社会主義政党あるいは労働運動が隆盛したのですが、エンゲルスやカウツキーはそこに社会主義的情熱が希薄になっていると感じていた。そこで近代以前の宗教運動に活力を求めようとした。それが彼らの仕事です。が、実際はその方向には進まなかった。第一次世界大戦には社会民主党は積極的に戦争を支持した。もちろんキリスト教界も戦争支持にまわったのですが。

柄谷氏が「一九世紀末ドイツでは、社会主義政党あるいは労働運動が隆盛したのですが、エンゲルスやカウツキーはそこに社会主義的情熱が希薄になっていると感じていた」と指摘していることが重要です。キリスト教も、教会制度や神学体系が整うと、宗教的情熱が希薄になります。本書で繰り返し述べているように、キリスト教の本質は、人間の救済です。イエス・キリストを信じることによって救済されるということを、キリスト教徒が自覚できなくなってしまう状態が続くと、キリスト教は内側から解体していきます。そういうときにキリスト教では、改革運動が必ず起きます。裏返して言うと、キリスト教が二千年近くも生き残っているのは、自己改革能力があるからです。エンゲルスやカウツキーは、キリスト教のこのような自己改革能力に着目し、それを社会主義運動に生かすことができないかと考えたのです。

しかし、ドイツの社会民主党は、活力の源泉を外部から得ることになりました。第一次世界大戦が勃発した際に、ナショナリズムを取り込み、自国の戦争政策を支持したのです。労働者階級に祖国はないというのがマルクスとエンゲルスの立場でした。カウツキーもこの立場を踏襲して、第一次世界大戦に反対しました。しかし、カウツキーに共鳴する人は少数で、大多数の社会民主党員はドイツ政府の戦争政策を支持します。

プロテスタンティズムは、ナショナリズムと結びつきやすい傾向があります。ドイツのプロテスタント教会は、当然のようにドイツの戦争政策を支持しました。この現実に強い衝撃を受けたのがカール・バルトです。柄谷氏が指摘するように、バルトがスイス出身のプロテスタント神学者であることが、このような衝撃を受けたことと関係しています。

佐藤　バルトが今までの神学が全部駄目だと思ったきっかけとは、当時の神学界の一番の大御所だった、アドルフ・フォン・ハルナックという人が起草して知識人宣言を書くことになったものの、彼は、その知識人宣言のなかで第一次世界大戦でドイツの戦争支持を唱えたことです。それを見て、バルトの今までの神学というのは全部崩れ、すべて新しくやり直さなければならないと考えたわけです。しかし当時パウロについて扱うというのは、神学界から馬鹿にされる話だった。要するに史的イエスの研究では、パウロがもともとの純粋なキリスト教を捻じ曲げたと考えられていたからです。

柄谷　バルトはそのような状況で、パウロの「ローマ書」を論じたわけですね。

佐藤　パウロを再評価する方向でローマ書に取り組むということは、当時で言えば非常に乱暴な話だった。彼の場合は、お父さんはいまで言うファンダメンタリストに近い人です。だからバルトは、ファンダメンタリズム的な基礎教育があります。『ローマ書講解』の序文で、バルトは霊感説、要するに神に言われて筆記したという説か近代の文献学的な聖書批評のどちらか一つを採れということを言われたら、自分は霊感説をとると言った。しかし、そのような選択を突きつけられないということが幸いなのだが、と。そのような持って回った言い方をしているが、バルトは近代的な学術を超えるかたちで、柄谷さんの用語を用いるならば交換様式Aに回帰するかたちですが、文献学的聖書批評と霊感説の双方を超える何かを表現しようと努力しながらパウロのテキストを読み解いています。これが交換様式Dを示すものだと思います。

『遊動論』を読んでいるときに強く思ったことですが、キリスト教の世界のなかで一八世紀の終わりから一九世紀に、啓蒙主義プラス文献学の成果を使って、イエスがどういう人間かということをできるだけ学術的に確定したいという、史的イエスの探究運動が起きました。しかし、その結果散々なことになった。それを結論付けたのが例のシュヴァイツァーなのですが。シュヴァイツァーは前期においては新約聖書神学者として大きな業績を果たしました。そのなかで結局、史的イエスという、イエスという男が一世紀のパレスチナにいたということは誰も実証できない。他方、イエスという男が一世紀のパレスチナにいなかったということのアリバイ証明もできない。このような袋小路に入ってしまいました。しかし、実証はできないが確実にいたのだという方向に向かっていくのが、バルトの流れです。それに対して、実証できないのだからそこには関心がなく、二世紀時点においてイエスが救済主であるということを信じていた人がいることは実証ができるから、そこからスタートすればいいという考え方に分かれてくる。

柄谷氏の用語を用いるならば、かつて存在したが実証することはできない交換様式Aに支えられながら、未だ実現していない交換様式Dを想起することが、キリスト教の自己改革の動因になります。その結果、改革された教会が形成されるのです。

柄谷行人氏自身は、キリスト教徒ではありません。しかし、キリスト教の理解において、そのことは何の障害にもなっていません。牧師や神学者で、「キリスト教の信仰を持っていないと、キリスト教の本質はわからない」というようなことを言う人がいますが、私はそういう考え方に強い違和感を覚えます。「信仰がなければ理解できない事柄」というのは、普遍性を持たないからです。キリスト教が重要なのは、その教説が、特定の時代、場所、言語、文化の下でしか通用しないというような特殊な内容ではないからです。裏返して言うならば、普遍性を持っているからキリスト教は二千年も生き残っているのです。キリスト教の普遍性に関して説明することを諦めて、「信仰がなければわからない」とキリスト教を信者の社会の中だけに囲い込もうとする人は、「どうすればキリスト教の使信についてキリスト教信仰を持たない人に理解してもらえるか」ということを考えながら表現するという努力を怠っていると思います。知的に怠慢な神学者よりも、無神論者で唯物論者の柄谷氏の方が、普遍的な言語でキリスト教の本質を表現することに成功しています。

「普遍宗教」と「宗教」

柄谷氏は、普遍宗教において交換様式Dが最初に開示されたと考えます。

柄谷 私は普遍宗教において交換様式Dが最初に開示された、そして、それが画期的な出来事であると考えています。その場合、キリスト教とか特定の宗教を指名することはしませんが、バルトがイエスに関して述べたことは、本当に腑に落ちる感じがします。

佐藤 私たちも便宜的に「キリスト教」とか「神」と言っていますが、人間が語るキリスト教とか神といったものは、少なくとも聖書の中で伝えられている神やキリストとはまったく関係がないことは確かなのです。

柄谷 バルトは、神は宗教ではないといった。そして、フォイエルバッハの宗教批判を肯定した。私はその意味がわかります。しかし、それを他人にはうまく説明できませんね。同じことが社会主義に関してもいえます。社会主義とは何か、それは共産主義とどう違うのか、などと問われると、どう答えればよいか。それらをどう定義しなおしても意味がないからです。だから、私はそのようなものをXと呼ぶことにしています。言葉がどうであれ、それが実質的に、Dであるかどうかが問題です。

佐藤 要するにSache（事柄、出来事）ということですよね。

柄谷 そうですね。それがないのに、社会主義を厳密に定義しても意味がない。

キリスト教の特徴は、理念を現実につないでいく回路を常に模索していることです。神は神に留まっていることを望まずに、人すなわちイエス・キリストになりました。それだから、受肉論が、キリスト教神学を他の宗教の神学（教学）から区別する重要なテーマになります。これをマルクス主義に置き換えるならば、革命運動論になります。マルクスが考えていた「自由の王国」とは、まったく異なる収容所群島をつくり出したスターリニズムがなぜ生まれたかという問題は、キリスト教神学にとっても疎遠な事柄ではありません。なぜなら、キリスト教においても、イエスが説いた「神の国」とは、まったく異なる教権制度を墨守《ぼくしゅ》するカトリック教会が生まれたからです。非共産党系マルクス主義者によるスターリニズム批判とプロテスタント神学者によるカトリック教会批判は類比的な構成になっています。

佐藤　だから、アソシエーションとXとが結びつく回路なのですよね。アソシエーションをつくるときの綱領とか、合議の上で決めたところの掟とかではおそらく無理なのです。

柄谷　私もそう思います。何というか、向こうから到来しなくてはならない。

ここで柄谷氏が述べた「到来」という考え方が重要です。キリスト教は、イエス・キリストが到来する、再臨のときが、救済であると考えます。この問題については、終末論について扱う際に掘り下げた議論をしたいと思います。

佐藤　私が尊敬するフロマートカという神学者の見方だとそれは「召命」ということになる。それは外部から来るものです。必ず出来事として起きて、特定の名前と結びついて、特定の人間と結びつく、と。歴史と結びつけると、終末時の「神の到来」ということになる。それを抽象的に理論化することは出来ない。だからこれを一般に分かる思想の言葉や政治の言葉にどのように換言していくのかというのは、本当に至難の業ですよね。

でも柄谷さんの業績のなかで、ＮＡＭや地域通貨、あるいはアソシエーションというプロセスにおいては、否定神学的な方法ですが、これではない、それではないとして、いろいろと危険な落とし穴に入るところは排除されてきている。それはすごく重要だと思います。

柄谷　例えばどのようなところですか？

佐藤　例えば、貨幣論です。貨幣論において、岩井克人さんのようなかたちでやると、共同主観性を少し強めて貨幣ができてしまう。それに対して、実体がやはり必要であり、そうなっているからそうなのだということにしかならない。

柄谷　それは岩井さんの意見ですか。

佐藤　いいえ、柄谷さんの論を私が理解している限りで言えば、最終的には金《きん》のような実体的担保が必要となってくる。岩井さんは共同主観だけでやれると考えている。

柄谷　私は共同主観だけではやれないと思います。共同主観も複数的なのです。そして、それらを超えるような共同主観はない。先ほど言いましたが、言語論に置き換えると、貨幣は固有名のようなものです。例えば、固有名を知っていれば、まったく言語を知らない外国の人とも何とか話が通じる。固有名を言語一般に解消することはできません。同様に、貨幣を共同主観性として片づけることはできない。固有名は対象と切り離せません。同様に、貨幣は金や羊のような対象性と切り離せない。ただ、地域通貨を実行するまでは、このことを十分に考えていなかったですね。

マルクスの『資本論』における貨幣の位置を、柄谷氏はソシュール言語学の固有名詞と類比的に読みときます。文法的に固有名詞を説明できないのと同じように、共同主観性という理屈では、貨幣を説明できないのです。論理的に説明できることが、現実においては、論理の通りにならないということが重要なのです。

金貨は流通しているうちに摩耗《まもう》します。しかし、金貨は国家に刻印を押され、鋳貨《ちゆうか》になっています。鋳貨の場合、摩耗しても、額面通りの価値として取り引きされます。そしてその差額を国家が補塡することになります。重要なのは、貨幣の鋳造によって、商品経済にとって異質である国家が、経済過程に入ってくることです。貨幣は商品交換から必然的に生まれます。そこに国家は想定されていません。しかし、鋳貨が生まれることにより、国家が商品経済と結びつくのです。これは、神がイエス・キリストとして、人間の世界に受肉する構成と類比的です。この点を踏まえて筆者と柄谷氏のやりとりを注意深く読んでください。

佐藤　ですから初動の段階においては、柄谷さんの考え方もファジーだったと思います。しかしこれは、ＮＡＭの運動を通じて、貨幣がどのような機能を果たすのかということを経験するなかで、思想的には金や鋳貨の話になってきたと思う。鋳貨の刻印のところに気付いた。あれは実は、マルクスが外挿的に国家というものを資本論の外側に置いたが、価値形態論の中で国家と交換形態を繋げる非常に重要なポイントであり、刻印を押したという瞬間はやはり出来事ですよ。それによって資本主義、経済システムのなかに国家が入ってきてしまう。

柄谷　交換様式でいうと、BとCの結合ということになりますね。マルクスは『資本論』ではBをカッコに入れて論を進めますが、突然Bの契機を再導入するところがある。それはいわば出来事です。それがないと、歴史的に飛躍的な展開がありえない。

柄谷氏は、交換様式B（国家）の契機が交換様式C（資本）に導入される瞬間を出来事（Sache）ととらえています。神学的には受肉論の構成です。

カール・バルトと社会主義

柄谷氏はバルト神学が生まれた思想的土壌としてのスイスに再び注目します。

柄谷　ところで、『帝国の構造』を書きながら思ったのは、近代の国家論がすべて小さな都市国家（コンミューン）に基づいているということです。マキャベリ、スピノザ、ルソーなどがそうですね。彼らはまた、そこに、国家を越えるコンミューン（コミュニズム）の可能性を見出した。しかし、そのような考えで、近代国家を越えられるだろうか。そのような都市国家が存在できたのは、諸国家の国際関係の下においてです。国家は他の国家に対して存在する。そのことを無視して、国家の揚棄を言うことはできません。例えば、スイスは永世中立国家ですが、これはある意味で国家の自己否定です。とはいえ、これは周囲の国家が承認することによってのみ可能であった。そして、その背景にはローマ教会があり、他方で、スイスのキリスト教があると私は思います。

佐藤　端的に言うとプロテスタンティズムですね。

柄谷　そうです。国家の永世中立はさまざまな条件の上に成り立っている。バルトの宗教社会主義の源泉もそこにあったと思う。

スイスは誓約共同体です。信仰告白によって形成される教会というプロテスタンティズムとスイス国家の原理は、同一なのです。柄谷氏は、スイスが社会主義思想の温床《おんしょう》となったことに注目します。

柄谷　さらにスイスの社会主義には別の伝統があります。第一インターナショナルでは、マルクス派に対立するバクーニン派の中心がスイスにあった。時計職人が主ですね。

佐藤　あと挙げるとすれば、宗教改革急進派という、ルターやカルヴァンの枠にはまらない、再洗礼派というのもみんなスイスです。

柄谷　そう考えていくと、スイスには非常にポテンシャルがあったような気がします。それがなぜかを考える必要がありますね。日本では戦後、「東洋のスイス」になると言っていたけど、なぜスイスがそうなのかを考えてこなかった。スイスには参照すべき何かがあるのです。

佐藤　カール・バルトにしても、ナチスに宣誓を求められたときに国家公務員として一言だけ添え書きをする。「ただし、福音主義（プロテスタント）教会のメンバーとして従える範囲において」と書いて、それでクビになった。クビになってスイスに行き、徴兵志願をし、極めてシンボリックなことに、銃を持って、国境地帯の警備をした。もう五〇代になってからです。（中略）バルトは日本においては変な読まれ方をしたり、あるときに忘却されたり、神学界の一部の人が細々と読み継いでいるだけですが、近代の限界を考える上で面白い人物で、いま話していた「出来事」というのを良くわかっていた人です。

柄谷さんは神学プロパーの人とは違うかたちで読まれていますが、私もバルトと宗教社会主義との連続性は非常に高いと考えます。バルトはある意味では共産主義者ですから。ラガーツやクッターの宗教社会主義の批判的継承者であることは間違いありません。

日本のバルト研究者は、初期のバルトは社会主義的傾向が強かったが、徐々にそれを克服して、政治には是々非々の姿勢を取るようになったと解釈する人が多いです。しかし、柄谷氏も筆者も、それとは別の見方をしています。

柄谷　私が読んだバルト論では、彼が宗教社会主義を放棄した、あるいは、社会主義から内面的な宗教に向かったという考えが支配的であるように見えます。しかし、私が読むかぎり、とてもそのように思えない。そんな人がナチに対して武装闘争をするだろうか？　バルトが宗教社会主義のリーダーであるラガーツと対立したことは確かですが、それはバルトが社会主義を棄てて宗教に向かったということではない。そもそも、彼はキリスト教の陣営を人間中心の「宗教」だといって斥けているのだから。

　バルトがスイスの宗教社会主義を否定したとしたら、それは社会主義を否定したのではなく、スイスの宗教社会主義が人間中心の社会主義、つまり、「宗教」になっていたからです。そのことはドイツではもっと明瞭でした。キリスト教徒だけでなく、社会主義者が国家の戦争を支持したのだから。それは、彼らの社会主義が人間主義的なものだったということを意味します。すなわち、それはDとはかけ離れたものである。そのようなものに反対するのは当然です。だから、私には、バルトが初期に述べた意見を変えたとはとても思えない。

　ここで柄谷氏が言及している「私の読んだバルト論」とは、大木《おおき》英夫《ひでお》『人類の知的遺産（72）バルト』（講談社、１９８４年）のことです。大木氏は、保守的なバルト解釈を代表する人物です。大木英夫氏や近藤勝彦《かつひこ》氏など、東京神学大学の組織神学者は、一九六〇年代末に東神大で起きた紛争がトラウマになっているのか、マルクス主義に対する病的な恐怖心を抱いているようです。東神大の神学者は、マルクスのテキストと真面目に取り組みません。また、社会主義の問題を避けて通ろうとします。それだから、バルトの問題圏を正確に理解することができないのです。

柄谷氏は、マルクスの視座に立ちバルトを読みます。それですから、バルトの社会主義的傾向を素直に受けとめることができるのです。

急ぎつつ、待つ

バルトは、第二次世界大戦後、再びスイスから西ドイツに移住し、西ドイツの再建に参与するか、スイスに留まって主著の『教会教義学』の執筆を継続するかについて悩みました。熟慮の結果、スイスに留まることを選びました。東西ドイツから、多くの優れた神学生がバルトの下で学ぶために、バーゼル大学に留学しました。ここで興味深いのは、バルトが西ドイツだけでなく、東ドイツの神学者とキリスト教徒も大切にしたことです。

佐藤　戦後になっても、なぜバルトは西ドイツ（ドイツ連邦共和国）だけでなく東ドイツ（ドイツ民主共和国）に出かけたのか、ということですよ。また、スイスから東ドイツの牧師に宛てた、社会主義体制下でのキリスト教徒の行動について記した手紙があります。スターリニズムということは分かっているが、我々がやるべきことをやらないからスターリニズムが出てきたのではないか、本来は我々にやるべきことがあったのだ、というふうにバルトは考える。そこに「本来」という言葉が出てくるのは、疎外論的なキリスト教の発想ですが。

だから、反共的なキリスト教とか反共的な神学というのは、バルトやフロマートカたちにすれば、考察にすら値しないイデオロギーです。それからマルクスが「宗教は人民の阿片である」と言ったからケシカランとか、マルクス主義は無神論だから駄目だというような言説は、考察の対象にすらならないというのがバルトの本音でした。

それからさらに、バルトやフロマートカは、キリスト教が宣教をやめるべきだと言いました。文化帝国主義と一体化していて、それ以外の宣教のやり方がわからなくなっていたからです。だから基本的にはキリスト教徒の数を増やしていくということではなく、ノックをしてきた者には話しましょうという姿勢に変わっていった。つまり、「上」を再発見したということです。これについては、少し説明が必要になります。ガリレオ・コペルニクス以降、コペルニクス革命によって、上なんてものはないとされた。キリスト教が何をやったかというと、正教とカトリシズムはコペルニクス革命を否定するかたちで、アリステレス型の形而上学を固持して近代的な世界像に背を向けることでプレモダンの選択をして生き残った。だから近代が限界に来たところにおいては、プレモダンな世界観だということで生き残れるのです。プロテスタンティズムには、古プロテスタンティズムと近代プロテスタンティズムがありますけれども、一八世紀以降主流になった近代プロテスタンティズムは、心のなかに神がいるとして、心という領域を持ってきてしまった。心は空間上に示せないが、しかし確実にある。目に見えないが確実にあるというものとして心を持ってきたのです。

柄谷　しかし、それだと「宗教」になってしまいますね。

佐藤　そうなのです。バルトは、それでは宗教になってしまうから駄目だとし、さらにナショナリズムになってしまうと考えました。

シュライエルマッハーは、古代中世の形而上学と結びつき「上」にあると表象されていた神を、一人ひとりの「心」の中に移動しました。その結果、神の場所と近代的な宇宙像が矛盾を来すことはなくなりました。しかし、心の中に移動した神のイメージは、人間の心理との区別が難しくなり、そのことがナショナリズムに超越性を持たせることになります。近代人にはナショナリズムという偶像を崇拝する傾向があります。このナショナリズムが第一次世界大戦を引き起こしました。バルトは、宗教とナショナリズムの双方を超克しようとします。

佐藤　そうです。それ〔佐藤註＊ナショナリズム〕を克服しないといけない。バルトの大きな課題は、宗教とともにナショナリズムの克服でもあったわけです。それは心の問題の克服なのです。唯心論にすると、唯心論の必然的な帰結はナショナリズムであり、宗教です。

柄谷　先ほど、佐藤さんは「上」と言われたけれど、私はむしろ、「外」というイメージですね。それが交換様式Dの問題として重要だと思います。

佐藤　私も「外」「外部」「他者」という表現のほうが誤解を招きにくいと思います。キリスト教神学において、こういう問題について扱うのを得意とする分野があります。終末論です。外からやってくる、神の到来という考え方になります。

終末論こそが、真の革命論なのです。そもそも日本語で革命と訳された revolution は天体の運行を意味します。天体の運行が変化すると、それに対応して、地上の秩序が変化します。人間の意思で天体の運行を変化させることはできません。ですから、地上の秩序の変化を望む人々は、天体の運行の変化を待ち望むしかありません。

柄谷　バルトがスイスの宗教社会主義から離れたきっかけとして、ドイツの「赤い牧師」ブルームハルトと出会ったことが大きいといわれています。ブルームハルトは、急ぎつつ、待つ、ということを説いた。しかし、それが終末論的ということではないでしょうか。終末論的とは、自分が何もしないで良いのではない。能動的に行動するが、究極的に受動的である、ということです。

私はマルクスが若い頃に書いた文章をこれまで何度も引用したことがあります。《共産主義とは、われわれにとって成就されるべき何らかの状態、現実がそれへ向けて形成さるべき何らかの理想ではない。われわれは、現状を止揚《しよう》する現実の運動を、共産主義と名づけている。この運動は現にある前提から生じる》（『ドイツ・イデオロギー』）。彼は前方にある理念を否定する。しかし、一方で、理念性が現実に生起するという。このあたりがよくわからなかった。それをいまも考えています。

佐藤　『トランスクリティーク』でやられたのはその作業ですよね。統整的理念というかたちで。

柄谷　そうです。最近、思うのは、これこそが終末論的な考えだということです。すなわち、能動的におこなうとしても、究極的に受動的でなければならない。急ぎつつ、待つ、ということですね。

佐藤　賛成します。私も、急ぎつつ、待っているのです。教会は、終末の時まで、人々が「急ぎつつ、待っている」場所なのです。

現代において神を信じることはできるのか
――使徒信条を読みとく

さて、ここで教会論をめぐる歴史的な議論に立ち返ります。

教会論は、キリスト教がローマ帝国によって弾圧されている時期には、それほど議論されませんでした。迫害に耐えて存在する教会が何であるかについて、キリスト教徒の見解が一致していたからです。

ローマ教皇は特別なのか

三一三年のミラノ勅令によってキリスト教も公認宗教に加えられ、コンスタンティヌス帝は死の直前に洗礼を受けました。皇帝がキリスト教徒となったことにより、教会と国家は対立関係ではなく共存するようになり、教会と国家の関係を整理する必要が生じました。これは、ここまでの教会論で扱った内容です。

キリスト教が国教になったことは、また別の問題を生み出しました。それは教会の数が増えるにつれ起きた「正統的なキリスト教会とは何か」という問題です。当時、ローマの教会とコンスタンティノポリスの教会が競合するようになっていました。

マクグラスは論点をこう整理します。

ごく初期に、特にローマとコンスタンティノポリスの教会の指導者たちの間で、対抗意識が育ってきた。初めの四世紀の間は多くの中心地が特に高く評価されていたが、その中でも特に重要であったのがアレクサンドリア、アンティオキア、コンスタンティノポリス、エルサレム、ローマであった。しかしながら四世紀の終わりまでには、ローマ帝国の中心であるローマが特に飛び抜けた地位を獲得したことが、しだいに明らかとなってきたのである。「教皇（pope）」という言葉はラテン語 papa（「父」）に由来するものであるが、これは初めはどのキリスト教の司教にも使ってよいものであった。しだいに、この言葉は教会の最も重要な司教、つまりローマの司教にいっそうよく用いられるようになっていく。一〇七三年以降、この称号は排他的にローマの司教のためのものとなった。（マクグラス『キリスト教神学入門』６５０頁）

ローマは、パウロが伝道に出かけた地であり、ペトロとパウロが殉教したと伝えられる地です。当時のキリスト教にとってローマが特別の意味を持っていたことは間違いありません。問題は、そのローマの司教（教皇）のいる教会が、人間の救済とどう関係しているかです。

神学上のいくつかの命題は、キリスト教徒の所属する教派によって決まっています。ローマ教皇の首位性も、まさにそのようなテーマです。カトリック教会は、ローマ教皇に首位性が「ある」と答え、正教会やプロテスタント教会などは「ない」と答えます。従って、この論点で議論しても、あまり生産的ではありません。

そこで切り口を変えて、救済の観点から「正統的なキリスト教会とは何か」という問題に取り組んでみましょう。そのためには、カトリック教会、正教会、プロテスタント教会を含む正統的な教会が基盤にする「使徒信条」について検討することが必要です。使徒信条を読みといていくと、教会がどのような信仰の基盤で成立しているかがわかります。

教会の信仰告白「使徒信条」

使徒信条とは、信徒が正しいと信じる信仰告白を明文化したものです。古くからローマで唱えられていた信条であると言い伝えられ、九世紀に在位したカール大帝の時代の典礼統一に伴って普及しました。今の使徒信条は、七世紀頃に南ガリア地方で成立したものと見られています。

使徒信条は、洗礼との関係で発展してきました。ある人が洗礼を受けるということは、キリスト教徒になるだけでなく、特定の教会の会員になるということも意味します。宗教弾圧が厳しかったソ連時代に、ロシア正教会では、国家からの圧力があるために、洗礼を受けた人々の名簿をあえて作成しなかったこともあります。このような受洗名簿がないような教会でも、キリスト教徒は地上の目に見える教会に所属しているというのが原則です。

教会を成り立たせているのは、「イエスは主である」という信仰告白です。主とは、キリストのことで、救済主でもあります。ですから、「イエスは主である」という信仰告白を、「イエスはキリストである」「イエスは救済主である」と言い換えても、同じ意味です。「コリントの信徒への手紙一」には、このように書かれています。

兄弟たち、霊的な賜物については、次のことはぜひ知っておいてほしい。あなたがたがまだ異教徒だったころ、誘われるままに、ものの言えない偶像のもとに連れて行かれたことを覚えているでしょう。ここであなたがたに言っておきたい。神の霊によって語る人は、だれも「イエスは神から見捨てられよ」とは言わないし、また、聖霊によらなければ、だれも「イエスは主である」とは言えないのです。(「コリントの信徒への手紙一」12章1〜3節)

〈聖霊によらなければ、だれも「イエスは主である」とは言えないのです〉という一文が重要です。キリスト教徒の中には、自分の決断で信者になったと考える人が少なからずいます。これは、人間の力を過大評価する間違った考え方です。主観的には、自らの決断のように思えても、客観的には、外部からの聖霊の働きによって洗礼はなされるのです。

信仰を主観と勘違いしないようにするためには「型」が必要になります。また、非キリスト教的な言説がキリスト教の教説と誤解される可能性があるときに、それを防ぐためにも「型」が必要になります。このような「型」が信仰告白です。その内容は、「キリスト教として当たり前のこと」と、古《いにしえ》から決まっていて、動くことがないと考えています。キリスト教の教理は、時代状況に応じて発展しますが、基礎となる事項は動きません。つまり、使徒信条とは、キリスト教の基礎を脅かす言説が出てきて、それに対抗するために、キリストを頭とする教会が正統と考える内容を記したものなのです。

チェコ宗教改革の伝統

スイスのプロテスタント神学者ヤン・ミリチ・ロッホマン（Jan Milič Lochman, 1922-2004）が、『講解・使徒信条——キリスト教教理概説』（古屋安雄、小林真知子訳、ヨルダン社、１９９６年）と題する優れた神学書を残しています。本書では、このロッホマンの本をもとに考察していきますが、その前に、ロッホマンについて少し説明しておきましょう。

私はロッホマンをスイスの神学者と説明しましたが、もともとはチェコの神学者です。一九二二年四月三日、チェコのノヴェ・メスト・ナド・メトイーで、チェコ福音主義兄弟団教会のメンバーである両親のもとに生まれました。少年期は、ナチス・ドイツの占領下だったので、高等教育を受けることができませんでした。ナチスがチェコの高等教育機関をすべて閉鎖してしまったからです。戦後、ロッホマンは、フス福音主義神学大学（コメンスキー福音主義神学大学の前身）で、フロマートカから組織神学を学びました。卒業後、しばらく牧師を務めてからコメンスキー福音主義神学大学に戻り、一九六〇年からは組織神学担当教授になります。ロッホマンがフロマートカの後継者となるのではないかという見方も強まりました。

一九六八年八月にソ連軍を中心とするワルシャワ条約機構五カ国軍がチェコスロヴァキアを侵攻し、ロッホマンの人生に転機が訪れます。ロッホマンは、スイスのバーゼル大学プロテスタント神学部に招聘《しょうへい》され、スイス国籍を取得し、亡命者となる道を選びました。フロマートカは、弟子たちに「いかなる状況になろうと祖国に留まるように」と指示しましたが、ロッホマンは別の選択をしたのです。もっとも一九八九年にチェコスロヴァキアの共産主義体制が崩壊した後は、ロッホマンも客員教授としてコメンスキー福音主義神学大学で教鞭《きょうべん》を取るようになりました。

チェコのプロテスタント教会は、使徒信条の勉強を重視します。亡命チェコ人であるロッホマンも、この伝統を重視しています。また、チェコのプロスタント教徒は、ヤン・フスに端を発すチェコ（ボヘミア）宗教改革の遺産を継承しています。チェコ宗教改革は、ルターの宗教改革よりも約一〇〇年先行していますが、問題圏はルターよりも広く、一六世紀のツヴィングリやカルヴァンの宗教改革と重なる点が多いものです。カルヴァンと同様にフスも信仰告白を重視します。

このことを、使徒信条だけ暗唱すれば、聖書は読まなくていい、ましてや神学を勉強する必要はないということだと誤解してはいけません。しかし、哲学的、知的操作が大量に加わった神学は、キリスト教信仰にとって、ロッホマンの言葉を借りるならば「雑草」としての機能しか果たさないことがあります。キリスト教の本質は、人間を罪から救済することです。救済に関連しないような神学は、「雑草」のようなものなので、キリスト教から排除された方がよいと私も思います。

人間は罪を負っており、この罪から、目に見える地上の教会も逃れることはできません。大学の神学部も「雑草」を生やさずに、真の神学だけを育むことはできません。過去の神学体系から「雑草」を取り除くことを優れた教会指導者は考えています。しかし、雑草を抜き取った神学も、永遠に続く性質のものではありません。ロッホマンの指摘を見てみましょう。

事物に即した神学というものは《無時間的》に確立されうるものではなくして「巡礼の

神学」theologia viatorumとしてのみ展開されうる。（ロッホマン『講解・使徒信条』8頁）

神学は、常に変容していく「巡礼の神学」「旅人の神学」としてのみ成り立つのです。「旅人の神学」（theologia viatorum、「旅人の神学」）が成立する根拠は、神が動的な存在だからです。エーベルハルト・ユンゲル（Eberhard Jüngel, 1934-）は、神は生成《せいせい》概念の中でとらえられると強調し、「神がある」「神がいる」ではなくて、「神は成《な》る」あるいは「神の存在が往来する」というような表現で、神の存在について説明することを試みました。ロッホマンもユンゲルと同じような神理解をしています。このキリスト教の動的な神理解については、拙著『神学の思考』「神論」で扱っているので、詳しく知りたい方は、そちらを読んでください。

神は動的ですが、無目的に歩き回っているのではありません。終末に向けて進んでいます。キリスト教にとって終末は、同時に目的、完成です。この終わりの時に人間は救済されます。従って、救済について真面目に考えない神学は、神学としての資格を失ってしまいます。大学の神学部や修道院で研究されている神学が、知的好奇心のみにとらわれて、救済という神学の目的を失ってしまうことがあります。ロッホマンはこのような事態に対して警鐘を鳴らします。

アカデミックな排他性において思考するのではなく、神の民の真只中《まつただなか》で考えるのである。即ち、神の民に、あれこれの神学的美食家の特殊な料理を御馳走するわけではなくて、生命のパン（「パンの家」である「ベツレヘム」は彼らの最もよく知られた説教の場と呼ばれた）を用意しようとしているのである。（前掲書8頁）

ロッホマンがここで言う「ベツレヘム」とは、イスラエルのベツレヘムではありません。チェコのプラハにある「ベツレヘム礼拝堂」のことです。

一五世紀初め、チェコの宗教改革者ヤン・フスは、「ベツレヘム礼拝堂」でチェコ語で説教をしました。当時のカトリック教会で、ミサはラテン語で行われていました。しかし、ラテン語を知らない一般信徒は、ミサで何が語られているかわかりません。フスは、このような教会の慣習はおかしい、神の言葉は民衆に理解可能な言語で語られるべきだと考え、「ベツレヘム礼拝堂」で、チェコ語で説教をしたのです。同時に、聖書のチェコ語への翻訳にも着手しました。フスとチェコ宗教改革に関して詳しく知りたい読者は、拙著『宗教改革の物語——近代・民族・国家の起源』（KADOKAWA／角川書店、2014年）、フロマートカ編著『宗教改革から明日へ——近代・民族の誕生とプロテスタンティズム』（平野清美訳、佐藤優監訳、平凡社、2017年）に目を通してみてください。ロッホマンもフスの宗教改革の伝統を継承する神学者です。

「人はパンだけでは生きるものではない」の誤解

キリスト教徒にとって、最も重要なのは、「神の言葉」です。荒野で悪魔がイエスを誘惑したときのことを思い出してみましょう。

さて、イエスは悪魔から誘惑を受けるため、〝霊〟に導かれて荒れ野に行かれた。そして四十日間、昼も夜も断食した後、空腹を覚えられた。すると、誘惑する者が来て、イエスに言った。「神の子なら、これらの石がパンになるように命じたらどうだ。」イエスはお答えになった。

「『人はパンだけで生きるものではない。

神の口から出る一つ一つの言葉で生きる』

と書いてある。」(「マタイによる福音書」4章1〜4節)

日本では、「人はパンだけで生きるものではない」というイエスの言葉を、人間はパンのような物質的価値だけでなく、精神的な価値を尊重すべきとしばしば解釈されますが、これは誤りです。「人はパンだけで生きるものではない」というイエスの言葉は、旧約聖書の「申命《しんめい》記」8章を念頭に置いたものです。

あなたの神、主が導かれたこの四十年の荒れ野の旅を思い起こしなさい。こうして主はあなたを苦しめて試し、あなたの心にあること、すなわち御自分の戒めを守るかどうかを知ろうとされた。主はあなたを苦しめ、飢えさせ、あなたも先祖も味わったことのないマナを食べさせられた。人はパンだけで生きるのではなく、人は主の口から出るすべての言葉によって生きることをあなたに知らせるためであった。この四十年の間、あなたのまとう着物は古びず、足がはれることもなかった。あなたは、人が自分の子を訓練するように、あなたの神、主があなたを訓練されることを心に留めなさい。あなたの神、主の戒めを守り、主の道を歩み、彼を畏れなさい。あなたの神、主はあなたを良い土地に導き入れようとしておられる。それは、平野にも山にも川が流れ、泉が湧き、地下水が溢れる土地、小麦、大麦、ぶどう、いちじく、ざくろが実る土地、オリーブの木と蜜のある土地である。不自由なくパンを食べることができ、何一つ欠けることのない土地であり、石は鉄を含み、山からは銅が採れる土地である。あなたは食べて満足し、良い土地を与えてくださったことを思って、あなたの神、主をたたえなさい。(「申命記」8章2~10節)

イエスが「人はパンだけで生きるものではない」と言ったのは、「人は主の口から出るすべての言葉によって生きる」という意味においてなのです。

「申命記」は、神が、穀物や果物が実り、パンを不自由なく食べることのできるよい土地を与えてくれると続きます。従って、フスは「ベツレヘム礼拝堂」で「神の言葉」を聞いて、それに忠実に従って生きていれば、生活について思い煩う必要はないという、信仰に基づいた楽観主義を強調しました。この考えは、現代でも生きています。学生ならば就職活動、社会人ならば失業の危険性、職場での出世について、思い悩む必要はなく、「神の言葉」を信じていれば自ずから道が開けるというのは、信仰に基づいた楽観主義なのです。

教会の再一致運動

さて、キリスト教会には、カトリック教会、プロテスタント教会、東方正教会、コプト派、ヤコブ派などの東方諸教会などがあります。

人間が居住できるすべての地域において、このように分かれたキリスト教の諸教会を再一致していこうとする運動をエキュメニカル運動といいます。エキュメニカルとは、地理学で居住可能地域を指す「エクメーネ」に由来します。もっとも、カトリック教会とそれ以外の教会（プロテスタント教会、東方正教会、東方諸教会）には、エキュメニカル運動について、考え方の違いがあります。カトリック教会は、他の教会に対して「悔い改めて、カトリック教会に戻ってくること」をエキュメニカル運動であると位置づけています。信仰分裂をカトリック教会主導で回復することを目標としているのです。非カトリック教会は、このようなカトリック教会に戻りたいとは思っていません。現在ある教派間の教義や儀式、伝統の差異は残したまま、イエス・キリストが救い主であるというキリスト教の原点に回帰して、すべての教会が再一致していくべきと考えます。

「キリスト教会を再一致させていく基準は、聖書にすればいいじゃないか」と思われる読者も多いと思います。しかし、聖書は、教会を再一致させる原理にはなりません。なぜならば、キリスト教の原理を「聖書のみ」と考えるのは、プロテスタント教会だけだからです。カトリック教会と正教会は、「聖書と伝統」がキリスト教の原理と考えます。そのため、むしろ聖書は、教会の伝統の中で読まれることを重視します。ロシア正教会は、現在でも、信者だけで聖書の勉強会を行うことには消極的です。特に旧約聖書については、神父の指導なくして、信者だけで読むと、キリスト教の本質を誤解する危険があると考える正教会の神父も少なからずいます。ソ連時代、聖書の発行は、ほとんどなされませんでしたが、正教会幹部はそのような状況に強い不満を抱いていたわけではありません。それは、伝統の中で聖書が読まれるべきであると正教会が考えているからです。カトリック教会は、正教会と比べれば聖書研究にも熱心ですが、聖書は教会の伝統の中で読まれるべきであるという立場は強く維持しています。

これに対し、使徒信条は、聖書を基盤にして、教会の伝統の中で生まれたものです。エキュメニカル運動の基礎にこの信条を据えることが適当であると私は考えます。

「我信ず」と「アーメン」

プロテスタンティズムは、「イエス・キリストに還れ」という復古維新運動です。ルターやカルヴァンは、歴史は時間を経過すればするほど悪くなるという下降史観に立っていました。プロテスタンティズムが進歩的な歴史観を持つようになるのは、啓蒙主義が台頭した一八世紀以降の現象です。カトリシズムと正教は、現在も下降史観、もしくは歴史には進歩も後退もないという循環史観に立っています。それですから「真理は古代キリスト教にある」という考え方が受け入れられやすいのです。

歴史的観点からのみでなく、教理（教義）の視座からも、キリスト教の基盤は、古代において確立しています。この時期にできた使徒信条、ニカイア信条（三二五年）、ニカイア・コンスタンティノポリス信条（三八一年）、カルケドン信条（四五一年）などは、キリスト教の教理の基盤を構成しています。

古代教会の諸信条には、二つの側面があります。第一は、さまざまな教義論争から生まれた神学的、思想的な側面です。知的な能力を競い合う論争というよりも、どのようにすれば罪を負った人間が救われるかという、「信仰の規則」を表現するための論争です。キリスト教は救済宗教であり、信条の制定も救済と結びついているのです。

古代教会で採択された信条は、教会の礼拝において、共同で唱えられます。このように礼拝に組み込まれ、反復され、キリスト教徒の訓練に直接資していることが、古代の諸信条の第二の側面です。

それでは、使徒信条のテキストを具体的に読みといていきましょう。日本のプロテスタント教会は、通常、以下のラテン語からの訳文を用いています。

我は天地の造り主、
全能の父なる神を信ず。
我はその独り子、
我らの主、イエス・キリストを信ず。
主は聖霊によりてやどり、
処女マリヤより生れ、
ポンテオ・ピラトのもとに苦しみを受け、
十字架につけられ、
死にて葬られ、
陰府にくだり、
三日目に死人のうちよりよみがへり、
天に昇り、

全能の父なる神の右に坐したまへり、
かしこより来りて、
生ける者と死ねる者とを審きたまはん。
我は聖霊を信ず、
聖なる公同の教会、
聖徒の交はり、
罪の赦し、
身体のよみがへり、
永遠の生命を信ず。
アーメン。

冒頭の「我は〜信ず」と末尾の「アーメン」が、使徒信条の枠組み（額縁）をつくっています。

繰り返しになりますが、キリスト教の目的は人間の救済です。使徒信条は、イエス・キリストが救い主であるという信仰を告白する文書であり、理論について記した文書ではありません。それだから、「我は〜信ず」という話者が自らの立場を明確にする言葉で始め、ヘブライ語で「確かに」「本当に」を意味する「アーメン」で終わるのです。この枠組みの中で述べられている事柄も思想ではなく、イエス・キリストについての証言です。

前に述べましたが、使徒信条は、洗礼の際の信仰告白が発展したものです。ここで問題になっているのは、宇宙の構造がどうなっているか、神はどこにいるかという類《たぐい》の形而上学的問題ではありません。イエスとの出会いによって、自らの存在自体が質的に変化する瞬間を問題にしているのです。ただし、繰り返しますが、キリスト教信仰は、人間の決断ではありません。決断といった主観的働きを救済の根拠とすることはできないというのが、キリスト教の考え方です。キリスト教信仰とは、イエスとの出会いによって、全人格的感化を受けることによってのみ成立します。聖書を読んでキリスト教徒になるのではなく、聖書に証言されたイエス・キリストと人格的に出会うことで、信仰が「伝染」するのです。あるいは、聖書を通さなくても、最初のきっかけは、身近にいるキリスト教徒からの感化の場合もあります。そのときも、その人を通じて、イエス・キリストと出会っているのです。イエス・キリストの現実（リアリティ）と出会うことなくして、キリスト教信仰は成立しません。使徒信条は、イエス・キリストと出会った人が行う信仰告白なのです。ただし、これは、キリスト教信仰の入り口に過ぎません。その意味では、使徒信条で示されている信仰には限界があり、使徒信条の文言を唱えれば救済が保証されるというような魔術的な理解は、完全な間違いです。

プロテスタンティズムでは、カトリシズムのように、「信仰と行為」という、接続詞「と」で結びつける二元論を取らず、「信仰のみ」の一元論を強調します。それは、行為がどうでもいいからではなく、信仰があるならば必ず行為に結びつく「信仰即行為」という立場から生じる一元論です。使徒信条も、それを唱えることが、唱える人の行為につながらなければ、信仰告白にはなりません。ただし、使徒信条を正しい信仰の規範として、法律文書のように用いることは間違えています。使徒信条自体が、有限な人間の知的、信仰的営為から生まれたものであることを忘れてはなりません。原理的に、使徒信条が間違っていることも、あり得るのです。

信仰と反知性主義

その観点から、「我は~信ず」の「信じる」ということについて掘り下げて考えてみることにしましょう。ある人が絶対に正しいと信じていることを、他の人が信じていないということは、よくあります。絶対に正しいという信仰はありますます。ただし、そういう信仰は複数あるのです。人間の側から、真理は一つしかないと言うことはできません。罪を負っている人間は、常に過ちを犯す危険があるからです。

「コリントの信徒への手紙一」でパウロが述べている信仰についての箇所を見てみましょう。

たとえ、人々の異言、天使たちの異言を語ろうとも、愛がなければ、わたしは騒がしいどら、やかましいシンバル。たとえ、預言する賜物を持ち、あらゆる神秘とあらゆる知識に通じていようとも、たとえ、山を動かすほどの完全な信仰を持っていようとも、愛がなければ、無に等しい。全財産を貧しい人々のために使い尽くそうとも、誇ろうとしてわが身を死に引き渡そうとも、愛がなければ、わたしに何の益もない。

愛は忍耐強い。愛は情け深い。ねたまない。愛は自慢せず、高ぶらない。礼を失せず、自分の利益を求めず、いらだたず、恨みを抱かない。不義を喜ばず、真実を喜ぶ。すべてを忍び、すべてを信じ、すべてを望み、すべてに耐える。

愛は決して滅びない。預言は廃れ、異言はやみ、知識は廃れよう、わたしたちの知識は一部分、預言も一部分だから。完全なものが来たときには、部分的なものは廃れよう。幼子だったとき、わたしは幼子のように話し、幼子のように思い、幼子のように考えていた。成人した今、幼子のことを棄てた。わたしたちは、今は、鏡におぼろに映ったものを見ている。だがそのときには、顔と顔とを合わせて見ることになる。わたしは、今は一部しか知らなくとも、そのときには、はっきり知られているようにはっきり知ることになる。それゆえ、信仰と、希望と、愛、この三つは、いつまでも残る。その中で最も大いなるものは、愛である。(「コリントの信徒への手紙一」13章1〜13節)

パウロの論理は三重構造になっています。

一、キリスト教信仰に付随するものには、人間もしくは天使の異言、預言、神秘、知識、信仰、希望、愛などがある。
二、その中で、信仰、希望、愛は最後の瞬間まで残る。
三、信仰、希望、愛の中で、最も大いなるものは愛である。

つまり、「我は〜信ず」と言うときの信仰は、知識と異なり、永続性を持っているけれど、愛ほどは大きくはありません。

愛については、後で取り上げることとし、ロッホマンによる、スイスのプロテスタント神学者で宗教社会主義者レオンハルト・ラガツ(Leonhard Ragaz, 1868–1948)の信仰解釈についての考察を見てみましょう。

彼〔佐藤註＊ラガツ〕は信仰を二つの種類に区別している。第一の種類は「信条的信仰」と名づけられ、全く否定的にとらえられている。即ち「信条的信仰とは、ただ頭を明らかにし心を冷たくするものである。それは人を高慢にし呪詛《じゅそ》的にする。それは人を怠惰にし反動的にする。それは真理と自由と人間性を妨げるものである。それは物質的にも精神的にも、牢獄を作るものそして、火葬のための薪の山に火をつけるものである。それは福音をドグマに転ずる。それは正しい生活のかわりにいわゆる正しい信仰（真の正しい信仰ではない！）をたて宗教によって神の国を排除し、正統主義によって服従を排除するものである」。これは全般的な起訴の響きがする。だがラガツは、この倒錯した信仰概念に対して、それとは異なった肯定的な信仰概念を対決させてそれを過度に称えている。「真の信仰、信頼としての信仰は、あらゆる善と偉大さの、あらゆる真理と自由の、あらゆる冒険、あらゆる英雄的行為の父である。それは見えざるものを見ゆるものから呼び起こし、そして可能的なものを現実的なものにし、不可能を可能とする創造者である。それは奇蹟の父である。それは神から発し、神に至る世界の永遠の変革者である」（Das Glaubensbekenntnis『信仰告白』第二版 S. 8）。（ロッホマン『講解・使徒信条』36〜37頁）

ラガツは、信仰を「信条的信仰」と「信頼としての信仰」に分節化し、前者を否定的に、後者を肯定的にとらえます。「信条的信仰」により、信仰が教義化され、一部の識者のものになることをどう克服すればよいか——結論を先取りすると、ラガツは一種の反知性主義（anti-intellectualism）によって、「信条的信仰」の限界を克服しようとします。

反知性主義は、無知蒙昧とは異なります。本来は、理性のみを基準とする知識人が、キリスト教の解釈権を独占していたことに反対する民衆の側からの平等を求める運動です。ラガツが言う「信頼としての信仰」という立場は、このような反知性主義を基盤としています。もっとも、平等な信仰を確保するための反知性主義が宗教色を失い世俗化すると、知性は必要なく自ら信じることを重視するという点のみになり、客観性と実証性を軽視、もしくは無視して、自分の欲するように世界を解釈する態度に転化します。本来の反知性主義に、そのような危険な傾向が含まれていたので、一九三〇年代に反知性主義を梃子《てこ》にしてファシズム、ナチズム、スターリニズムが台頭したのです。

教義を専門とする神学者は、自らが構築した教義を「正統」と考えてしまう傾向があります。その人がどんなに正しいと確信していることであっても、神の視座からは相対的です。また、複数の神学者が、それぞれ異なる論点を絶対に正しいと考えていることもよくあります。人間の世界において、絶対に正しい事柄が複数あるというのが常態です。人間は、限界のある存在であり、その限界のある人間が限界のない神について語ることは原理的に不可能です。そのため複数の真理を認めることがキリスト教神学の重要な前提になりますが、残念ながら、この前提が守られているとは言えません。

ラガツは、教義ではなく、キリスト教の真理を実践しようとします。具体的には、「神の国」を地上に建設しようとします。こうしてラガツは宗教社会主義者になりました。プロテスタンティズムは「信仰のみ」を強調し、「信仰即行為」「行為即信仰」という立場にあります。ラガツも、この点において、「神の国」を建設することを実践しようとしたのです。ただし、ラガツの知識に対する姿勢には、注意が必要です。

ラガツによると、聖書の信仰理解においては、まさにこの服従が、そして「神の国の正統な実践」が問題なのである。真の信仰は、そのように知識のうちに成り立つのではなく、信頼のうちに成り立つのである。真の信仰は計算ではなく冒険である。具体的にいうと信仰は「神から神に向け」て世界を見るのである。神の面前で（coram Deo）、即ち、ラガツがつねに意味していたように到来する神の国と神の正義に向かって、世界を判断するのである。（前掲書37～38頁）

「真の信仰は、そのように知識のうちに成り立つのではなく、信頼のうちに成り立つのである」というラガツの反知性主義的姿勢は、神学的逸脱行為を正当化してしまう危険があります。

ギリシア哲学とユダヤ思想の統合

信仰と人間の知性の関係を、どのように考えればよいでしょうか。

キリスト教神学において重要なのは、実証主義の枠組みに入りきらない部分です。なぜなら人間の理性によって営まれる実証の枠組みを超えるところに、信仰があるからです。啓蒙主義以後の哲学者で、実証主義の観点からキリスト教信仰を批判した人は多くはいませんでしたが、ヘーゲルは、「庶民の哲学」である信仰は実証主義に耐えられないと考えました。

しかし、信仰を哲学の系譜から根拠づけようとするアプローチは正しくありません。旧約聖書における信仰は、人間が疑念をさしはさむ余地のないもので、神と人間の「信頼するし持続する」関係を指すものでした。ここには、信仰を対象化して観察するという哲学的視座がありません。なぜなら、観察はギリシア哲学に特有なものだからです。

ユダヤ教から発生したキリスト教ですが、古代教父は信仰を表現するにあたって、ギリシア古典哲学の枠組みを用いました。ギリシア哲学では、真理は言葉で表現されます。これに対して、ユダヤ思想では、心の作用を重視します。動的な神が人間に働きかけて、それに応えて人間がどのような行動を取るかが問題になるのです。ユダヤ思想のダイナミズムとギリシア哲学の観察という視座が総合されてキリスト教神学は構築されています。それだから、信仰も対象として単に理解するだけではなく、「理解するために信じる」という形を取ります。理解するためには、対象を信じることが前提となるということです。従って、「理解すること」と「信じること」は循環しています。こういう循環論法が出てくるのは、ギリシア哲学とユダヤ思想の異なる真理概念を組み合わせているからです。

ギリシア語の「アレーテイア」と、ヘブライ語の「エーメト」の概念が重要です。前者は静的な観察を指し、後者は運動を指します。この相反する二つの概念を総合して、「神の存在は決して行く」ということを明らかにするのが神学の課題です。ロッホマンは、〈二つの概念は決して互いに排除しあうことはない。両方とも人間生活の豊かさに属するものであり、区別されなければならないが二つの互いに結びついている次元において人間生活に関わっているものである〉（前掲書40頁）と指摘しますが、事柄の本質を突いています。

古代の教義学者の概念で明確に規定するならば、知る者の確実性（securitas）ではなく信頼している者の確信性（certitudo）である。このような方向を、預言者の信仰の言葉、即ち「もしあなた方が信じないならば、あなた方は留まることはできない」と示しているのである。（前掲書41頁）

信仰者にとって重要なのは、対象があるかどうかという「確実性」ではなく、対象を信じる「確信性」なのです。

個人の信仰と教会の信仰

それでは、このような信仰の確信性は、どのようにして担保されるのでしょうか。このことを旧約聖書に基づいて説明したのが、新約聖書の「ヘブライ人への手紙」です。

信仰とは、望んでいる事柄を確信し、見えない事実を確認することです。昔の人たちは、この信仰のゆえに神に認められました。

信仰によって、わたしたちは、この世界が神の言葉によって創造され、従って見えるものは、目に見えているものからできたのではないことが分かるのです。（「ヘブライ人への手紙」11章1～3節）

目に見えるものは、目に見えない神によってつくられたというのが、ユダヤ教、キリスト教に共通する創造論です。つまり、目に見える具体的な出来事に目に見えない神の力が働いていることを察知することが、信仰なのです。従って、信仰は具体的な出来事の中で証されることになります。つまり、この世の中の出来事に影響を与えることなくして、信仰は成り立ちません。信仰は精神的熱狂ではありません。人間の血と涙を伴う生活に根付いていない信仰は、ほんものとは言えないのです。

キリスト教はイエス・キリストの出現によって人間の救済は先取りされていますが、未だ完成していません。イエス・キリストの出現と、救済が成就される終わりの日の間の緊張の中で、私たちは生きているのです。目的論的構成を取るキリスト教では、終わりの日は、常に完成と目的を同時に意味しています。

これは言い換えると、信仰を人間の実存に解消してはならないということです。信仰には、人間の実存を脱構築する力があります。この力を信じることが、「我信ず」という始めの言葉と「アーメン」という終わりの言葉によって端的に示されているのです。祈りの際に「アーメン」と言うのは、それで祈りが完成し、目的を遂げていることを意味するからです。使徒信条も、「アーメン」で終わることによって、信条が完成し、それによって信仰告白という目的が遂げられているという意味があります。

それでは、この目的を遂げる主体は誰なのでしょうか。この点について、ロッホマンは踏み込んだ考察をします。

誰がこの「我信ず……アーメン」という言葉の語り手なのであろうか。誰がこの告白の主体なのであろうか。個人であろうか、あるいは「聖徒の交わり」即ち教会であろうか。信仰告白の古い諸版を比較する時に（たとえばデンツィガーによる Enchiridion Symbolorum「信条手引書」）この問いがでてくる。その際発見されることは、たとえ「鉄の」規則ではないにしても一つの興味ある規則である。即ちラテン語のテキストは「我信ず」Credo という明らかに単数を好むのであるが、ギリシア語のテキスト（殊《こと》に東方教会の領域に支配的なニカイアのテキスト）は「我らは信ず」ピステウオメンという複数に傾く。この二つの傾向は偶然的、あるいは純粋に言語学的に解すべきものではない。おそらく神学的動機と傾向が大いに関係しているようである。H・フォーゲルはニカイアについての彼の解釈の中で次のように言っている。

「東方のキリスト教でいう『私たち』ということは、かのキリスト論的な公式を偏愛することと無関係ではないかもしれない。その公式によると、人間となった神の子において神が『人間性』即ち私たちの人間性を「とった」からである。西方の信条における『私』は、ナザレのイエスの誕生において、即ち、まさに彼の具体的、唯一的な実存において、神が人間になることについての命題を優先するという背景にもとづいて選ばれたものであろう」（Das Nicaenische Glaubensbekenntsis「ニカイア信仰告白」S. 21)。（ロッホマン『講解・使徒信条』48頁）

ラテン語の使徒信条では「我」という単数形、ギリシア語のニカイア・コンスタンティノポリス信条では「我ら」という複数形になっていることについて、ロッホマンは二つの問題を提起します。

第一は、神人論です。神人論とは、「神が人となられたのは、人が神になるためである」というものです。東方正教会では、後段の「人が神になるためである」ことを重視します。主体である「人（人間）」は複数いるので、「私たち」は信ずるという一人称複数形を好むのです。これに対して、西方教会（カトリック教会、プロテスタント教会）では、前段の「神が人となられた」ことを重視します。人になった神は、イエス・キリスト一人だけです。従って、信仰告白もイエス・キリストによってなされたものとの類比で、「私は」信じるという一人称単数形を好むのです。

第二は、西方の個人主義と東方の集産主義（collectivism）です。もっともこの点については、西方のプロテスタンティズムが形成された結果として、カトリシズムと正教は集産主義的と見られるようになったと解釈する方が説得力があると私は思います。

人間の言語は、一人では存在しません。人間の主観も他者の主観とを共有した共同主観（間主観）であり、純粋な個人という概念が、神学的、哲学的には成立しにくいのです。

使徒信条は、キリスト教がローマ帝国によって弾圧されていた時代の洗礼の際の信仰告白に起源を持ちます。それだから、一人称単数で、実存的緊張を引き受けなくてはなりません。ここから、個人の信仰と教会の信仰の関係が導き出されます。

キリスト教がローマ帝国と緊張関係にある時代は、信仰を告白することで、生命を失う危険すらありました。そのような状況での信仰告白は、「我信ず」という一人称単数形での決意を表明する形になります。これに対して、ローマ帝国がキリスト教を公認した後のニカイア・コンスタンティノポリス信条では、教会共同体を前面に出した「我らは信ず」という一人称複数形を用いることになりました。いずれにせよ、「我信ず」の「我」は、孤立した個体ではありません。教会共同体の一員としての「我」なのです。その意味において、信仰告白の主体が一人称単数でなされる場合と一人称複数でなされる場合に、本質的な対立は存在しません。

東ヨーロッパにおける神のリアリティ

「我信ず」という言葉は、「神」という目的語と切り離すことができません。現代において、神を信じるということが、どのようにして可能になるのでしょうか。この点で、ロッホマンが述べる東ヨーロッパでの経験が興味深いです。

何故、困難なものとなった神のテーマの伝達の可能性を直ちに不可能であると診断しないかの根拠を示す試みに際して、私は個人的経験から、とりわけ東ヨーロッパから出発しようと思う。この地域は私たちの関連において特に重要である。というのは、そのマルクス主義的社会主義的な時代において、東ヨーロッパ的文化と社会は、何十年の長きにわたり多層的かつ攻撃的に計画された企画の現場となったからである。即ち、人間の歴史の記録から神のテーマを取り消すという、徹底的無神論的意味において「宗教的問題を解消する」試みの現場となったからである。社会主義的共産主義的社会は、従来の歴史をそのあらゆる形式において特徴づけた宗教的疎外の数千年の後に、ついに全体的に新しいものを、まさに実現された無神論を示そうとするものであった。この実現への道は、個々の時代において、また様々な国々において異なったものではあった。戦略、とりわけ戦術は多様であった。それは、残忍な圧迫（既にたとえば一九六七年に「最初の無神論的国家」と自らを厳粛に宣言したアルバニアにおけるように）と多様な行政的規準によると、信者の恐喝から抑圧的な文化政策および教会政策（たとえばポーランドのような）のより慎重な諸型体にいたるまでの包括的なイデオロギー的、無神論的教育事業および宣伝にまで及んでいる。しかしながら、目的はいつも同じであった。科学的・無神論的世界観にもとづいてのマルクス主義的社会主義的な文化と社会との実現、したがって宗教の絶滅、宗教の現存の排除、即ちその特殊なテーマ、何にもまして神のテーマを、まずとりわけ公の社会的文化的な事業から、最後にはまた、個々の市民の「心」から排除することであった。（前掲書63〜64頁）

東ヨーロッパとは、第二次世界大戦後、ソ連の影響下に入って、社会主義体制を取った国を指します。

ソ連型社会主義は、マルクス・レーニン主義イデオロギーを基盤にしています。このイデオロギーには、科学的無神論が、譲ることのできない原則として含まれています。科学的無神論という術語には、科学が発展すると、自ずから宗教は否定され、神も否定されるという意味があります。哲学的には、比較的単純な啓蒙主義の体裁を取ります。しかし、ソ連型社会主義における科学的無神論は、理性を唯一の判断基準とする啓蒙主義よりも「無神論を信じる」という宗教的色彩の強いものでした。

ロッホマンがこの本を上梓したのは、一九八二年で、この時点では、ソ連が解体することを予測していた人はいませんでした。東ヨーロッパが社会主義体制から離脱することも、近未来にはあり得ないと圧倒的多数の人が思っていました。従って、マルクス・レーニン主義も有効性を喪失したとは思われていませんでした。そのような状況で、東ヨーロッパの科学的無神論についてロッホマンは以下の評価をします。

> 私は、この企てが失敗に帰したものであると言明するつもりはない。一つには、今までにそれに与えられてきた時間、即ち東ヨーロッパにおける、マルクス主義的、社会主義的実験の三十年あるいは六十年という時間は、あまりに短かいものである。さらには、この徹底した文化政策および教会政策の成果を見通すことはできないからである。宗教は東ヨーロッパ諸国において——ポーランドを除いて——事実上、少なくとも公的な文化生活では抑圧された。宗教や「神」は、この情況においては小さな役割しか演じられない。それらは、同時代の文化に関しては、ほとんど完全に、さらに文化史的な遺産に関してさえも広範にわたり、厳重に「沈黙を守らされていた」のである。また、ここで回顧されるのは、宗教の役割や神のテーマの現存というものを再解釈し、その役割を衰えさせ、そしてできるなら沈黙させるために、あらゆることが企てられていることである。「神の沈黙」という、西欧的文化の中においてもまた認められうるこの現象は、東欧的文化と社会の目に見える容貌の特徴を示すものである。（前掲書64頁）

二千年近いキリスト教の歴史に照らして見るならば、科学的無神論の歴史は、あまりに短いのです。ソ連でも本格的な無神論政策が導入されたのは一九二〇年代になってからで、東ヨーロッパでは一九五〇年代です。これぐらいの短期間で、人間の思想や価値観が抜本的に変化することはないとロッホマンは考えました。

当初、チェコ人とスロヴァキア人の共産主義者は、マルクス・レーニン主義というイデオロギーと、そのイデオロギーを体現した共産党という組織を信じました。しかし、そのような信仰を維持できなくなる事件がいくつも起きました。その中でも最も悲惨だったのが、一九五一年から五二年にかけてチェコスロヴァキアで起きた「スランスキー事件」と呼ばれる冤罪《えんざい》事件です。五一年、チェコスロヴァキアのスランスキー共産党書記長、クレメンティス外相らが国家反逆罪で逮捕され、自白を強要されました。もちろん拷問も加えられました。そして、裁判で死刑を言い渡され、執行されました。理想的な社会を建設しようとした共産主義者が生み出した粛清裁判を目の当たりにしたときに、もう一度、人間は罪から免れないというキリスト教の教えのリアリティが甦ってきました。そこで人々は再び神について考えることを余儀なくされました。

米国では、多くのキリスト教徒が反共的立場を取りました。そして、共産主義体制を打倒する指針を聖書から見出そうとしました。逆に、少数ですが、共産主義革命を、キリスト教が考える「神の国」との類比で考える神学者や牧師もいました。しかし、フロマートカやロッホマンは、現実に存在する政治体制に神学的意味を付与することに慎重な態度を取りました。フロマートカにとって、イエス・キリストは、キリスト教徒にとっての救済主であるばかりでなく、異教徒、無神論者にとっても救済主であり、資本主義とか共産主義とかいう社会体制とは、まったく別の位相の存在であるからです。

マルクス主義者は人間の共同主観性を重視します。これに対して、キリスト教は、人間は共同主観性のみでは成立せずに、外部を絶対的に必要とすると考えます。この外部が、神なのです。

実存主義者は、人間の内面を掘り下げるという手続きによって、共同主観性の限界を突き抜けようとします。しかし、その結果は、周囲から孤立した「個」という幻影に至るだけです。フォイエルバッハやマルクスの宗教批判は、キリスト教信仰と矛盾しません。矛盾しないというよりも、むしろキリスト教信仰を深化させることに貢献します。なぜなら、フォイエルバッハやマルクスが主張する人間の願望を投影した神は、キリスト教が言うところの偶像だからです。近代的な宗教批判をバルトやフロマートカなどの二〇世紀のプロテスタント神学者は、偶像批判として受けとめました。そして、神の啓示から、人間がつくった偶像を批判するという構成で、プロテスタント神学の再編を図りました。ロッホマンもバルト、フロマートカの考え方を継承しています。

キリスト教とマルクス主義の対話

バルトは、マルクス主義者との対話というテーマには、関心を示しませんでした。他者との対話よりも、自らの体系的著作である『教会教義学』を書き進めることに精力を傾注しました。フロマートカは、マルクス主義者との対話に取り組みました。しかし、組織神学的な立場からマルクス主義の唯物史観や弁証法と批判的対話を行うというアプローチはしませんでした。それぞれの世界観のレベルでの抽象的議論を行っても、「二つのモノローグ」が続くだけで、一つの対話に収斂《しゅうれん》する可能性が低いと考えたからです。そこで、「人間」をテーマとして、キリスト教徒とマルクス主義者の対話を試みました。人間が現実に抱える問題について、キリスト教徒とマルクス主義者が真摯な対話をするという試みです。ロッホマンもこの対話に参加しました。この経験を総括して、ロッホマンはこう述べます。

> キリスト教とマルクス主義との対話の経過において、神のテーマの潜在的かつ現実的な重要性と爆発力が、「社会主義的社会の人間化」あるいは「人間的な顔をもった社会主義」を実現する試みとの関連の中で、認められないままでいることはなく、実際に多くのことが、単にキリスト教の参加者においてのみでなく新しい重要性を獲得した、ということは、全くの偶然ではなかった。この対話においては全く意識的に人間的生活の意味に対する問いから、何よりもまず人間学的な問いから出発したのであった。キリスト教徒とマルクス主義者との間では、神のテーマはあまりに論争的なものとなるので、さけるつもりであった。しかしながら、まもなく、人間性と神という二つのテーマはお互いに切り離されえないということが示された。（前掲書69頁）

このキリスト教徒とマルクス主義者の対話が、マルクス主義が持つヒューマニズムの側面を刺激し、一九六八年の「プラハの春」につながる「人間の顔をした社会主義」というヒューマニズム的マルクス主義の形成を促したことは間違いありません。また、対話の成果は、人間学的位相のみに留まることにはなりませんでした。神の問題についても、キリスト教徒とマルクス主義者が虚心坦懐に話し合うようになったのです。もっとも、この過程は、キリスト教側から見るならば必然的です。キリスト教徒にとって、人間は神によってつくられたものであり、神理解を抜きにした人間理解はあり得ないからです。

社会主義体制になって、生産手段の私有化は廃棄されました。搾取はなくなっているという建前です。共産党官僚は、特権を有していますが、「外国製のカラーテレビを買うことができる」「上質のハムを買うことができる」といった程度のもので、資本主義国におけるような貧富の差はなくなりました。誰もが無料で医療を受けることができるようになり、能力がある若者は無償で高等教育を受けることができるようになりました。現実の世界の矛盾から逃避するための幻影としての神は、社会主義国では必要なくなりました。それでも、教会は機能し、キリスト教徒も存在していました。社会主義国においても神は死滅していないのです。なぜでしょうか。ロッホマンは、人間に超越性という感覚が元来備わっているからと考えます。

マルクス主義者も、超越的概念を持っています。超越性がないならば、生命を賭して革命に従事することはできません。また、革命が成就して成立した社会主義社会においても、人間は死から免れることはできません。ここでも超越性が問われます。

ロッホマンは、超越性を、人間の限界についてという観点から、具体的には「死」を題材とすることで、キリスト教徒とマルクス主義的な科学的無神論者との対話の可能性を考えました。なぜなら、人間は例外なく死ぬからです。これは、キリスト教徒であっても、仏教徒であっても、無神論者であっても、逃れることのできない現実です。

死について考えることは、同時に死後について考えることにもなります。死後、私たちはどうなるのでしょうか。復活し、永遠の生命を得るのでしょうか。それとも暗黒の中に消滅してしまうのでしょうか。あるいは、他の人間や動物に輪廻《りんね》転生するのでしょうか。死を経験した人は、文字通り一人もいません。従って、死後の世界について、客観的かつ実証的に語ることは誰にもできません。人知を超えた出来事です。それだから、超越性というテーマで、キリスト教徒とマルクス主義者の間で対話が可能になるのです。

人間が神なくして生きていこうとする世俗化の傾向が強まっている西ヨーロッパや北米（いわゆる西側）でも、チェコスロヴァキアで行われた神をめぐるキリスト教徒とマルクス主義者の対話の成果を生かすことができます。資本主義、社会主義という枠組みを超えて、産業社会を支える近代の世界観の中に人間が神の力に頼らずに生きていこうとする無神論的傾向が内在しているのです。

さらに世俗化の推進は、社会の宗教に対する依存度を低めます。その観点からは、大量消費文明の嵐に襲われた西ヨーロッパ社会の方が、事実上の無神論化が進んでいます。ただし、西ヨーロッパの政府は、宗教に対して敵対的姿勢を取らないので、社会の無神論化を人々が自覚しにくくなっています。

近代とは、人間が理性を信頼し、自らの力によって生きていこうとする時代です。「神頼み」のような、非合理的な思考から脱却していくことが近代の内在的論理なのです。人間が神という作業仮説なしで生きていく社会が到来しているという点では、欧米の大量消費社会もソ連・東欧の社会主義社会も本質的な違いはありません。

ただし、マルクス主義の科学的無神論は、人間は神や宗教に依存せずに生きていくことができるとはっきり宣言しています。その意味で、正直な無神論です。これに対して、欧米社会は過去の惰性から、神を信じているようなふりをしていますが、多くの人々は神を恐れずに、大量消費社会の欲望に埋もれて生きています。表面的に神を信じている素振りを示しながら、実際には神を信じていない無神論の方が、不誠実なので、たちが悪い無神論です。現代人にとって、神を信じるということは、そう簡単でないという現実を素直に認め、資本主義社会の市場に内在している欲望に埋もれた無神論の危険に気づかねばなりません。

教会の基点にある聖霊

では、世俗化が進み、現代人に自明ではなくなった神をどのようにしてとらえるとよいのでしょうか。この難問を解く鍵は、使徒信条の第三項〈我は聖霊を信ず、聖なる公同の教会、聖徒の交はり、罪の赦し、身体のよみがへり、永遠の生命を信ず〉に記されている「聖霊」にあります。

聖霊と教会の関係を、「使徒言行録」に記されている五旬節の出来事から見てみましょう。

五旬祭の日が来て、一同が一つになって集まっていると、突然、激しい風が吹いて来るような音が天から聞こえ、彼らが座っていた家中に響いた。そして、炎のような舌が分かれ分かれに現れ、一人一人の上にとどまった。すると、一同は聖霊に満たされ、〝霊〟が語らせるままに、ほかの国々の言葉で話しだした。(「使徒言行録」2章1~4節)

聖霊は、人間からすると風のように見えます。聖霊が降臨するとは、旧約聖書に記された神の預言が成就することを意味します。聖霊が降臨したことによって、原始教会が生まれたのです。

ここにいる人々は、かつては地中海沿岸の各地域に離散し、エルサレムに戻ったユダヤ人です。この中にはユダヤ教へ改宗したユダヤ人ともともとのユダヤ人がいたと想定されます。

さて、エルサレムには天下のあらゆる国から帰って来た、信心深いユダヤ人が住んでいたが、この物音に大勢の人が集まって来た。そして、だれもかれも、自分の故郷の言葉が話されているのを聞いて、あっけにとられてしまった。人々は驚き怪しんで言った。「話をしているこの人たちは、皆ガリラヤの人ではないか。どうしてわたしたちは、めいめいが生まれた故郷の言葉を聞くのだろうか。わたしたちの中には、パルティア、メディア、エラムからの者がおり、また、メソポタミア、ユダヤ、カパドキア、ポントス、アジア、フリギア、パンフィリア、エジプト、キレネに接するリビア地方などに住む者もいる。また、ローマから来て滞在中の者、ユダヤ人もいれば、ユダヤ教への改宗者もおり、クレタ、アラビアから来た者もいるのに、彼らがわたしたちの言葉で神の偉大な業を語っているのを聞こうとは。」人々は皆驚き、とまどい、「いったい、これはどういうことなのか」

と互いに言った。しかし、「あの人たちは、新しいぶどう酒に酔っているのだ」と言って、あざける者もいた。(「使徒言行録」2章5〜13節)

ここに出てくる地名は、エルサレムを基点にして三つに区分することができます。まず、エルサレムから東方のパルティア、メディア、エラム、メソポタミアです。次にエルサレムから北西のカパドキア、ポントス、アジア、フリギア、パンフィリアです。最後が、南西のエジプト、キレネ、リビアです。これにローマを加えたあたりが、「使徒言行録」の著者集団が考えた世界の範囲です。

ここでペトロがキリスト教の内容について、簡潔によくまとまった説教をします。


すると、ペトロは十一人と共に立って、声を張り上げ、話し始めた。「ユダヤの方々、またエルサレムに住むすべての人たち、知っていただきたいことがあります。わたしの言葉に耳を傾けてください。今は朝の九時ですから、この人たちは、あなたがたが考えているように、酒に酔っているのではありません。そうではなく、これこそ預言者ヨエルを通して言われていたことなのです。

『神は言われる。

終わりの時に、
わたしの霊をすべての人に注ぐ。

すると、あなたたちの息子と娘は預言し、

若者は幻を見、老人は夢を見る。
わたしの僕やはしためにも、
そのときには、わたしの霊を注ぐ。
すると、彼らは預言する。
上では、天に不思議な業を、
下では、地に徴を示そう。
血と火と立ちこめる煙が、それだ。
主の偉大な輝かしい日が来る前に、
太陽は暗くなり、
月は血のように赤くなる。
主の名を呼び求める者は皆、救われる。』(「使徒言行録」2章14〜21節)

泥酔のような恍惚《こうこつ》状態に人々がなっているのは、聖霊による働きとペトロは考えています。ペトロは、イエスが救い主であることについて、人々に訴えます。

イスラエルの人たち、これから話すことを聞いてください。ナザレの人イエスこそ、神から遣わされた方です。神は、イエスを通してあなたがたの間で行われた奇跡と、不思議な業と、しるしとによって、そのことをあなたがたに証明なさいました。あなたがた自身が既に知っているとおりです。このイエスを神は、お定めになった計画により、あらかじめご存じのうえで、あなたがたに引き渡されたのですが、あなたがたは律法を知らない者たちの手を借りて、十字架につけて殺してしまったのです。(「使徒言行録」2章22〜23節)

奇跡とは、人々に驚きや狼狽《ろうばい》などを引き起こす出来事です。イエスと接触した人は、誰もが驚いたのです。そして、その驚きは感銘に変わります。イエスが奇跡を起こしたのは、まさにイエスが神の子だからです。イエスがユダヤ人の手に渡され、その結果、処刑されたのも神の計画によるものです。罪を一切負っていないイエスが、罪を負う他の人間のために犠牲になったのです。しかし、イエスはただ犠牲になっただけではありません。神によって、死んだイエスは直ちに救われ、復活したとペトロは強調します。

しかし、神はこのイエスを死の苦しみから解放して、復活させられました。イエスが死に支配されたままでおられるなどということは、ありえなかったからです。(「使徒言行録」2章24節)

「使徒言行録」には、十字架の上のイエスを神が見捨てたという認識がありません。「マルコによる福音書」15章33節〈わが神、わが神、なぜわたしをお見捨てになったのですか〉という伝承を、「使徒言行録」の著者集団は共有していないからです。従って、イエスは死と同時に楽園にいます。

ここでペトロは、肉体からの復活が史実であることを強調します。

兄弟たち、先祖ダビデについては、彼は死んで葬られ、その墓は今でもわたしたちのところにあると、はっきり言えます。ダビデは預言者だったので、彼から生まれる子孫の一人をその王座に着かせると、神がはっきり誓ってくださったことを知っていました。そして、キリストの復活について前もって知り、

『彼は陰府に捨てておかれず、

その体は朽ち果てることがない』

と語りました。神はこのイエスを復活させられたのです。わたしたちは皆、そのことの証人です。それで、イエスは神の右に上げられ、約束された聖霊を御父から受けて注いでくださいました。あなたがたは、今このことを見聞きしているのです。(「使徒言行録」2章29～33節)

さらにイエスは、神によって高いところに挙げられます。ここから「高挙《こうきょ》のキリスト」という考えが生まれます。

ダビデは天に昇りませんでしたが、彼自身こう言っています。

『主は、わたしの主にお告げになった。

「わたしの右の座に着け。

わたしがあなたの敵を

あなたの足台とするときまで。』』

だから、イスラエルの全家は、はっきり知らなくてはなりません。あなたがたが十字架につけて殺したイエスを、神は主とし、またメシアとなさったのです。（「使徒言行録」2章34〜36節）

高挙されたイエスは、救済主、すなわちキリストになります。この高挙されたメシアであるキリストが地上に聖霊を注いだので、人々はさまざまな言葉を話し始めたのです。そして、聖霊に満たされた言葉の中に救済のための知恵が隠されているのです。ペトロの説教は、聴衆に強い感銘を与えました。

人々はこれを聞いて大いに心を打たれ、ペトロとほかの使徒たちに、「兄弟たち、わたしたちはどうしたらよいのですか」と言った。すると、ペトロは彼らに言った。「悔い改めなさい。めいめい、イエス・キリストの名によって洗礼を受け、罪を赦していただきなさい。そうすれば、賜物として聖霊を受けます。この約束は、あなたがたにも、あなたがたの子供にも、遠くにいるすべての人にも、つまり、わたしたちの神である主が招いてくださる者ならだれにでも、与えられているものなのです。」ペトロは、このほかにもいろいろ話をして、力強く証しをし、「邪悪なこの時代から救われなさい」と勧めていた。ペトロの言葉を受け入れた人々は洗礼を受け、その日に三千人ほどが仲間に加わった。彼らは、使徒の教え、相互の交わり、パンを裂くこと、祈ることに熱心であった。（「使徒言行

録」2章37～42節）

聖霊に満たされることによって、教会が生まれたことがわかります。地上において、教会は常に聖霊に包まれています。それは、教会の基点に聖霊があるからです。

聖霊はどこにいるのか

従って、教会を信じるという前提に、三一の神を信じることが含まれます。キリスト教は、ユダヤ教、イスラームのような唯一神教ではなく、父、子、聖霊の三一神を信じる一神教です。イエス・キリストは、死んで復活し、現在は天にいます。再臨の日、すなわちそれは終末の時ですが、その時点まで、われわれはキリストと会うことができません。この世界において、キリスト教徒は、聖霊を通じて神を知るしかないのです。

これまでにも繰り返し述べてきたことですが、キリスト教は、救済宗教です。イエス・キリストを信じることによってキリスト教徒は救済されます。イエス・キリストの昇天後、聖霊の力によって地上に教会ができました。教会の機能も人間の救済です。教会には、人間によって構築された組織としての側面がありますが、組織にのみ還元することはできません。なぜなら、教会は、イエス・キリストを頭とする救済に従事するために、人知を超えた聖霊の力によって、人々が呼び集められて形成されたという面を持つからです。聖霊も救済のために機能します。従って、聖霊が未来に向けて、キリスト教徒を導くのは、神の業として、当然のことなのです。

カトリック教会も「教会以外に救いはない」ことを強調します。この場合の教会とは、目に見える、具体的に存在するカトリック教会を指します。カトリック教会は、イエス・キリストがペトロに救済を保証する「天国の鍵」を与えたと考えます。そして、ペトロが初代の教皇になり、ペトロの座を継承する者が「天国の鍵」も引き継ぎます。このようにして、教会の内部で救済の確実性が担保されるのです。聖霊も教会の内部のみで機能することになります。

このような聖霊理解の基礎には、ニカイア・コンスタンティノポリス信条のカトリック的解釈があります。ニカイア・コンスタンティノポリス信条では、聖霊は父から出ると書かれているのですが、西方教会はそれに「子からも（filioque《フィリオクエ》）」発出するという文言を付加しました。人間は父なる神を直接知ることはできません。父は子によってのみ人間に知られるのです。イエス・キリストが昇天した後、キリストは教会によって保全されています。従って、聖霊も教会の中でのみ機能することになるのです。

一六世紀の宗教改革でカトリック教会から分離したプロテスタント教会は、無自覚のうちにフィリオクエを継承しました。しかし、カトリック教会が正教会と激しい論争を繰り返した後にフィリオクエの教義を精緻にしていったような過程をプロテスタント教会は共有していません。従って、ペンテコステ教会のように、聖霊の自由な働きを強調する教会も出てきます。ペンテコステ教会の聖霊理解は、正教会と親和的です。

現代を代表する神学者であるユルゲン・モルトマン（Jürgen Moltmann, 1926–）は、聖霊論についてプロテスタント教会が正教会にもっと歩み寄るべきであると考えます。そして、ニカイア・コンスタンティノポリス信条からフィリオクエを削除することが適当であるという結論に至ります。しかし、カトリックの神学者は、聖霊が教会のみによって保全されるという考え方に固執し、聖霊の活動を制度化された教会の内部に封じ込めました。これに対して、プロテスタント教会は、聖霊の自由な働きを強調します。なぜなら、聖霊によって召命を得た者が教会を形成するからです。それだからロッホマンは、〈この特別な召命に応じて私たちの生は、キリスト者として、共同体（教会）として「聖なるもの」となるべくキリストの救いの出来事の方向に向かって体を伸ばす〉（ロッホマン『講解・使徒信条』283頁）と強調します。教会という場にのみ聖霊があり、キリスト教徒は、そこでミサに参与することでのみ聖霊の恩恵を受けることができるというカトリック教会の発想は転倒しています。もっともルター派、改革派などプロテスタントの主流派もキリストを通して聖霊が働くという立場を取るので、教会以外で聖霊の働きがあるという見方は取りません。これに対して、正教会では教会の外でも聖霊が働くことになります。

「目に見える教会」と「目に見えない教会」

このように、プロテスタント神学者とカトリック神学者は、同じ「教会」という名称でかなり異なることを考えていることがわかります。教会なくしてキリスト教が成立しないという点では、カトリックもプロテスタントも正教も共通認識を持っています。しかし、教会の性格について、カトリックとそれ以外の教会は、かなり異なった見解を有しています。プロテスタント神学にとって、教会には目に見えるこの世の制度的教会と、目に見えないが確実に存在する教会があることを、正しく理解しておくことが重要になります。正教神学は論理化を嫌う傾向がありますが、目に見えない教会を重視する点ではプロテスタント神学に近いです。

教会は、召命に基づいて形成された組織です。召命は、具体的な個人が、神から呼び出されることによって成り立ちます。そこには具体的な個人を指す固有名詞と、具体的な判断を迫られる事柄が必ずあります。抽象的、理論的な召命は存在しません。召命は具体的なのです。召命の主体は、子なる神であるキリストです。召命の客体は人間であり、このような召命された人々の集団が教会なのです。召命を欠いたところで、教会は成立しません。召命こそが、見えない神の力が、聖霊を通じて、具体的な人間に作用する実例なのです。

人間の集団としての教会は、社会的存在です。従って、社会学的アプローチが不可欠になります。教会が現実に抱える問題を神学の枠内のみで解決することは不可能です。制度的教会、すなわち目に見える教会の仕事をしていると、聖霊の働きがわからなくなってくる危険があります。特にカトリック教会の場合は、聖職者の位階制度によって人間の救済を担保しようとします。そこから、教会に所属していれば確実に救われるという転倒した考えが生まれてきます。カトリック教会の強さは、救いの確実性です。カトリック教会に所属して、神父の指示に従っていれば、教会員は確実に救われます。このように聖霊の働きが失われ教会の権威が強化されてしまうと、教会の信者に対する責任回避が生まれてしまいます。教会はキリストの花嫁であり、この類比を用いれば、キリスト教徒は教会の子どもたちです。しかし教会に所属しているキリスト教徒がたとえ病気になったり殉教することになったりしても、母である教会に責任はないとカトリック教会は考えました。ロッホマンの説明を見てみましょう。

教皇の回勅にある「神秘の体」（Mystici corporis, 1943）には教会の次のような自画像が見いだされる。「敬虔なる母は、何の過ちもなく、それによって子供たちを生み育てる秘蹟において輝きだす。いかなる時でも彼女が傷なく守る信仰において、彼女がすべての人に義務づけた聖なる律法において、そして彼女が与えた福音的な勧告において、最終的にはそれによって彼女が無尽の多産において殉教者、処女、そして告白者のすべての群れを生じさせた天の賜物と、カリスマにおいて。しかし、もし構成員の誰かが病気となり傷ついたとしても、彼女を非難することはできない」。（ロッホマン『講解・使徒信条』279〜80頁）

この問題を克服するために、プロテスタント教会は、「目に見える教会」と「目に見えない教会」を区別し、キリスト教徒が「目に見えない教会」に所属することを重視しました。しかし、「目に見えない教会」は「目に見える教会」を経由してしか理解することができません。この点を誤解して、教会に通わずとも「目に見えない教会」にキリスト教徒が所属できるという考えは間違いです。

関連して注意しておかなければならないことは、現実に存在する教会は仮の姿であって、その背後にある「目に見えない教会」こそが真実の教会であると考えてしまうことです。このような論理構成は、弾圧されている状況にあるキリスト教徒に殉教を恐れない信念を与えることができますが、これはキリスト教ではなく、ネオプラトニズムの発想です。

また、「目に見えない教会」という概念を導入することで、キリスト教が二元論に陥ってしまうのではないかという批判があります。「目に見える教会」と「目に見えない教会」を区別することは、教会論に二元論を導入することではありません。ヤン・フスは同じ教会が、一方から見ると「見える教会」で、他方から見ると「見えない教会」であるという見方を変えることを強調しました。フスは「目に見えない教会」に所属すると確信する人々に対して、ミサと説教を行ったのです。また、フスは、聖餐において、当時のカトリック教会が一般信者にパンだけの一種陪餐《ばいさん》を行っていたのに対し、パンとワインの双方を与える両種陪餐を行いました。この権限は、カトリック教会ではなく「目に見えない教会」から与えられているのです。

キリスト教徒が信じる神は、唯一神、絶対神に留まることを望まずに、人間になりました。イエス・キリストにおける受肉から教会も位置づけられなくてはなりません。イエス・キリストが一世紀にパレスチナの地に出現したことによって、人間の救済が保証されたというのが、キリスト教徒にとっての現実です。しかし、この現実によっても人間の原罪が取り除かれたわけではありません。原罪を持つ人間によって構成された教会にも、真理は担保されています。そのことをわれわれは「目に見えない教会」という概念を通じて知るのです。そもそも神は、人間の目に見えない存在です。その神が人間の目に見えるようになったのは、受肉という現実があったからです。「目に見える教会」「目に見えない教会」という、教会の可視性と非可視性の関係は、受肉との類比で理解されるべき事柄なのです。

神は現実の世界で見出される

キリスト教徒にとっての神は、彼岸における抽象的な存在ではありません。此岸、すなわち現実のこの世界における人間の具体的問題と取り組む中で見出されます。あえて単純化して言うと、神は人間と人間の関係の中で見出されます。イエス・キリストが、神と、そして周囲の具体的な人間とどのような関係を築いたかから類比されるのです。

教会とは、この世界の現実に存在する人間によって構成される共同体です。原罪を負った人間によって構成された教会が悪から免れることができないのは当然のことです。それですから、自己批判的な姿勢を欠いた教会論は成立しません。教会は実践の中で存在します。過ちを犯すことを恐れずに、現実の関与するところでのみ、受肉したイエス・キリストを頭とする教会が成立するのです。受肉によって示された神からの約束と、現実のこの世界の緊張によって教会は成り立ちます。そのバランスを欠いたとき、教会は本来の機能を喪失してしまいます。

先に述べたようにカトリック教会が「目に見える教会」を重視することは、プロテスタントから見ると、カトリックが主張する普遍性、公同性（catholica）が間違えているからです。ローマ教皇を頂点とするカトリック教会のみが公同性を有しているという発想は、人間の慢心から生まれたものです。イエス・キリストに起源を有するすべての教会が公同性を帯びています。この点についてロッホマンはこう強調します。

事実に即して言えば、いかなる目に見える教会も公同性を独占するものではない。確かにローマ・カトリック教会は、他にくらべて模範的であるが、それでも独占してはいない。聖なるものと同じく公同性の基礎は、私たちのうちに（in nobis）あるものではなく、私たちの外に（extra nos）ある。すべての限界や深淵を越えて運動にのせる、人間存在すべての希望であるキリストという基盤の中に、聖霊の中にある。この基盤から私たちはあらゆる利己的な孤立化に反対し、真の公同性とエキュメニカルなものを求め、そして目に見えるものとするのである。（前掲書283頁）

ロッホマンが指摘する「いかなる目に見える教会も公同性を独占するものではない」という現実が重要です。これは、プロテスタンティズムが原理的にセクト主義を排除することを意味しています。セクト主義とは、「自分の宗派だけが絶対に正しく、他の宗派は間違えている」という立場を指します。残念ながら、プロテスタント教会の一部にはセクト主義的な傾向があります。表面的には、教会間の対話と協力を重視するエキュメニズムを主張していながら、腹の中では、他の教派を小馬鹿にしている神学者も少なくありません。ロッホマンは、このような自己絶対化は、プロテスタンティズムの精神と合致しないと考えます。

教会論の基盤には、「聖なるもの」と「公同性」という二つの概念が据えられるべきです。そして、聖霊の業によって、人間が神を礼拝することにより、教会の正統性が担保されるのです。キリスト教会とは、場所のことではなく、礼拝共同体です。礼拝に参加することで、キリスト教徒は、自らの生き方を見直します。そうして、社会に対して、キリスト教を信じていない人々とは異なるアプローチをするのです。

キリスト教徒が社会に対してどのようなアプローチをするのか、ロッホマンによるチェコ宗教改革の考察から考えてみましょう。

宗教改革、とりわけチェコの宗教改革は、この神礼拝の包括的な理解を支持する。それは「真の教会の印」（notae verae ecclesiae）の拡張とみることができる。ルター派の二つの主要な点に——神の言葉の純粋な説教と、聖礼典の正しい執行に——改革派教会は第三の強調を、即ち個人の、そして共同体の生に義務づけられた形成である神的な訓練disciplina divinaということをつけ加えた。そしてチェコの宗教改革はさらに前進した。ここでは、はじめから使徒的な実践の義務の強調が、それゆえにコンスタンティヌス的教会の権力欲との対照において、貧しい共同体の生活様式を強調することに大きな役割を演じてきた。一五七五年のボヘミア告白は五つの真の教会の「確かな誤謬なき印」をあげている。はじめの古典的な二つのものに、⑶キリストの福音、律法に対する従順、とくに「兄弟愛」の強調⑷真理と神の国のための十字架と苦難、そして⑸教会生活の厳格な秩序（宗規）がつけ加えられている。（Confessio Bohemica「ボヘミア信仰告白」XI,6）（前掲書２８５頁）

ここには記されていないボヘミア信仰告白の最初の二つの項目は、教会は新旧約聖書に基づくということと、教会の頭はイエス・キリストであるということです。それに、兄弟姉妹愛、十字架と苦難、規律を信仰の原則に加えます。これは、フスが、信仰を内面的問題ではなく、人間の生全体にわたる実践であると考えたからです。フスにおいて、「信仰と行為」という枠組みは存在しません。キリスト教徒にとって、信仰と行為は分離できません。信仰があればそれは必ず行為になり、行為は信仰によって裏付けられています。ボヘミア信仰告白は、このようなフス派の伝統を近代に甦らそうとしたのです。

教会は、自己閉塞的な組織ではありません。キリスト教徒の実践は、共同体における集団としての実践のことが多いです。ここから、実践が兄弟愛と結びつくようになります。キリスト教徒にとって重要なのは、教会から外に出ていって、この世の同胞のために奉仕することです。此岸において愛を実践することが、キリスト教徒にとって不可欠の任務なのです。

神の言葉が、教会を媒介として、現実に存在するこの世界を変化させるのです。ここでイスラエルが神により選ばれたこととの類比が重要になります。イスラエルが選ばれたのは、神が全人類を救済するという計画の中における出来事です。それと同じようにキリスト教徒は、非キリスト教徒を救済する事業に参与するために選ばれているのです。

洗礼はキリスト教徒に不可欠なのか

キリスト教徒と非キリスト教徒を救済する事業とは、人間の罪を赦すということです。罪の赦しに関して、教会はどのような機能を果たしているか。ここで、改めて洗礼について考察することが必要となります。

イエス・キリストは、ヨルダン川で洗礼者のヨハネから洗礼を受けました。このときの様子について、聖書はこう証言しています。

そのころ、洗礼者ヨハネが現れて、ユダヤの荒れ野で宣べ伝え、「悔い改めよ。天の国は近づいた」と言った。これは預言者イザヤによってこう言われている人である。

「荒れ野で叫ぶ者の声がする。

『主の道を整え、
その道筋をまっすぐにせよ。』」

ヨハネは、らくだの毛衣を着、腰に革の帯を締め、いなごと野蜜を食べ物としていた。そこで、エルサレムとユダヤ全土から、また、ヨルダン川沿いの地方一帯から、人々がヨハネのもとに来て、罪を告白し、ヨルダン川で彼から洗礼を受けた。

ヨハネは、ファリサイ派やサドカイ派の人々が大勢、洗礼《バプテスマ》を受けに来たのを見て、こう言った。「蝮《まむし》の子らよ、差し迫った神の怒りを免れると、だれが教えたのか。悔い改めにふさわしい実を結べ。『我々の父はアブラハムだ』などと思ってもみるな。言っておくが、神はこんな石からでも、アブラハムの子たちを造り出すことがおできになる。斧《おの》は既に木の根元に置かれている。良い実を結ばない木はみな、切り倒されて火に投げ込まれる。わたしは、悔い改めに導くために、あなたたちに水で洗礼を授けているが、わたしの後から来る方は、わたしよりも優れておられる。わたしは、その履物をお脱がせする値打ちもない。その方は、聖霊と火であなたたちに洗礼をお授けになる。そして、手に箕《み》を持って、脱穀場を隅々まできれいにし、麦を集めて倉に入れ、殻を消えることのない火で焼き払われる。」

そのとき、イエスが、ガリラヤからヨルダン川のヨハネのところへ来られた。彼から洗礼を受けるためである。ところが、ヨハネは、それを思いとどまらせようとして言った。「わたしこそ、あなたから洗礼を受けるべきなのに、あなたが、わたしのところへ来られたのですか。」しかし、イエスはお答えになった。「今は、止めないでほしい。正しいことをすべて行うのは、我々にふさわしいことです。」そこで、ヨハネはイエスの言われるとおりにした。イエスは洗礼を受けると、すぐ水の中から上がられた。そのとき、天がイエスに向かって開いた。イエスは、神の霊が鳩のように御自分の上に降って来るのを御覧になった。そのとき、「これはわたしの愛する子、わたしの心に適う者」と言う声が、天から聞こえた。(「マタイによる福音書」3章1〜17節)

これに対して、新約聖書にはイエスの弟子たちがイエスから洗礼を受けたという事実は記されていません。他方、復活後のイエスが人々に洗礼を授けるようにという指示をしていた記述はあります。

さて、十一人の弟子たちはガリラヤに行き、イエスが指示しておかれた山に登った。そして、イエスに会い、ひれ伏した。しかし、疑う者もいた。イエスは、近寄って来て言われた。「わたしは天と地の一切の権能を授かっている。だから、あなたがたは行って、すべての民をわたしの弟子にしなさい。彼らに父と子と聖霊の名によって洗礼を授け、あなたがたに命じておいたことをすべて守るように教えなさい。わたしは世の終わりまで、いつもあなたがたと共にいる。」(「マタイによる福音書」28章16〜20節)

しかし、洗礼がキリスト教徒にとって不可欠であり救いをもたらすと直結して考えてしまうと、それは儀式が人間を救うという魔術的発想と親和的になってしまいます。カトリックでもプロテスタントでも、洗礼は、罪の赦しと結びつけたサクラメント（秘跡）の一つととらえられています。これ自体は教義としては正しいですが、こういう発想をすると、キリスト教が欧米のいわゆるキリスト教文化圏から抜け出すことが難しくなってしまいます。洗礼を受けない人の救済の可能性を排除するような神学は、日本を含む非キリスト教文化圏におけるキリスト教の土着化において、大きな躓《つまず》きを引き起こします。

罪の赦しと救済

それでは、洗礼と信仰告白（信条）の関係はどのようになるのでしょうか。

洗礼も信仰告白も罪の赦しという共通項で括られます。重要なのは、洗礼と信仰告白が、それぞれどのような機能を果たすかということです。ここで重要なのは、すでに救済論で引用した「ルカによる福音書」15章の放蕩息子の話です。

どん底の状況で、放蕩息子は父のことを思い出します。そして、恥をしのんで、勇気をふりしぼって、父のもとに帰ります。そして、「お父さん、わたしは天に対しても、またお父さんに対しても罪を犯しました」と罪を告白し、父は放蕩息子に釈明を求めずに受け入れます。

神は人間の釈明によって罪を赦すべきか否かを判断するのではありません。人間が罪を悔い改めるという事実が重要なのです。この罪を悔い改めることが、信仰告白の重要な要素になります。裏返して言うならば、罪の告白を伴わない信仰告白は、真実の信仰告白とは認められません。

また、父にとって放蕩息子の帰還は、死んでいた息子が生き返ったことを意味します。神にとっても、神から離れていた人間が罪を認め、神のもとに帰ることを意味しています。この行為がそのまま救済になるのです。

しかし、放蕩息子の兄には、父親がなぜこのような態度を取るのかがわからず、怒ります。兄の怒りは、社会常識からして当然のことでしょう。しかし、キリスト教における救済は、社会常識からかけ離れていることが多いのです。こういう事例をイエスはたとえで説明します。それですから、複数の解釈が可能になります。放蕩息子の兄が父の愛を理解したときに兄も救われたのです。罪から赦されることによって、人間は自由になるのです。

罪の赦しが福音の中核にあります。パウロは、人間は信仰によってのみ義とされることを強調しています。キリスト教徒が道徳的に行動したり、人間性を涵養《かんよう》したりしても、救済とはまったく関係がありません。人間の側からの不信仰によって危機に陥っていた神との関係は、神からの働きかけによって正常化するのです。放蕩息子が父のところへ帰ったのも、神の働きかけによるものです。

罪の赦しについては、聖書に、さまざまな証言が記されています。それらの考え方は少しずつ異なっています。人間は、一人ひとりが個性的存在です。従って、罪にもさまざまな形態があります。この現実に対応して、罪の赦しにも、さまざまな形態が出てきます。共通していることは、罪から人間が救われる過程において、信仰告白が不可欠だということ――「罪の赦し」がリアルでないと、信仰告白は生まれないということです。その前提として、一人ひとりが「私は罪人である」ということを自覚することが必要とされます。しかし、世俗化され、理性を人間の基本と見なす近現代人にとって、罪のリアリティは認識しづらくなっています。

罪のリアリティは、人間には原罪などないと考える人との対話を通じて、むしろはっきりと問題圏を示すことになります。ロッホマンは、フロマートカとともに、一九六〇年代にチェコスロヴァキアで行ったマルクス主義者との対話を再び想起します。

私がキリスト者の人間理解の主題である、罪の赦しという重要な価値に対する反対に遭遇したのは、キリスト教とマルクス主義との間の対話がすすむにつれて私とマルクス主義者との出会いにおいて対決が生じた時である。マルクス主義者のほとんどは、世界に対し武装を解除するイデオロギーとなるキリスト教の罪の教理を疑っている。人間世界における悪の普遍的現存の強調は、急進的な世界変革の試みの気概をそぐ。そして赦しの倫理というものは少なからず疑わしいものである。それは階級闘争の分割線を不法に譲歩し、搾取される者と搾取者との間の真の利害衝突に感傷的な覆いをし、また赦しがたい条件で軽率な和解を導くものである。（ロッホマン『講解・使徒信条』３０８〜０９頁）

マルクス主義の人間観は、ヒューマニズム、すなわち人間中心主義です。従って、マルクス主義者は、人間に原罪を認めない性善説を基本に、世界観を構築しています。そのため、社会構造によって歪められていない、本来の人間を回復することができれば、自ずから理想的な社会を建築することができると考えます。従って、未来は、楽観的に描かれます。その結果、生まれてきたのが秘密警察、収容所群島を不可欠とするソ連型社会主義、すなわちスターリン主義でした。こういう社会主義が現れる背景には、このような社会をつくり出す思想の問題があります。

スターリン主義が、粛清や反対派弾圧を継続的に行うのは、階級社会の残滓を徹底的に除去すれば、そこから本来、人間が持つ善性のみが発現された理想郷が出現すると考えるからです。このような性善説を基本にした人間観は、反スターリン主義を掲げるマルクス主義者にも共通しています。

ロッホマンは、キリスト教が社会構造から生じる悪を論ずるときに、罪の概念を安易に用いる傾向があったことを自己批判します。マルクス主義の資本主義社会に対する批判は正しいのです。その批判を受け入れて、社会構造上の問題を超克しても、なお残る人間の罪について、キリスト教徒は考察しなくてはならないのです。

一人ひとりのキリスト教徒の生き方

これまで述べてきたように、目に見える教会は、此岸にあります。教会に所属するキリスト教徒が、現実に存在する社会の問題を避けて通ることはできません。社会の構造的な悪も、原罪を持つ人間がつくり出したものに他なりません。それですから、キリスト教徒は社会的な悪に対しても責任を負わなくてはなりません。キリスト教徒は、人生を通して、罪の赦しを得るための行動をしなくてはなりません。この中には、社会における正義を行うことも含まれます。教会論は、倫理を含むのです。

罪の赦しとは、人間の内面的な、心理作用ではありません。自分の抱えている罪がイエス・キリストを信じることによって赦されているという存在論的基盤の上で、キリスト教徒の生活は成立するのです。そこには、一人の人間の、私的、公的の区別なく、すべての領域における生活が含まれています。

罪の赦しに対する確信なくして、キリスト教信仰は成立しません。もっとも人間の個性は、文字通り人それぞれで、人間の罪もさまざまな形態を取ります。罪の赦しについても、キリスト教徒一人ひとりが異なった形態を取ります。一人の人間の行動の中に、罪と罪から解放されていこうとする要素の両方があります。従って、人間の行動については、複数の解釈が可能になるような多声性が常につきまとうようになります。この多声的な構造を無理に整理せずに、矛盾した要素が同時に存在することを私たちは虚心坦懐に受けとめる必要があります。

それですから、罪の赦しを存在論的根拠とするキリスト教徒の生き方も、さまざまな形態が取られます。ある人は、内面的な信仰を重視し、社会的活動には関心を示しません。別の人は、イエス・キリストによる罪の赦しは、現実に存在する社会における苦難を解消することにあると考え、政治的、社会的な活動を重視します。これらの異なった態度について、われわれは、どれが正しくてどれが間違っていると軽々に述べることはできません。ただし、一人ひとりのキリスト教徒がそれぞれの信仰的良心に基づいて行動しているという前提は、キリスト教徒の活動である以上、共有されていなくてはなりません。

人間は、神による被造物です。しかし、堕落しています。言い換えるならば、現実に存在する人間は、本来の形ではない、疎外された人間なのです。伝統的な言い方をするならば、人間は呪われた状態にあるということです。罪の赦しとは、呪いから解放されることであり、近代的な表現をするならば、疎外からの解放なのです。この解放は個人的次元に留まることができません。人間は社会的存在です。従って、疎外された人間が構築する社会も、当然のことですが、疎外されているのです。人間が罪から赦されるということは、同時に人間によって形成される社会の疎外も克服されるということです。

「他力本願」の改革派

キリスト教は、神を中心とする宗教です。人間が生きることの目的は、神の栄光のために奉仕することです。しかし、それはキリスト教が人間を軽視しているということではありません。罪を負う人間の救済を真剣に考えているからこそ、神の主権的な力で人間が罪から解放され、悪から救い出されることを追求するのです。神は人間を救済するために革命を起こします。十字架における罪の赦しは、神の主権に基づいた急進的な革命なのです。これに対して、人間は応答する責任を負います。

神の革命に対応して、人間の世界でも革命が起きます。それは、キリスト教徒が神に徹底的に服従するという形で起きます。人間自身に罪から救われる力はいささかも存在していません。そのことを認め、イエス・キリストに従い、罪の赦しを求めるから、キリスト教徒は洗礼を受けるのです。洗礼は、人間の無力さを象徴しています。イエスが、十字架の上で死に、三日後に復活したという、人間の常識では信じられない出来事を信じることによって、人間は「罪・地獄・死という悪魔と人間の循環」から解放されるのです。放蕩息子のたとえのように、因果律とは別の次元で、救済の業がなされるのです。それは人間の側から見るならば、神の恣意のように見えます。人間の認識の次元を超えた出来事なので、そのように見えるのです。

もっとも中世のカトリック教会は、人間の行為も救済の要因になるという間違った考えをしたために宗教改革が起きました。人間の行為ではなく、信仰のみに救済の根拠を求めるのがプロテスタンティズムの特徴です。人間の救済に関して、人間の内側にある力はまったく役に立ちません。人間は原罪を持っているので、その心も曲がっています。そのような人間の内面的な力に頼るという発想は、根本から間違っているのです。ただ、外側にある力によってのみ救われるのです。その意味で、キリスト教は、「他力本願」なのです。神からの圧倒的な恩寵によってのみ、人間が救済されるのです。もっともプロテスタンティズムでも、このような考え方をするのは、改革派（カルヴァン派）の特徴です。

社会における悪

人間は社会的動物です。人間一人ひとりが罪を持つのですから、人間の社会も集合的な罪を持ちます。罪の赦しは、個人に留まることはなく、社会にも及びます。従って、キリスト教倫理は、個人倫理と社会倫理の双方を包括します。

人間の罪が、外部からの力によって赦されるならば、人間は主体的努力をする必要はないというのは、間違った考え方です。外部からの力の働きによって、人間は自らの罪を告白します。それは、絶対的な他者である神に対する告白であるとともに、自分自身に対する告白でもあるのです。告白した人間が、従前通り、罪の中で生活することはできません。自らの罪に対する責任を引き受け、それを行動で示すことになります。何度も述べていますが、プロテスタント神学は、「信仰と行為」「聖書と伝統」「恩寵と自然」のように、救いの根拠を分節化し、

「と」でつなぐことを嫌います。信仰即行為、行為即信仰なのです。罪の告白をした人間は、それが人間の内面に留まるということは原理的にあり得ないのです。罪の告白によって、告白した人の生き方が変化するのです。この点について、ロッホマンは、パネンベルクの言説を援用しつつ、こう述べます。

ウォルフハルト・パネンベルグは、この問いに役立つある思想を提供している。「自分の罪の告白は、確かに自分自身から距離をもつことを意味している。しかしそれはその意味の一面にすぎない。罪の告白は常に同時に自己自身に対する告白であり、自らに対する責任をひきうける自らの覚悟の表現である。こう考えるとキリスト者の罪の意識は、自己否定あるいは生への敵意をもたらすものではなく、反対に、その歪曲に面してさえも生を肯定するものとして理解される。それ故、罪の告白そのものが自由の行為としてあらわれる。真の自由は責任のある自由だからである。自分自身にたいする責任をとる時にのみ人間は自己同一性に達するであろう」(『信仰告白』S. 175)。

このようなことは、道徳主義的要求の意味で試練や失敗の中にある人々に過大な要求をするのではなく、むしろイエスの罪の赦しの出来事という解放的な力の場に関係させられるときに実際に役に立つ。そこでそれはなによりも自由への刺激を提供する――そしてパネンベルグはここで適切にアイデンティティーの達成についての社会的諸次元をきわだたせている。自由の程度とは「自分のためのみならず、その内部でおきる、あるいはおきなかった生活領域全てのことに対して責任をとる覚悟の程度によってはかられる。なぜなら人間は、孤立した個人として自己自身であるのではなく、その社会のまた人類の構成員だからである。その生活領域の中で過ちの原因を他者のせいのみにするのではなく、自らその原因と責任をひきうける、その程度において自らの人格的同一性に達するのである」（前掲書S. 176）。罪を他者、すなわち両親、家族、社会に転嫁することによって自己発見への険しい道をなだらかにするということがしきりに試みられる中で、この指摘は考察に価する修正をもたらすものである。（前掲書317〜18頁）

パネンベルクは、起きたこと、すなわち行為だけでなく、起きなかったこと、すなわち不作為に対しても人間の責任を問うのです。人間は、神の前で、行為も不作為も、ありとあらゆる事柄に対する責任を問われるのです。そして、自らの罪を告白する人は、その人の行為と一切関係なく、赦され、救われるのです。

歴史認識問題と罪の赦し

では、人間は、神による赦しを拒絶することができるのでしょうか。

「人間は、神による赦しを拒絶することができるか」という問いかけは、正しい問題設定ではありません。キリスト教は神と人間との絶対的な質的差異を強調します。言い換えると、キリスト教はアンチ・ヒューマニズムです。このような問題設定自体が、人間の自我が肥大して、魂がインフレーションを起こしているから生じるのです。人間は、神の赦しを、感謝しながら受け入れる存在です。それができなくなっている人間は、神に反逆しているのです。無自覚な形でも神に反逆していると、「人間は、神による赦しを拒絶することができるか」というような問題設定をしてしまうのです。むしろ神学的には、「神の赦しをどのようにすればわれわれは正しく受け止めることができるか」という命題を設定しなくてはなりません。イエスの罪の赦しの生命を与えられる場の外へ去ることは、その人の破滅を意味します。

人間は誰もが罪を負っているのです。神による罪の赦しとは、罪を水に流して、忘却することではありません。神は人間の罪を赦しますが、人間が犯した罪を忘れるわけではありません。ロッホマンはこう説明します。

> このことは赦し、および和解のイデオロギーを意味しているわけではない。この点についての教会的また教会批判的な誤解にたいして（私はここで前述した、キリスト者の赦しについての強調に対するマルクス主義者の反対について考えている）次のことを短くのべたい。キリスト者の赦しとは、罪をささいなこととするのでも、対立をぼやかすことでも、衝突を隠すことでも、歴史を忘却することでもない。ドイツのナチスが大虐殺をおこなった「水晶の夜」の第四十回記念会で一人のユダヤ人が「私たちは赦すことはできるが忘れることはできない」と語るのを聞いた。両面においてその註釈は正当なものである。罪を克服することは、私的であろうと公的な領域であろうと歴史の敷き物の下に掃き入れることを意味するものではない。私的であれ、公的な敷き物であれキリスト者の赦しは（そしてもちろんユダヤ人の赦しも）記憶力薄弱な徳ではなく、逆に私たちすべてに関わる、私たちみんなを共に救う神の赦しのはっきりした記憶に基づいている。もし十字架がこの赦しの封印で

あるならば、罪が閑却されたものではなく、耐え忍ばれたものであることは明らかである。(前掲書319頁)

キリスト教における神の赦しとは、罪を矮小化《わいしょう》することでも、対立点を曖昧にすることでもありません。むしろ罪が何であるかを明確にし、その罪がどのように神と対立しているかについて明確にすることが、人間が罪をリアルに認識する過程で重要になります。このことは、個人の罪だけでなく、民族や国家が犯した集合的な罪に対しても適用されます。それだから、罪からの赦しとの関係で、歴史認識が重要になるのです。他の民族が自民族に対して犯した罪を忘れるのではなく、いつまでも記憶しつつ、赦すのです。そうすることによって、かつて敵対した民族は和解し、新たな関係を構築することができるようになるのです。これは当然ながら、犯した罪が帳消しになるということではありません。

もちろんそれは赦しに基づき、赦しに向かっての忍耐であった。「私たちは忘れることはできないけれども赦すことはできる」。キリスト教の倫理は、個人の間のまた民族の間の新しいはじまりの可能性を擁護する。いずれにしても、その鋭い緊張の中でも、感情の興奮の中でも、その可能性を早まって見止めることはしないだろう。世界の衝突の状況の中で、このことがキリスト者の貢献となる。こうした衝突を素朴にささいなものとするのでも、まちがった中立化の態度をとるのでもなく、むしろ事実に即して分析し、危険を承知でそれに参与し、バリケードの他の側面にいる人々と、そのつど赦しと和解の見通しをもつべく忍耐強く取り組むのである。「罪の赦し」についての信仰を告白する人々は、それを実際他者に対して示す機会をもつ時、彼らにとり何が解放の信仰であるのか、ということを決して忘れたり、中止したりしてはならない。（前掲書319〜20頁）

ロッホマンは、加害民族が自問自答しなくてはならないことを強調します。そうしなくては被害民族にとって何が解放の信仰であるのかについて、正確に理解できないからです。このような罪の赦しの考え方を、ロッホマンはフロマートカから継承しています。フロマートカは、東西冷戦によって、ヨーロッパが資本主義陣営と社会主義陣営に分かれてしまったのは、キリスト教徒がやるべきことをしなかったからだと認識していました。イエスは貧しい者、虐げられた者と行動をともにしていました。しかし、近代化の過程でキリスト教徒（特にプロテスタント）の大多数は、自らを市民階級と考え、苦しんでいる労働者を、教会が事実上無視してしまったのです。そのツケが共産主義の台頭と東西冷戦という形になって表れたのです。

「永遠の命」と死の克服

信仰告白に「我、……永遠の生命を信ず」とあるように、キリスト教徒は、死からの復活と永遠の命を信じます。そのことによって、人間ならば誰一人として免れることのできない死を克服します。キリスト教徒の群れである教会の重要な目的は、死を克服することです。

キリスト教においても、仏教においても、私たちが生きている現実の世界を苦ととらえることは共通しています。仏教では、この世界の輪廻からの解脱を目標とします。「永遠の命」に固執するようでは、輪廻の世界からいつまで経っても解脱することができません。従って、仏教の見解では、キリスト教では救済が得られないことになります。もっとも、キリスト教で言うところの「永遠の命」は、現在のような形で、人間が永遠に生き残ることを意味しているわけではありません。将来、到来する「神の国」における命が重要になるのです。「永遠の命」は、復活との文脈において理解されなくてはなりません。それは、終末論的な意義を持つことになります。仏教の時間概念が円環を描いているのに対して、キリスト教の時間概念は直線です。そこには、始点と終点があります。ギリシア語で「終わり」をテロス(telos)といいます。テロスには、「終わり」とともに、「目的」「完成」という意味もあります。キリスト教的な理解においては、復活したイエス・キリストが再臨し、最後の審判を行い、この世が終わるときは、同時に人間が解放される喜びの瞬間なのです。そして、このような歴史の終焉《しゅうえん》こそが、人類の目的なのです。ただし、このように考えると、地上での現実の命の意味が軽視されてしまう危険があります。ロッホマンはこの危険に気づいているので、次の指摘をするのです。

一つの例をあげると、ジュネーブ教会の信仰問答において、カルヴァンが使徒信条の最後の二つの言明「肉体の復活と永遠の生命」の「なぜか」に対する問いに次のように説明している。それは「私たちの幸福が地上に横たわっているものではないことを示す」テキストである。「私たちは外国にあるかのように、この世を通りすぎる。あらゆる地上の事柄を軽く取り扱い、それらに心を執着させないことを学ぶのである」(107『告白文書と教会職制』W・ニーゼル編一四頁)。これがカルヴァンの唯一の答えではないであろうが、確かに決定的なものであり、まちがいなくその方向にある一面を示している。永遠の生の光の中で、地上の生は対照的なものと見られ、異質なもので軽蔑の中でその仮面がはがされる。
(前掲書345~46頁)

カルヴァンは、人間の生の目的は、神の栄光に奉仕することと考えました。そのような考えに立つと、「私たちは外国にあるかのように、この世を通りすぎる。あらゆる地上の事柄を軽く取り扱い、それらに心を執着させないことを学ぶのである」という結論が容易に見出されます。しかし、このような現実の生を軽視する考えは間違えています。この世の生は、死後の「永遠の命」とは、別のカテゴリーに属します。この世の生は、それ自体で完結しているので、それ自体で重要性を持ちます。

神学的に「永遠の命」というときの命は、生物学的な意味を表すビオス(bios)ではなく、真理と霊的意味において生命を表すゾーエ(zoé)です。ゾーエについて、限られた人間の知恵で、あれこれ詮索《せんさく》することに意味はありません。「確実性」ではなく「確信性」だからです。信仰として、「永遠の命」を信じることを告白することが重要です。

キリスト教徒は、イエス・キリストの生き方に類比させながら、人生のさまざまな選択を行います。イエス・キリストは、既に「永遠の命」を得ています。イエスが説いた「永遠の命」は、あの世における第二の生命のようなものではありません。私たちが実際に生きている此岸においても、「永遠の命」は機能しているのです。それは、人間が死という制約の中においてもも、無限の可能性を持っていることで証されています。

ボンヘッファーとマサリクにおけるキリスト教信仰とリアリズム

ドイツのプロテスタント神学者ディートリヒ・ボンヘッファー（Dietrich Bonhoeffer, 1906-45）は、キリスト教が扱う事柄を「究極的なもの」と「究極以前のもの」に区別し、此岸にあるすべてのものや出来事は「究極以前のもの」であるが、人間は「究極以前のもの」を通じてしか「究極的なもの」に至ることができないと考えました。

ボンヘッファーは精神病理学教授の子としてブレスラウ（現在のポーランドのブロツワフ）に生まれました。チュービンゲン、ベルリン両大学でプロテスタント神学を学び、ニューヨークのユニオン神学校に留学、ドイツに帰国後はベルリン大学私講師、学生牧師、世界教会協議会役員などを歴任しました。一九三五年から反ナチの告白教会に参加し、国防省の顧問としてインテリジェンス業務に従事するかたわら、ドイツ陸軍の一部将校によるヒトラー暗殺計画に参加します。究極以前のこの世界において、ヒトラーのような悪を除去するためには、暗殺という手段も是認されると考えました。暗殺計画は露見してしまい、一九四三年四月五日にボンヘッファーは逮捕され、四五年四月九日にベルリンのテーゲル刑務所で絞首刑を執行されました。

もっとも、たとえ相手がヒトラーやナチス党員であったとしても、キリスト教徒がこの人たちの命を奪ったならば、そのキリスト教徒は最後の審判の日に、属人的に責任を負わなくてはなりません。此岸においては、此岸の掟や倫理が機能しています。リアリズムとキリスト教信仰の折り合いをどのようにつけていくかということは、キリスト教徒にとって常に大きな課題です。

プロテスタント的キリスト教の原理に従って国家を運営したのが、チェコスロヴァキア共和国初代大統領のトーマス・ガリク・マサリクでした。マサリクは、「永遠の相のもとで」という言葉をよく用いました。この点についてロッホマンはこう記しています。

トマス・G・マサリックの好んだ中心的な生の格言の一つである「永遠の相のもとで」sub specie aeternitatis ということ、を私は、思い起こしている。このチェコの哲学者・政治家は——人間性の哲学のみでなく政治的実践において——「永遠の視点の」もとで全生涯を生き、全活動を展開しようとした。それは次の確信に基づいていた。即ち人間の実存は、それが時間的制約の一部になり、人々が所与のものを呪物崇拝し、永遠の地平が視界から消える場合、人間の実存はこわばり、窒息の危険に陥る。そして人間の政治が——「可能性の技」——現状維持のゆえに「可能性」を排他的に定義し、管理し、そして神の国の「より大いなる正義のビジョン」を「不可能」なものとする見方で、冷笑的に冷淡にさえぎるならば、人間性は失われ、非人間的なテクノクラシーやポリトクラシーに退化することになる。私はマサリックに同意する。「永遠性の視点」は、戦闘の熱気において、あるゆとりを維持し、関係が冷たくなっている時、新鮮な勇気を奮い起こす、即ち、すべての人間存在と社会にとり生の必要性である——「呼吸をするための」助けとなる。（前掲書347〜48頁）

チェコスロヴァキア共和国は、第一次世界大戦直後の一九一八年一〇月に建国されました。一九世紀のヨーロッパにおける思想の主流は啓蒙主義でした。理性に基づき、科学技術と経済を発展させていけば、人類は理想的な社会を建設することができると考えました。しかし、その結果生じたのが、第一次世界大戦という未曾有《みぞう》の大量殺戮と大量破壊でした。同時期に啓蒙主義的理性に反発するロマン主義も台頭しました。ロマン主義は、人間に合理性や個人の命を超える重要な価値があることを思い起こさせたという点では、重要な意味を持ちました。しかし、個人の情念に絶対的価値を付与したために、独善性から免れることができなくなりました。ロマン主義も第一次世界大戦を引き起こす原因になりました。

マサリクは、啓蒙主義とロマン主義の双方を克服することを考えました。そして、リアリズムの価値を重視しました。リアリズムには、近現代的な現実主義と中世の実念論の両方の意味があります。この場合のリアリズムは実念論です。「目には見えないが確実に存在するものがある」と考えるのが実念論の特徴です。マサリクにとって、目には見えないが確実に存在する価値は「ヒューマニティ（人間性）」でした。この人間性は、イエス・キリストによって基礎づけられているのです。マサリクにとって、此岸と彼岸をつなぐ共通の価値観が人間性なのです。

人間は死から免れることができません。誰もがいつかは必ず死にます。死後の世界を経験した人はいません。臨死体験について語る人もいますが、一旦死んだら、生き返ることはないというのが死の定義なので、生き返った人による臨死体験の記憶によって死を考えることはできません。死を知ることが原理的にできないわたしたち人間に残されているのは、此岸における生を通じて死について知るというアプローチだけなのです。

従って、キリスト教は、彼岸性と此岸性の双方を重視します。彼岸、すなわち死後の天国に人間の救済を求め、此岸の生活を放棄するような態度は取りません。私たちは、見えるものに囲まれた現実の世界で生活し、この現実の世界で私たちは真摯に生きていかなくてはなりません。しかし、キリスト教徒にとって、目に見える世界だけが現実なのではありません。目に見えないが確実に存在するものも、キリスト教徒は現実と考えます。例えば、信仰、希望、愛を目に見える形や概念で説明することはできません。しかし、信仰も希望も愛も確実に存在します。同じようにキリスト教が目標とする「永遠の命」や「神の国」は、「こうすれば得られる」というようにマニュアル化できるものではありません。人間が、一生をかけて追いかけても、決してつかむことができない事柄です。目に見えないが確実に存在する現実をつかむことが、キリスト教神学の極意なのです。そして、この現実は、「既に現れている」とともに「未だ現れていない」という弁証法的構造を持ちます。キリスト教神学では、聖霊論では「既に現れている」という切り口によって、終末論では「未だ現れていない」という切り口によって、同じ事柄について、別の論理と言葉によって語っているのです。このように同じ事柄を別の言葉で何度も語り直すところに、神学的思考の特徴があります。

このことを踏まえ、「永遠の命」について、ロッホマンはこう説明します。

> まず、それなくしては永遠の生命の聖霊の一義的把握が誤ったものになるであろう一つの事態を明らかにせねばならない。即ち、聖書的には永遠の生命は神の前（coram Deo）でのみ——神に面してのみ——考えられる。信条を概観するとき、その最後の言明は、最

初の言明なしでは理解できない。「永遠の生命」は、「我神を信ず」ぬきでは意味をなさない。神なしの永遠の生命は、聖書の知るところではない。しかも、この理由のゆえに「魂の不死」の考えは、聖書的に問題なのである。というのもその古典的形式の中では、先にのべた事態は、考慮されることなく素通りされているからである。魂はそれ自体が破壊できない存在だからである。聖書は、この種の一般的な言及に強い興味を示してはいない。その希望は神学的なものであり、人間学的なものに基づいているのではない。（前掲書34 9～50頁）

ロッホマンがここで述べている〈「永遠の生命」は、「我神を信ず」ぬきでは意味をなさない〉という事柄が重要です。信仰を持たない人には、「永遠の命」が何であるか、さっぱりわからないのです。そして、「永遠の命」のことを不老不死と勘違いしてしまいます。そもそも人間が生きている目的は、神の栄光のためであるという、目には見えない真実を理解することが必要になります。この真実は、実証可能な客観的事象ではなく、人間の限られた知恵で把握することができないけれども、確実に存在する事柄なのです。私たちは、神学的にそれをすこしでも一般に理解可能な言語で表現することに努めているのです。

苦難を経て自由へ

彼岸性の本質的な特徴を、ロッホマンは「休息」「光」「愛」という三つのキーワードによって読みときます。

「ヘブライ人への手紙」では、神の休息（安息）の意義についてこう記されています。

兄弟たち、あなたがたのうちに、信仰のない悪い心を抱いて、生ける神から離れてしまう者がないように注意しなさい。あなたがたのうちだれ一人、罪に惑わされてかたくなにならないように、「今日」という日のうちに、日々励まし合いなさい。――わたしたちは、最初の確信を最後までしっかりと持ち続けるなら、キリストに連なる者となるのです。――それについては、次のように言われています。

「今日、あなたたちが神の声を聞くなら、
神に反抗したときのように、
心をかたくなにしてはならない。」

いったいだれが、神の声を聞いたのに、反抗したのか。モーセを指導者としてエジプトを出たすべての者ではなかったか。いったいだれに対して、神は四十年間憤られたのか。罪を犯して、死骸を荒れ野にさらした者に対してではなかったか。いったいだれに対して、御自分の安息にあずからせはしないと、誓われたのか。従わなかった者に対してではなかったか。このようにして、彼らが安息にあずかることができなかったのは、不信仰のせいであったことがわたしたちに分かるのです。（「ヘブライ人への手紙」3章12〜19節）

「ヘブライ人の手紙」の著者は、キリスト教会の中にたった一人でも不信仰者がいると、その人によって教会全体が破壊されてしまうことがあるという認識を示します。そして不信仰によって神の休息にあずかることができなかったと述べます。つまり、神の休息という秩序の下に入ることが、キリスト教徒にとっては、究極的な救済なのです。神は六日間で天地を創造し、人間を創造しました。それを観察し「よし」と肯定し、七日目を休息にあてました。休息は神の意思の完成を意味します。それだから休息に向かって進むことが、キリスト教徒にとって生活の指針になります。

ここから、モーセに率いられたイスラエルの民のうち、選ばれた人々のみがカナンの地に到達できたこととの類比で、休息を理解することが可能になります。

だから、神の安息にあずかる約束がまだ続いているのに、取り残されてしまったと思われる者があなたがたのうちから出ないように、気をつけましょう。というのは、わたしたちにも彼ら同様に福音が告げ知らされているからです。けれども、彼らには聞いた言葉は役に立ちませんでした。その言葉が、それを聞いた人々と、信仰によって結び付かなかったためです。信じたわたしたちは、この安息にあずかることができるのです。

「わたしは怒って誓ったように、
『彼らを決してわたしの安息に
あずからせはしない』」

と言われたとおりです。もっとも、神の業は天地創造の時以来、既に出来上がっていたのです。なぜなら、ある個所で七日目のことについて、「神は七日目にすべての業を終えて休まれた」と言われているからです。そして、この個所でも改めて、「彼らを決してわたしの安息にあずからせはしない」と言われています。そこで、この安息にあずかるはずの人々がまだ残っていることになり、また、先に福音を告げ知らされた人々が、不従順のためにあずからなかったのですから、再び、神はある日を「今日」と決めて、かなりの時がたった後、既に引用したとおり、

「今日、あなたたちが神の声を聞くなら、
　心をかたくなにしてはならない」

とダビデを通して語られたのです。もしヨシュアが彼らに安息を与えたとするのなら、神は後になって他の日について語られることはなかったでしょう。それで、安息日の休みが神の民に残されているのです。なぜなら、神の安息にあずかった者は、神が御業を終えて休まれたように、自分の業を終えて休んだからです。だから、わたしたちはこの安息にあずかるように努力しようではありませんか。さもないと、同じ不従順の例に倣って堕落する者が出るかもしれません。（「ヘブライ人への手紙」4章1～11節）

「神の安息にあずかる約束」とは、終末の時に「神の国」に入ることを意味します。モーセによって率いられたユダヤ人は、エジプトを出て、荒れ野を放浪しました。この荒れ野が私たちの現在生きている世界です。荒れ野から、一部の選ばれた人だけがカナンの地に到着することができました。しかしモーセ自身はカナンの地に入る前に死んでしまい、モーセを含む大部分のイスラエルの民はカナンの地に入ることができませんでした。実は、カナンの地に入ろうとする運動は、形を変えて現在も続いています。地上のカナンに対応した霊的な存在が、目には

見えないが確実に存在します。そこに到達することがキリスト教の目標になります。

キリスト教における救済は、動的概念です。つまり、エジプトを出て、荒れ野を放浪してカナンの地を目指すイスラエル人の動きと類比的に、キリスト教の救済を考える必要があります。従って、救済を求める人々の共同体である教会も旅をします。私たちが所属しているのは、常に形成途上にある「旅人の教会」です。静止し、固定化した教会は、イエス・キリストを頭とする教会ではありません。そういう教会は、疎外された人間が構築した組織に過ぎません。キリスト教が説く「永遠の命」も生成概念です。

嵐の後に最後の休みがあり、闘争の後に平和があり、死との最後の格闘の後に平和があるというのがキリスト教の救済観です。すなわち救済の前提に苦難があるととらえるのです。従って、苦難を否定的にだけ受け止めるのは間違っています。苦難も変化するのです。そして、苦難から自由をつかみ、そこから救済を確保することもできるのです。しかし、この自由や救済は、人間の計画や意思によって実現できる性質のものではありません。何度も述べてきているように、人間の計画や意思を超えた外部からの力によって実現されます。この力を目で見ることはできません。しかし、このように目には見えないが確実に存在する力をキリスト教徒は信じます。この力は啓示という形態で人間に働きかけます。

しかし、人間の一生の中で、苦難の先に自由が見えないときもあります。そのような状況について、ロッホマンはボンヘッファーの神学的遺産が有益と考えます。

ディートリッヒ・ボンヘッファーは、困惑した人生の断片性について瞑想し、それを自ら苦しんだ人であるか《ママ》、その衝撃そして安心の経験を有名な文章の中にあらわした（『抵抗と信従』倉松・森訳　新教出版社）。

苦　難

驚くべき変化。強き生ける御手がお前に結びつけられている。
無力と孤独の中に自分の行為の終焉を迎えても、
お前は安堵し、静かに、また心確かに
強き御手の中にお前の義を託して、自ら喜び、心足りる。
束の間の時であろうと自由に触れて祝福を得れば、
栄光のうちに成就される日を望みつつ、自由を神の御手にゆだねるであろう。（ロッホマン『講解・使徒信条』３５３頁）

ボンヘッファーは、苦難と自由の弁証法的な関係をよく理解しています。それだから、獄中に捕えられていても、平静さを失わずに、いずれ自由が到来するということを確信しています。「ヨハネによる福音書」に、「イエスとサマリアの女」の話があります。イエスはガリラヤに行く途中、当時、ユダヤ人が忌避反応を示して避けていたサマリアを意図的に通過しました。虐げられているサマリアの人々と苦難を共有することが、自由への道につながるとイエスが確信していたからです。通常の人々には、苦難としてしか見えないような事柄が、キリスト教徒には光と見えることがあります。ロッホマンはこの点について、次のように記します。

神の光は人間を見ることへ導く。〝あなたの光の〔中で〕わたしたちは光をみる〟（詩篇三六・九）いかに視界への、認識への、真実への人間の希求が明らかに永遠の生命の聖書的主題の中にとりあげられているかは注意を引く（ギリシア語の語彙にも、存在の深みの洞察としての真理（alētheia）がある）。この視点のもとで、現在の生と未来の生との条件は、すでにパウロにより対照化されている。「わたしたちの知るところは一部分であり」「今は、鏡に映して見るようにおぼろげに見ている」。すでに引用したようにその考えはさらにひろがり、「顔と顔とを合わせて、見るであろう」（Ⅰコリント一三・九、一二）。なぜ永遠の生命が教会の伝統の中で、「至福のビジョン」（visio beatifica）をもってしばしば言及されているのかという理由がそこにある——テレビの傍観的な視聴者がながめているという意味ではなく、神の真理性における全体的受容という意味においてである。さきに引用したディートリッヒ・ボンヘッファーの詩においてこの主題は、神に直面して目標に到達するが、いつもただ断片的でしかない私たちの自由の歴史の究極的な段階として、比較を絶した深さで証言されている。死に直面したボンヘッファーは最後の「自由への途上の宿駅」に次のような感動的な言葉を記している（『抵抗と信従』）。

死

いざ来たれ、永遠の自由への途上にくりひろげられる最高のうたげ。
死よ、この世では見えぬものを終りの日に見るために、
われらの過ぎ行く肉体とまどわされた魂の
重苦しい鎖と壁を取りこぼて。
自由よ、われらは訓練と行為と苦難の中にお前をたずね求めて来た。
死に臨みつつ、今、神の御顔の中に、お前自身をさだかに見る。（前掲書354〜55頁）

ボンヘッファーは、国防軍の将校たちと連携してヒトラー暗殺計画に参加し、失敗して処刑されました。しかし、ボンヘッファーはこのような選択をしたことをまったく悔いていません。ボンヘッファーは、〈自由よ、われらは訓練と行為と苦難の中にお前をたずね求めて来た。／死に臨みつつ、今、神の御顔の中に、お前自身をさだかに見る〉と述べています。ここにボンヘッファーだけでなく、プロテスタント神学者が考える自由と苦難の弁証法的関係が端的に表れています。「殺すなかれ」というのは、キリスト教の原則です。ヒトラーに対しても、この原則は適用されるはずです。しかし、ボンヘッファーは、「殺す」という形でしか、ヒトラーを除去することはできないと冷静に認識していました。そして、多くの人々を戦争と圧政の惨禍から救い出すためには、ヒトラーを除去するという選択肢しかないと考えました。その結果、「人を殺す」という苦難を引き受けることにしたのです。それが自由を得るために不可避と確信したからです。神の御顔は、解放を啓示しているとボンヘッファーは考えました。キリスト教信仰のゆえにヒトラーを除去することが不可欠と考えたのです。このようにして、曲が

った秩序を真っ直ぐにするのです。この「真っ直ぐにする」という行為は、動的になされます。キリスト教には復古主義的傾向があり、イエス・キリストが活動した一世紀のパレスチナに、人間と神の関係の原型があると考えます。一六世紀のルターによる宗教改革がイエス・キリストに還ることを強調したのも、復古主義的発想に基づくものです。さらに、時間の経過とともに堕落していく人間の行為を真っ直ぐにする、すなわちイエス・キリストの教えに立ち返らせるということが、キリスト教の重要な課題になります。この真っ直ぐにするということは、終末の時に完成されるのです。従って、終末は同時にイエス・キリストが生きていた時代への復古でもあるのです。

キリスト教徒は、この終わりの日に救済がなされると信じています。それだから、現在の世界の苦難を耐えることができるのです。苦難を積極的に引き受けることが、終わりの日に自由を獲得するために不可欠なのです。こういう視座に立ってロッホマンは、バルトの死生観を理解します。

この意味において、カール・バルトは自らの死を真近にして、最後の回状に感動的な言葉を書き残している。「らくに死ぬか、あるいは苦しんで死ぬか、ということをいかにして知りうるであろう。私はただ私の生に属するものとして私の死を知るのみである。そして、このことは私たち皆の運命であり、限界であり、目標である。私は単に『存在』するのではない。私が考え、語り、行なってきた真の善と真の悪すべてとともに、私の全『現存在』とともに、かつて、私が苦しんだ真に困難な事柄すべてとともに、かつて私が楽しんだ真に美しい事柄すべてとともに……そして恵みの光のうちに、今や暗闇にあるすべてのものが、完全に明らかになるであろう」（ブッシュによる引用　Karl Barths Lebenslauf「カール・バルトの生涯」S. 516）（前掲書357頁）

バルトは、終わりの日に自分が救われることを確信しています。それですから、死を恐れません。イエス・キリストの愛によって、死は既に克服されているからです。この点において、バルトはパウロの思想を継承しています。パウロは、「コリントの信徒への手紙一」で、愛の永続性についてこう述べています。

たとえ、人々の異言、天使たちの異言を語ろうとも、愛がなければ、わたしは騒がしいどら、やかましいシンバル。たとえ、預言する賜物を持ち、あらゆる神秘とあらゆる知識に通じていようとも、たとえ、山を動かすほどの完全な信仰を持っていようとも、愛がなければ、無に等しい。全財産を貧しい人々のために使い尽くそうとも、誇ろうとしてわが身を死に引き渡そうとも、愛がなければ、わたしに何の益もない。

愛は忍耐強い。愛は情け深い。ねたまない。愛は自慢せず、高ぶらない。礼を失せず、自分の利益を求めず、いらだたず、恨みを抱かない。不義を喜ばず、真実を喜ぶ。すべてを忍び、すべてを信じ、すべてを望み、すべてに耐える。

愛は決して滅びない。預言は廃れ、異言はやみ、知識は廃れよう、わたしたちの知識は一部分、預言も一部分だから。完全なものが来たときには、部分的なものは廃れよう。幼子だったとき、わたしは幼子のように話し、幼子のように思い、幼子のように考えていた。成人した今、幼子のことを棄てた。わたしたちは、今は、鏡におぼろに映ったものを見ている。だがそのときには、顔と顔とを合わせて見ることになる。わたしは、今は一部しか知らなくとも、そのときには、はっきり知られているようにはっきり知ることになる。それゆえ、信仰と、希望と、愛、この三つは、いつまでも残る。その中で最も大いなるものは、愛である。（「コリントの信徒への手紙一」13章1～13節）

この箇所は、パウロによる「愛の讃歌」として有名です。重要なのは、パウロが愛の永続性を強調していることです。決して滅びない愛が、見えない教会の中で保全されて、キリスト教徒を終わりの日まで守るのです。従って、教会は、愛の実践という形で、存続し続けることになります。裏返して言うならば、愛を欠いてしまったならば、それはもはやキリストを頭とする教会とは言えないのです。新約聖書全体を貫くメッセージが愛であり、それを基本に教会論を構築すべきです。愛によって、キリスト教徒は歴史的限界を超克するからです。

「ヨハネの手紙一」には、このようにあります。

愛する者たち、互いに愛し合いましょう。愛は神から出るもので、愛する者は皆、神から生まれ、神を知っているからです。愛することのない者は神を知りません。神は愛だからです。神は、独り子を世にお遣わしになりました。その方によって、わたしたちが生きるようになるためです。ここに、神の愛がわたしたちの内に示されました。わたしたちが神を愛したのではなく、神がわたしたちを愛して、わたしたちの罪を償ういけにえとして、御子をお遣わしになりました。ここに愛があります。愛する者たち、神がこのようにわたしたちを愛されたのですから、わたしたちも互いに愛し合うべきです。いまだかつて神を見た者はいません。わたしたちが互いに愛し合うならば、神はわたしたちの内にとどまってくださり、神の愛がわたしたちの内で全うされているのです。（「ヨハネの手紙一」4章7～12節）

「わたしたちが互いに愛し合うならば、神はわたしたちの内にとどまってくださり、神の愛がわたしたちの内で全うされているのです」という考えに基づいて教会は維持されるのです。

愛の共同体

繰り返しますが、「永遠の命」を得ることがキリスト教の目的です。共観福音書（「マタイによる福音書」「マルコによる福音書」「ルカによる福音書」）において、イエスの教えの核心は、「神の国」に入ることであると伝えられています。これに対して「ヨハネによる福音書」では、「永遠の命」を得ることであると説いています。両者は、同じ事柄を別の切り口から論じているのです。「神の国」は、共同体です。キリスト教の救済は、共同性の中で実現されることは自明の前提とされます。しかし、近代主義的な視座で、聖書から「永遠の命」を読みとこうとすると、救済が個人的な事柄であると誤読する危険性があります。そのような誤読を避けるために、パウロの「フィリピの信徒への手紙」を読み直す必要があります。

兄弟たち、皆一緒にわたしに倣う者となりなさい。また、あなたがたと同じように、わたしたちを模範として歩んでいる人々に目を向けなさい。何度も言ってきたし、今また涙ながらに言いますが、キリストの十字架に敵対して歩んでいる者が多いのです。彼らの行き着くところは滅びです。彼らは腹を神とし、恥ずべきものを誇りとし、この世のことしか考えていません。しかし、わたしたちの本国は天にあります。そこから主イエス・キリストが救い主として来られるのを、わたしたちは待っています。キリストは、万物を支配下に置くことさえできる力によって、わたしたちの卑しい体を、御自分の栄光ある体と同じ形に変えてくださるのです。（「フィリピの信徒への手紙」3章17～21節）

ここでパウロは、救いが教会という共同体の中で実現するという見解を明確に示しています。イエス・キリストの再臨を待つのは、「わたしたち」すなわち教会なのです。従って、兄弟愛の実践が、キリスト教徒の生き方において、死活的に重要になります。そのことが触れられているのが、「ヨハネの手紙一」です。全体を通じて、キリスト教徒が互いに愛し合うことを強調し、以下の箇所に、その考え方が最も鮮明に表れています。

なぜなら、互いに愛し合うこと、これがあなたがたの初めから聞いている教えだからです。カインのようになってはなりません。彼は悪い者に属して、兄弟を殺しました。なぜ殺したのか。自分の行いが悪く、兄弟の行いが正しかったからです。だから兄弟たち、世があなたがたを憎んでも、驚くことはありません。わたしたちは、自分が死から命へと移ったことを知っています。兄弟を愛しているからです。愛することのない者は、死にとどまったままです。兄弟を憎む者は皆、人殺しです。あなたがたの知っているとおり、すべて人殺しには永遠の命がとどまっていません。イエスは、わたしたちのために、命を捨ててくださいました。そのことによって、わたしたちは愛を知りました。だから、わたしたちも兄弟のために命を捨てるべきです。世の富を持ちながら、兄弟が必要な物に事欠くのを見て同情しない者があれば、どうして神の愛がそのような者の内にとどまるでしょう。子たちよ、言葉や口先だけではなく、行いをもって誠実に愛し合おう。(「ヨハネの手紙一」3章11〜18節)

教会に所属する兄弟を愛することを「ヨハネの手紙一」の著者は強調します。教会が存立する目的は、愛を実践する場を確保するためです。そして、この世が終わる瞬間まで、キリスト教徒は愛の実践に努めるのです。終わりの日に再臨したキリストによって、人間は審判を受けることになります。

「マタイによる福音書」には、終わりの日について、イエスが述べたことが記されています。

「人の子は、栄光に輝いて天使たちを皆従えて来るとき、その栄光の座に着く。そして、すべての国の民がその前に集められると、羊飼いが羊と山羊を分けるように、彼らをより分け、羊を右に、山羊を左に置く。そこで、王は右側にいる人たちに言う。『さあ、わたしの父に祝福された人たち、天地創造の時からお前たちのために用意されている国を受け継ぎなさい。お前たちは、わたしが飢えていたときに食べさせ、のどが渇いていたときに飲ませ、旅をしていたときに宿を貸し、裸のときに着せ、病気のときに見舞い、牢にいたときに訪ねてくれたからだ。』すると、正しい人たちが王に答える。『主よ、いつわたしたちは、飢えておられるのを見て食べ物を差し上げ、のどが渇いておられるのを見て飲み物を差し上げたでしょうか。いつ、旅をしておられるのを見てお宿を貸し、裸でおられるのを見てお着せしたでしょうか。いつ、病気をなさったり、牢におられたりするのを見て、お訪ねしたでしょうか。』そこで、王は答える。『はっきり言っておく。わたしの兄弟であるこの最も小さい者の一人にしたのは、わたしにしてくれたことなのである。』

それから、王は左側にいる人たちにも言う。『呪われた者ども、わたしから離れ去り、悪魔とその手下のために用意してある永遠の火に入れ。お前たちは、わたしが飢えていたときに食べさせず、のどが渇いたときに飲ませず、旅をしていたときに宿を貸さず、裸のときに着せず、病気のとき、牢にいたときに、訪ねてくれなかったからだ。』すると、彼らも答える。『主よ、いつわたしたちは、あなたが飢えたり、渇いたり、旅をしたり、裸であったり、病気であったり、牢におられたりするのを見て、お世話をしなかったでしょうか。』そこで、王は答える。『はっきり言っておく。この最も小さい者の一人にしなかったのは、わたしにしてくれなかったことなのである。』こうして、この者どもは永遠の罰を受け、正しい人たちは永遠の命にあずかるのである。」（「マタイによる福音書」25章31～46節）

終末においては、すべての人が、審判の席に呼び出されます。「この最も小さい者」とは、経済的、社会的な弱者を意味するものではありません。イエス・キリストの福音を宣べ伝える者です。こういう伝道者に対してどのような態度を取ったかということが、最後の審判では、問われるのです。

救われる人の基準について、キリスト教にはさまざまな考え方があります。プロテスタント神学に大きな影響を与えているのが、カルヴァンによる、神の救済にあずかる者と滅びる者は予《あらかじ》め選ばれているという「予定説」の考え方です。

命の契約は万人に等しく宣べ伝えられたのではなく、また宣べ伝えられた人たちの間でも同一の状況に、あるいは同等に、あるいは恒常的な状態にあるとは見えない。したがって、このような差異の内に、神の判定の驚くべき奥深さが明らかになる。すなわち、このような違いが神の永遠の選びの意志決定に属していることは疑いない。救いはある人には進んで差し出され、ある人にはそれに近づくことが禁じられている。これが明らかに神の一存によっているとすれば、ここで直ちに重大かつ困難な諸問題が生じる。これらの問題は「選び」と「予定」についての確信が敬虔な精神によって保持されるのでなければ、他の方法では解明できない。（多くの人の見る通り）問題は複雑であるが、それは共通性を持った人類の群れの中から、ある人々が救いに予定され、他の人々が滅びに予定されるということほど不合理なことはないからである。（ジャン・カルヴァン［渡辺信夫訳］『キリスト教

綱要　改訳版　第3篇』新教出版社、２００８年、４２５頁）。

上述の「マタイによる福音書」におけるイエスの言説から、神の選びについて、「ある人々が救いに予定され、他の人々が滅びに予定される」という結論を導き出すことは、十分可能です。しかし、ここで重要なのは、それを愛という文脈でとらえることです。パウロが「コリントの信徒への手紙一」13章で、信仰、希望、愛の中で、「最も大いなるものは、愛である」と言ったように、使徒信条も愛のリアリティを訴えているのです。使徒信条という告白を共有する教会は、愛の共同体なのです。

キリスト教の教会とは何か

なぜ教会は分裂しているのか

教会論で学ぶべき事柄はほとんど終えていますが、最後に、なぜキリスト教の教会が数多く存在し一部は激しく対立しているのか、なぜキリスト教会は一致しないのかという問題に取り組まなくてはなりません。

キリスト教徒は、目には見えないが、確実に存在するイエス・キリストを頭とする教会に所属しています。このような見えざる教会は、終末の日になって、初めて現れるのではありませ ん。現実に存在する教会を通しても、目に見えない教会が現れているのです。この現実を承認しているので、キリスト教徒は教会に通うのです。さまざまな教会が説教壇を通じて伝える神の言葉と、イエスによって制定されたサクラメントを執行することによって、イエス・キリストを頭とする教会であることを確認します。

しかし、昨日までイエス・キリストを頭にしていた教会でも、明日からイエス・キリスト以外のものを究極的な価値に定めてしまうならば、それは偽りの教会になります。どのような教会であっても、地上に存在する教会は、人間の共同体なのですから、偽りの教会に堕落してしまう危険をはらんでいます。これまで自分の所属していた目に見える教会が、イエス・キリストから離れてしまったと感じるとき、キリスト教徒は別の教会を形成することがあります。カトリック教会は、自らが唯一の正統的でかつ普遍的な教会であると考えています。プロテスタントは、そのような立場に立つことができません。教会には、イエス・キリストによって建てられたという要素と、罪を負った人間によって構成されている組織であるという要素がありま す。人間が形成した組織である以上、自分たちが所属する教会を含め、過ちから逃れることはできないという自己批判的姿勢をプロテスタント教会は堅持しています。

裏返して言うならば、プロテスタント教会は、その本質において自己絶対化を脱構築する性格を帯びています。一個人としてのキリスト教徒は、自分の所属している教会は絶対に正しいと考えていますが、他の人が別の教会を絶対に正しいと考えていることがあることを理解しています。神学者も、基本的に自分が所属している教会を擁護する理論を構築します。その意味で、神学は独断論的な構成を取らざるを得ませんが、自分には絶対に正しいことであっても、他の人には必ずしもそうでないことも理解します。従って、神学者の言説は、独断論なのですが、同時に複数主義的で、他者に対して寛容になります。しかし、バランスが取れた独断論者になることは、至難の業です。

日本のプロテスタント教会で、最大の人数と影響力を持っているのは、日本基督《きりすと》教団です。日本基督教団は、一九四一年に当時の政府の強い圧力の下、プロテスタント各派の合同教会として発足した経緯があります。従って、神学的には、単一の立場がありません。旧日本基督教会系の東京神学大学と旧メソジスト教会系の関西学院大学神学部と旧組合教会系の同志社大学神学部では、かなり学風が違います。会衆派（組合）教会は、組織的な締めつけを嫌うので、個々の神学者がかなり大きな裁量を持ち、牧師にもさまざまな考えの人がいます。

　私が神学部で一緒に勉強した人でも、私とは救済観がかなり異なっていることもあります。私はカルヴァンの予定説の立場に近く、どの人が救われるかは、その人が生まれてくるよりもずっと以前に決まっていると考えています。そのことを決めるのは神です。人間は、神ではないので、誰が救われているかという神の意思を知ることはできません。それですから、自分が救われていることを信じて、ひたすら神の栄光のために生きていくことが重要と考えます。これに対して、現在牧師になっている私の神学部時代の友人の多くは、人間が救われるためには、キリスト教徒らしい清い生活をすることが重要と考えます。私の考えとしては、信仰という人間の行為を救済と結びつけることは、神の主権に対する侵害と思いますが、このような大きな考え方の違いがあるとしても、私は友人の牧師たちの信仰的良心を疑っていません。私と面識がなくても、イエス・キリストを信じることで人間は救われるというキリスト教の基本線が揺らいでいないキリスト教徒の言説に関しては、どのような内容のものであっても真摯に受け止めます。このような形で、プロテスタンティズムにおいては、多様性が担保されるのです。

再一致運動

　この点から見るならば、プロテスタント教会は価値相対的です。それだから、イエス・キリストに対する信仰が救いであるという一点で、それ以外については差異を相互に認めつつ、細分化されたキリスト教会が再一致を目指すエキュメニカル運動にプロテスタント教会の主流派は熱心です。

ドイツのルター派神学者のホルスト・ゲオルグ・ペールマン（Horst Georg Pöhlmann, 1933–）は、エキュメニカル運動についてこう述べています。

真の教会は、諸教派の上にただよう、あるいは終末のものとしてまだこない、見えざる超教会ではない、むしろそれは、諸教派の中に求められ、しかもキリストが唯一の救いの根拠として御言葉とサクラメントにおいて宣べ伝えられ、こうして教会本来のしるしが見えるところには到るところに求められる。（中略）この救いの根拠キリストが、教会の本質構成要素であるならば（Ｉコリント三・一一）、また教会がこの唯一の救いの根拠キリストによって立ちもし、倒れもするならば、キリストと共に教会の一致もまた立ちもし、倒れもする。この唯一の救いの根拠イエス・キリストをひっくり返す者は、（そのような者のみが）「異なる福音」を教え、教会から分離する者である（ガラテヤ一・六以下、Ⅱコリント一一・二）。このような唯一の救いの根拠を疑問視する教会とは（しかもこのような教会のみとは）、教会一致が不可能である。（H・G・ペールマン［蓮見和男訳］『現代教義学総説　新版』新教出版社、２００８年、４６０〜６１頁）

例えば、アドルフ・ヒトラーをドイツ民族の救済主とした「ドイツ・キリスト者」の教会は、「唯一の救いの根拠キリストによって立ちもし、倒れもする」というイエス・キリストを頭とする教会と共通の基盤を持ちません。従って、このような教会と一致することはできません。

イエス・キリストは、一人しかおらず、この歴史に一度しか登場しませんでした（正確に言うと、死んで三日後に復活して使徒たちの前に現れ昇天しているので、二回という数え方もありますが、この復活も含めて、一度だけイエスが現れたととらえて問題ありません）。次にイエスが現れるのは、この世が終わるときです。イエスは救済主のキリストとして現れ、最後の審判が行われます。ここで、キリスト教徒は「永遠の命」を得て、「神の国」に入るのです。教会は、その日を待ち望みながら、キリスト教徒を訓練する希望の共同体です。この教会が複数に分裂していることは、好ましいことではありません。そのため、キリスト教のさまざまな教団では、エキュメニカル運動が行われています。

プロテスタント教会と正教会の間では、共通の理解が存在し、主流派の教会はスイスのジュネーブに本部を置く「世界教会協議会（WCC）」に加盟しています。これに対して、カトリック教会とプロテスタント教会の教会再一致に関する見解はなかなか一致しません。それは、カトリックが、マリアに原罪がなかったとするマリア無原罪説、教皇座から教皇が宣言する事柄には誤りがないという教皇無謬《むびゅう》説の立場を保持しているからです。

カトリック教会とプロテスタント教会の違い

ここで、カトリック教会、プロテスタント教会の組織形態を見てみましょう。

カトリック教会は、ローマ教皇を頂点とするピラミッド型のヒエラルキーを持っています。

プロテスタント教会は、会衆派の場合、個別教会を超えるヒエラルキーを認めません。長老派教会は、各個教会（小会）が選挙によって長老（役員）を選出します。役員は中会という組織をつくり、そこで議長や役員を選出します。さらに中会で選出された役員が大会《だいかい》を結成し、議長や役員を選びます。そして、大会、中会、小会の決議は、それぞれの組織に帰属する教会員を拘束します。仮に小会と中会の決議が矛盾するときは中会決議が優先し、中会と大会の決議が矛盾するときは大会決議が優先します。もっとも実際の運営においては中会の自律性が尊重されています。その意味で長老派教会のシステムは、近代議会制度のモデルになりました。

ルター派教会やメソジスト教会は監督制を導入しています。監督は、末端の教会に対する指揮命令権を有します。教会制度のみに注目するならば、ルター派教会とカトリック教会はよく似ています。従って、両教会は、教会の職制について、積極的な対話を行っています。

ルター派もプロテスタントなので、聖職者という特殊な職業を認めません。しかし、聖書に通暁し、信徒を指導するために牧師職が必要であることを認めます。牧師は聖職者でなく、キリスト教の知識を持ち、儀式を行う訓練を受けている信者です。そして、牧師の中に指導的立場を担う監督職を設けることを認めます。教会がイエス・キリストを頭とする団体であることが担保されるならば、別の言葉で言うなら教会が使徒性を保全しているならば、ルター派教会は、カトリック教会に対してそれほど強い抵抗感を覚えません。ここで、「ヨハネによる福音書」に記されているイエスとニコデモのやりとりが重要になります。

さて、ファリサイ派に属する、ニコデモという人がいた。ユダヤ人たちの議員であった。ある夜、イエスのもとに来て言った。「ラビ、わたしどもは、あなたが神のもとから来られた教師であることを知っています。神が共におられるのでなければ、あなたのなさるようなしるしを、だれも行うことはできないからです。」イエスは答えて言われた。「はっきり言っておく。人は、新たに生まれなければ、神の国を見ることはできない。」ニコデモは言った。「年をとった者が、どうして生まれることができるでしょうか。もう一度母親の胎内に入って生まれることができるでしょうか。」イエスはお答えになった。「はっきり言っておく。だれでも水と霊とによって生まれなければ、神の国に入ることはできない。肉から生まれたものは肉である。霊から生まれたものは霊である。『あなたがたは新たに生まれねばならない』とあなたに言ったことに、驚いてはならない。風は思いのままに吹く。あなたはその音を聞いても、それがどこから来て、どこへ行くかを知らない。霊から生まれた者も皆そのとおりである。」するとニコデモは、「どうして、そんなことがありえましょうか」と言った。イエスは答えて言われた。「あなたはイスラエルの教師でありながら、こんなことが分からないのか。はっきり言っておく。わたしたちは知っていることを語り、見たことを証ししているのに、あなたがたはわたしたちの証しを受け入れない。わたしが地上のことを話しても信じないとすれば、天上のことを話したところで、どうして信じるだろう。天から降って来た者、すなわち人の子のほかには、天に上った者はだれもいない。そして、モーセが荒れ野で蛇を上げたように、人の子も上げられねばならない。それは、信じる者が皆、人の子によって永遠の命を得るためである。（「ヨハネによる福音書」3章1〜15節）

ニコデモは、イエスに対する敵対者ではありません。イエスが救い主であるということを信じています。しかし、公にイエスへの信仰を表明するとパリサイ派（ファリサイ派）から攻撃されると恐れています。ニコデモは、イエスが言う「新たに生まれねばならない」ことの意味がわかりません。「永遠の命」を得るためには、生まれ変わることが不可欠なのです。これは死と復活を信じるということです。イエスは、「風は思いのままに吹く。あなたはその音を聞いても、それがどこから来て、どこへ行くかを知らない」と述べますが、使徒性とは、目に見えるものではなく、イエス・キリストが救い主であると信じることに基礎づけられるのです。使徒職は、そもそも一回限りの属人的なもので、物理的に継承することはできません。イエス・キリストを信じることによって救われるという神の言葉に堅く立つことで、教会は使徒性を保持していると見なされるのです。

ルター派とカトリックの対話

しかし、カトリック教会は、ペトロから按手《あんしゅ》を引き継ぐ教皇により、使徒性が保証されるという立場を崩していません。

ルター派とカトリックの対話について、ペールマンから引用します。

> ルター派とカトリックの文書「聖徒の交わり」（二〇〇〇年）の中で、ルター派は、次のことを確認した。「教会の世界に広がる交わりとその共通の真理の証しに関する、牧師の務めとして、全教会的「ペテロの代理」については、何ら原則的異論はない」。「しかし、「この務めは」、同じ仲間として、教会会議全体の責任の構造の中で、義務づけられ、一つ

に結ばれるべきものである。しかも、それは、地域的な個別教会の独自性を重んじなければならない……」。「教理の問題においては、聖書の優越性と共に、洗礼を受けた信徒の全体責任が守られなければならない。」「唯一の教会の奉仕について」というエキュメニカルな研究（二〇〇〇年）の中で、ローマ・カトリックとプロテスタント・ルター派のエキュメニカル支持者たちは、教皇は、「全体キリスト教界のスポークスマン」の役割を行使すべきであるという点で、意見が一致した（ペールマン『現代教義学総説　新版』４６４頁）

ルター派は、ローマ教皇に「ペトロの代理」という特別の地位を認めるという譲歩をしています。しかし、教皇に「全体キリスト教界のスポークスマン」という地位を認めるのは行きすぎです。教義や地上の政治問題、倫理問題について、教皇が「全体キリスト教界のスポークスマン」を果たしているとは言えないからです。

マリア論についても、ルター派はカトリック教会に歩み寄っています。

同じようにマリア論においても、理解が排除されるわけではない。ルター教会は常に、イエス・キリストが「聖霊によってみごもり、処女マリアから生まれた」という使徒信条の条項を告白してきた。

１　そこにおいては、「イエスが〈生まれながらにして〉神であり、その神的権威を神的霊感から受けたのでなく、むしろその本質において神的権威をもっている」ことを表現しているゆえに、処女降誕は重要なのである（E. Brunner, Dog. II, 1950, S. 421）。その御父との一体は、ただ単に意志の一致ではなく、本質の一致である。――そうでなければ私たちの救済が問題視されてくるであろう（中略）。

２　処女降誕は、あらゆる人間的な神人協力説を排除する（conceptus est de spiritu sancto）、救済のただ恵みのみを明らかにする。「処女降誕の奇跡は」、「ここでは神の自由な恵み、秘義が問題であることに、私たちを注目させる見張りとして戸口にいるのである（K. Barth, Credo, 1948, S. 63）。処女マリアは、キリスト者にとって――とルターは言う――「信仰」の「範例」であり、またキリスト者はただ神の恵みによってのみ生きる者であって、決して恵みの授与者ではないということの範例なのである（Das Magnificat, verdeutscht und auslegt durch D. M. Luther, Herderb. 175, S. 71f［『マリアの讃歌』、石原訳、岩波書店］）。マリアは共同の救済者ではなく、むしろ救済された人間の範例であり、天の女王ではなく王の仕え女であり、女主人ではなく主のはしためなのである（ルカ一・三八）。ルターによれば、マリアは、すべてが恵みであることを明らかにする。「神は、貧しく、さげすまれた、取るに足りないはしためなる私を顧みて下さった。もっと富んだ、身分の高い、高貴な、力ある女王たちが見つかったであろうに……」、「それゆえ、マリアは、自分の価値でも無価値でもなく、ただ神の顧みのみをほめたたえる」（Luther zu Lk I, 48, a. a. O., S. 58）。このような福音的マリア論の基本的方向づけからは、マリアの無原罪受胎、無罪性は（身体の昇天とともに）排除される。無原罪受胎の反対者トマス・アクィナスは正当にも次のように考えている。マリアが原罪なしであるなら、キリストは、「すべての者の宇宙的救済者」たる「栄誉」を取り去られるであろう（S. th. 3q, 27a, 2）。（前掲書４６４～６５頁）

〈処女マリアは、キリスト者にとって「信仰」の「範例」であり、またキリスト者はただ神の恵みによってのみ生きる者であって、決して恵みの授与者ではないということの範例なのである〉という立場は、一九世紀後半以降、カトリックがマリアを極度に神聖化する前の立場です。しかし、この立場にカトリック教会が回帰することは期待できません。

結局のところ、カトリック教会と、神学的に共通の認識が得られるということは、あり得ません。それは、カトリック教会が以下のような頑なな立場を取っているからです。

本来のエキュメニカルなつまずきは、一八五四年、一八七〇年、一九五〇年の諸教理等ではなく、むしろ、次の第二ヴァチカン公会議のエキュメニズムに関する教令の提題である。すなわちプロテスタントは「聖職叙階のサクラメントを欠いているため」、「完全な意味で、またその本質において」、聖晩餐を執行してはいない。したがって、キリストのからだと血を受け取っておらず、ただパンとブドウ酒を受け取っているだけである。それゆえ、ローマ・カトリック信仰大会（二〇〇〇年）の宣言『主なるイエス』は、プロテスタントの教会共同体は「本来の意味の教会ではない」と述べている。（前掲書465頁）

プロテスタントは「聖職叙階のサクラメントを欠いているため」「完全な意味で、またその本質において」、聖晩餐を執行してはいないなどという、カトリック教会の立場は、プロテスタント教会の存立基盤を否定するものだからです。仮に、このような教理の差異を曖昧にして、数の論理で教会合同を行ったとしても、そのような教会は内的生命を枯渇させてしまう危険があります。私も、ペールマンが言うように、「唯一の救いの根拠キリストによって」、教会は「立ちもし、倒れもする」ものであると思います。

教会はどのような存在か

では、これまでの教会論を振り返り、まとめをしたいと思います。

第一は、教会はイエス・キリストを頭とした共同体であるという事実です。教会は、キリストの花嫁です。教会の最高責任者はイエス・キリストしかいません。そして、キリストの代理人は、この世の中にいません。それだから、教皇をキリストの代理人と見なし、教皇が「天国の鍵」を持つというカトリック教会の立場をプロテスタントが受け入れることは不可能です。さらに、教会は固定された静的な組織ではなく、常に形成過程にある動的な共同体です。それは、キリスト教徒が信じる神が動的である、すなわち神は存在（Sein）ではなく、生成（Werden）でとらえられることに対応した現象です。

第二に、教会は神の言葉を聞く、すなわち上から下に神が垂直的に介入する場であることです。教会での牧師の仕事は、神の言葉を会衆に伝えることです。上から下に降りてくる神の言葉に、私たちの生き死にの基準があります。もっとも牧師は人間ですから、神と質的に共通するところは一つもありません。唯一、神の子であるイエスとの出会いによって人間は救われるのです。それだから、牧師は説教壇において、本来、知ることが不可能である神の言葉を「不可能の可能性」に挑むことによって、語ることを余儀なくされます。人間の側から見るならば、鋭い実存的緊張の中で牧師は神の言葉について語るということになります。このような神の言葉を聞くことができる場所が教会なのです。従って、キリスト教の共同体（教会）の基盤に、言葉で信仰を表明した信仰告白が据えられることになります。この原則を揺るがして、組織の論理で教会合同を行っても、真の教会は形成されません。

第三に、教会に働くのは聖霊の力であるということです。神の言葉を人々に伝えるために、特別の召命と訓練を受けた宗教専従者がいます。しかし、他の一般人と区別された聖なる人々ではありません。それだから、プロテスタント教会は、聖職者という概念を認めません。牧師と呼ばれる教会教職者は、奉仕者です。

第四に、見える教会と見えない教会の関係を常に意識することです。現実に存在する教会には、真のキリスト教徒と偽りのキリスト教徒が存在しています。これに対して、見えない教会は、真のキリスト教徒のみによって形成されています。ここで、見えない教会が正しく、現実に存在する見える教会が間違っていると理解してはいけません。なぜなら、見える教会にも救われることが神によって定められた真実のキリスト教徒がいるからです。見える教会の中に確実に存在する見えない教会を探し求めることが重要なのです。キリスト教は、此岸の宗教です。キリスト教徒は、現世を諦めてあの世に救いを求めるという態度を退けます。それだから、さまざまな問題をはらんでいても、現実に存在する目に見える教会を重視するのです。

この発想は教会と国家の関係においても適用されます。キリスト教徒は決して自己と国家を一体視してはなりません。しかし、国家に対する責任を放棄してはなりません。キリスト教徒である一市民として、国家のために奉仕していく（そこには国家の政策を批判するという形での奉仕も含まれる）ことが求められるのです。

「教会論」の課題

一、宗教と普遍宗教をそれぞれ定義せよ。その上で、柄谷行人氏が「それ(普遍宗教)自体、宗教になってしまう」と述べている理由を説明せよ。

二、キリスト教徒は、国家に対してどのような行動をするべきか、あなたの考えを述べよ。

三、キリスト教徒は、社会に対してどのような行動をするべきか、あなたの考えを述べよ。

四、「目に見える教会」「目に見えない教会」を、それぞれ説明せよ。

五、なぜキリスト教の教会は複数存在しているのか、説明せよ。その上で、エキュメニズムについて、あなたの考えを述べよ。

信仰論

なぜ、何を、どのように信じるのか

信仰＝聖書に徹底的に従うこと

プロテスタントの三原理の一つが、「信仰のみ」です。

旧約聖書における信仰とは、ヤハウェの行為に対して人間が正しく応答することです。端的に言えば、モーセの十戒《じっかい》を遵守することです。預言者の態度に、信仰が現れています。

それに対して、キリスト教徒は、新約聖書の精神から旧約聖書を解釈します。従って、律法を破った者が神の怒りに触れ滅ぼされるという方向での解釈を行いません。律法は、神の愛の道しるべなのです。

「出《しゅつ》エジプト記」に記された十戒を引用します。

神はこれらすべての言葉を告げられた。
「わたしは主、あなたの神、あなたをエジプトの国、奴隷の家から導き出した神である。
あなたには、わたしをおいてほかに神があってはならない。
あなたはいかなる像も造ってはならない。上は天にあり、下は地にあり、また地の下の水の中にある、いかなるものの形も造ってはならない。あなたはそれらに向かってひれ伏したり、それらに仕えたりしてはならない。わたしは主、あなたの神。わたしは熱情の神である。わたしを否む者には、父祖の罪を子孫に三代、四代までも問うが、わたしを愛し、わたしの戒めを守る者には、幾千代にも及ぶ慈しみを与える。

あなたの神、主の名をみだりに唱えてはならない。みだりにその名を唱える者を主は罰せずにはおかれない。

安息日を心に留め、これを聖別せよ。六日の間働いて、何であれあなたの仕事をし、七日目は、あなたの神、主の安息日であるから、いかなる仕事もしてはならない。あなたも、息子も、娘も、男女の奴隷も、家畜も、あなたの町の門の中に寄留する人々も同様である。六日の間に主は天と地と海とそこにあるすべてのものを造り、七日目に休まれたから、主は安息日を祝福して聖別されたのである。

あなたの父母を敬え。そうすればあなたは、あなたの神、主が与えられる土地に長く生きることができる。

殺してはならない。

姦淫してはならない。

盗んではならない。

隣人に関して偽証してはならない。

隣人の家を欲してはならない。隣人の妻、男女の奴隷、牛、ろばなど隣人のものを一切欲してはならない。」（「出エジプト記」20章1〜17節）

このうち、安息日を守れ、父母を敬えというのは「〜しなさい」という肯定命令で、それ以外は「〜をしてはいけない」という否定命令です。エジプトから出国することによって得られた自由を保持するためには、否定命令を遵守することが不可欠の条件になります。この自由を、イエスは愛で包み込むのです。

信仰は、自分とイエス・キリストの個人的関係によってのみ成立します。自分の信仰心を他者に強調したり、信仰心が強いように振る舞ったりすること、敬虔な態度を見せるといったようなことは、キリスト教信仰とは無縁です。フロマートカはこのように説明します。

私たちは、キリスト教徒は絶えず口から神の言葉を唱えなければならないとか、一歩あゆむごとに敬虔な言葉を吐かなければならないというような、要するにキリスト教徒の生活は敬虔さというたくさんのバッジで飾られるべきであるという見解に警告する。キリスト教徒の生活は、宗教の訓練ではない。キリスト教徒の生活とは、偽の言葉や表面的な敬虔さによって神の言葉の神聖さが汚されることを恐れる内面的真剣さの中で導かれる生活である。十戒の「わたしのほかに神があってはならない」の掟のあとには、「あなたの神、主の名をみだりに唱えてはならない」が続く。聖書的な敬虔さは、何ものにも陶酔しない冷静さと慎ましい誠実さによって特徴づけられる。（フロマートカ『人間への途上にある福音』301頁）

神は全能なる存在です。私たちが考えていることを、神はすべて見通しています。神に嘘《うそ》をつくことや、真実を隠すことは、原理的に不可能なのです。そのことを理解していながら、私たちが神の前でも正直になれず、嘘をついてしまうのは、人間に原罪があるからです。神が最も嫌うのは、神を否定する無神論や唯物論ではありません。実際にはイエス・キリストが救済主であることを信じておらず、当然、神も信じていないにもかかわらず、敬虔な素振りでキリスト教徒のふりをしている人を、神は最も嫌うのです。

信仰において最も重要なことは、聖書に徹底的に従うことです。旧約聖書の預言者や新約聖書のイエスの言葉に従うことが、信仰の中核を形成します。繰り返し強調しておきますが、信仰即行為です。この意味において、キリスト教は実践的な宗教なのです。心の中で信仰を持っているだけでは、キリスト教徒とは言えません。キリスト教における真理は動的であり、イエスと神の関係、イエスと周囲の具体的な人間との関係の類比から真理をつかみ取っていくことが、キリスト教徒には求められます。従ってキリスト教徒は、世の中の他の人々とは異なる行動原理、すなわちイエス・キリストに徹底的に従うという基準で動きます。その結果、社会と摩擦を起こす場合があります。キリスト教徒の中には、このような摩擦を恐れて身内だけで固まってしまう傾向があります。

しかし、キリスト教徒は「地の塩」です。塩が役に立つのは、周囲の食べ物に味を付けるからで、塩が固まっていては意味がありません。塩は異質な存在であるから意味があるように、キリスト教徒も世の中の基準から少しずれ、変わっているところに意味があるのです。塩は、自らのために存在するのではなく、他者に働きかけることで初めて意味を持ちます。イエスが「地の塩」という言葉を使ったのは、信者同士で固まっているのではなく、広く外の世界に働きかけることが重要であり、「引きこもるな」と戒めているのです。

自発的に信仰は生まれない

では、信仰は、どうやって生まれるのでしょうか。人間が主体的に決心をして、「私は神を信じる」と宣言することで生まれるのでしょうか。

キリスト教の神は、そのような人間の決心を木端微塵《こっぱみじん》にする力を持っています。人間が神に対して、何かを行えると考えること自体が、人間の傲慢さを表しています。神と人間は質的に絶対的な差異があります。信仰も、神によって、一方的に与えられるのです。人間は、自分が信仰を持っていると勘違いすることがありますが、実はそれは、人間が神によって呼び出されているということなのです。信仰も召命であり、神の恩恵として信仰はあります。

信仰は、キリスト教徒にとって喜びです。信仰という喜びを、人間は神に対して要求することはできません。神からの一方的な賜物として信仰があるのですから、喜びも神によってのみもたらされます。そして、神の裁きによって赦されることによって、人間は喜びを得ます。

フロマートカは、神の裁きについて、自身のみならず、他者との関係についても神の裁きがあることを強調し、〈私たちは、自分が欺き、傷つけ、助けるべきときに助けなかった人間に対する罪を認め、かみしめ、苦しまない限り、神の前の罪責を認識できないからである〉（前掲書303頁）と述べます。なぜなら、イエス・キリストは「隣人をあなた自身と同じように愛せ」と命じたからです。キリスト教の真理は具体的であり、キリスト教徒は具体的な人間との関係において、信仰を証します。従って、他者との関係が、裁きの対象になるのは当然のことなのです。

同じように、「悔い改め（メタノイア）」も、他者との関係においても成立します。人間が悔い改めること、罪の性質について、「ヨハネの手紙一」では、このように述べられています。

死に至らない罪を犯している兄弟を見たら、その人のために神に願いなさい。そうすれば、神はその人に命をお与えになります。これは、死に至らない罪を犯している人々の場合です。死に至る罪があります。これについては、神に願うようにとは言いません。不義はすべて罪です。しかし、死に至らない罪もあります。（「ヨハネの手紙一」５章16～17節）

「死に至る罪」とは、イエス・キリストを信じることが救いであるという信仰を放棄することです。信仰を放棄する人には、永遠に救いは訪れません。しかし、この悔い改めの機会を逃してはなりません。「ヘブライ人への手紙」におけるエサウへの言及に、このことが示されています。

また、だれであれ、ただ一杯の食物のために長子の権利を譲り渡したエサウのように、みだらな者や俗悪な者とならないよう気をつけるべきです。あなたがたも知っているとおり、エサウは後になって祝福を受け継ぎたいと願ったが、拒絶されたからです。涙を流して求めたけれども、事態を変えてもらうことができなかったのです。（「ヘブライ人への手紙」12章16～17節）

エサウが自ら手放してしまった長子の権利は戻ってきません。一旦、神に対して誓ってしまった事柄を変更することはできないのです。

罪のある人間が自力で救済に至ることはあり得ません。人間が救済される手段は、聖霊の働きによるものです。それですから、霊を冒瀆《ぼうとく》することが聖書では絶対的に禁止されています。「マタイによる福音書」には、霊に対する冒瀆がこのように記されています。

そのとき、悪霊に取りつかれて目が見えず口の利けない人が、イエスのところに連れられて来て、イエスがいやされると、ものが言え、目が見えるようになった。群衆は皆驚いて、「この人はダビデの子ではないだろうか」と言った。しかし、ファリサイ派の人々はこれを聞き、「悪霊の頭ベルゼブルの力によらなければ、この者は悪霊を追い出せはしない」と言った。イエスは、彼らの考えを見抜いて言われた。「どんな国でも内輪で争えば、荒れ果ててしまい、どんな町でも家でも、内輪で争えば成り立って行かない。サタンがサタンを追い出せば、それは内輪もめだ。そんなふうでは、どうしてその国が成り立って行くだろうか。わたしがベルゼブルの力で悪霊を追い出すのなら、あなたたちの仲間は何の力で追い出すのか。だから、彼ら自身があなたたちを裁く者となる。しかし、わたしが神の霊で悪霊を追い出しているのであれば、神の国はあなたたちのところに来ているのだ。また、まず強い人を縛り上げなければ、どうしてその家に押し入って、家財道具を奪い取ることができるだろうか。まず縛ってから、その家を略奪するものだ。わたしに味方しない者はわたしに敵対し、わたしと一緒に集めない者は散らしている。だから、言っておく。人が犯す罪や冒瀆は、どんなものでも赦されるが、〝霊〟に対する冒瀆は赦されない。人の子に言い逆らう者は赦される。しかし、聖霊に言い逆らう者は、この世でも後の世でも赦されることがない。」（「マタイによる福音書」12章22〜32節）

この聖霊の働きを受け入れるためには、人間の側に清い心が必要です。このような聖霊観を、キリスト教はユダヤ教から引き継ぎました。旧約聖書の「詩篇」には、このように述べられています。

神よ、わたしの内に清い心を創造し
新しく確かな霊を授けてください。
御前からわたしを退けず
あなたの聖なる霊を取り上げないでください。
御救いの喜びを再びわたしに味わわせ
自由の霊によって支えてください。
わたしはあなたの道を教えます
　あなたに背いている者に
罪人が御もとに立ち帰るように。

神よ、わたしの救いの神よ
流血の災いからわたしを救い出してください。
恵みの御業をこの舌は喜び歌います。
主よ、わたしの唇を開いてください
この口はあなたの賛美を歌います。(「詩篇」51編12〜17節)

重要なのは、清い心は人間の自助努力によって得られるものではないという認識です。これは、シナイの十戒の「殺してはならない」「姦淫してはならない」についての、イエスの教えを見るとわかります。

「あなたがたも聞いているとおり、昔の人は『殺すな。人を殺した者は裁きを受ける』と命じられている。しかし、わたしは言っておく。兄弟に腹を立てる者はだれでも裁きを受ける。兄弟に『ばか』と言う者は、最高法院に引き渡され、『愚か者』と言う者は、火の地獄に投げ込まれる。だから、あなたが祭壇に供え物を献げようとし、兄弟が自分に反感を持っているのをそこで思い出したなら、その供え物を祭壇の前に置き、まず行って兄弟と仲直りをし、それから帰って来て、供え物を献げなさい。あなたを訴える人と一緒に道を行く場合、途中で早く和解しなさい。さもないと、その人はあなたを裁判官に引き渡し、裁判官は下役に引き渡し、あなたは牢に投げ込まれるにちがいない。はっきり言っておく。最後の一クァドランスを返すまで、決してそこから出ることはできない。」

「あなたがたも聞いているとおり、『姦淫するな』と命じられている。しかし、わたしは言っておく。みだらな思いで他人の妻を見る者はだれでも、既に心の中でその女を犯したのである。もし、右の目があなたをつまずかせるなら、えぐり出して捨ててしまいなさい。体の一部がなくなっても、全身が地獄に投げ込まれない方がましである。もし、右の手があなたをつまずかせるなら、切り取って捨ててしまいなさい。体の一部がなくなっても、全身が地獄に落ちない方がましである。」（「マタイによる福音書」5章21〜30節）

ここでイエスが述べた「腹を立てるな」「姦淫するな」という基準を実際に守ることができる人間はほとんどいません。一人もいないと言ってもいいと思います。それだから、人間の救済は、人間の内部からでなく、外部の力でなされなくてはならないのです。

人間の清い心も、神につくられます。人間は、神によるこの創造に対して反抗してはいけません。人間は自己中心的な性格を帯びています。この自己中心性を神から与えられた清い心によって脱構築していくことが求められているのです。心は、その位置を空間的に規定することができず、目に見えません。しかし、心は確実に存在します。中世までの人々が考えたリアル（「実念」と訳されることが多い）とは、目には見えないが確実に存在するものを指します。リアルな心を取り戻すことが重要なのです。この心で、人間は神と出会うことになります。

キリスト教信仰とキリスト教的文明の違い

キリスト教の信仰は、イエスと神の関係、イエスと周囲の人間との関係との類比によって理解されます。この場合の関係は、抽象的な概念ではなくて、常に具体的です。怒りを持つこと、姦淫することは、人間と人間の関係を壊します。同じように、人間と人間の関係を壊す人は、神との関係も壊します。

カール・バルトは、人間が神の前で自己批判することを強調しました。フロマートカもバルトと同様に、現代のキリスト教徒にとって、神の前での自己批判が焦眉《しょうび》の課題であることを認めます。それと同時に、フロマートカは、キリスト教徒が、非キリスト教徒の前で自己批判する必要性を強調します。なぜなら、神を愛するキリスト教徒は、それと同様に隣人を愛さなくてはならないからです。

人間は、他者との関係を欠いて生きていくことはできません。それですから、信仰は他者との関係において、具体的な形を取らなくてはなりません。しかし、それができていないのが現在のキリスト教の実態です。むしろ、キリスト教を知らない人たち、あるいはキリスト教信仰を放棄した人たちの方が、凡庸なキリスト教徒よりもより誠実で、より愛にあふれた人生を送っているということは、いくらでもあります。

フロマートカがこの理由の第一に挙げるのは、キリスト教信仰が疎外されてしまったことです。

信仰は時代が下るにつれて、歴史の自然な法則により、一連の教義規則と道徳規定に変化していった。そして本来の情熱を失った結果、教会の中で迷っている人々、あるいは教会の外で生きている人々に対する理解も失った。キリスト教は制度と化し、防衛線を築き上げた。まるで神の国が敵と戦うよう定められているかのように、まるでキリスト教が他の世界観とは異なる特別に神聖な世界観であるかのように、まるで個々の信徒や教会の生活秩序が他者を敵視し嘲笑することを許しているかのように。（フロマートカ『人間への途上にある福音』306〜07頁）

時代の経過とともに、キリスト教は反体制から体制側に移りました。その結果、恵まれた環境で神学を営むことが可能になりました。当初、ヘブライズムの思想空間でキリスト教の知的営為が営まれました。しかし、神学者はヘレニズムの思想空間で教義や道徳を整える過程で、無自覚のうちにキリスト教の本質を変形させてしまったのです。ヘレニズムの静的な教義や道徳規則では、本質において動的である人間の魂をとらえることができません。その結果、キリスト教が生き死にの原理にならなくなってしまったのです。

キリスト教は、本来、歴史を動かしていく力があります。これは、キリスト教だけでなく、仏教やイスラームなどの世界宗教に共通した性質です。特に近代において、プロテスタンティズムは、神の場所を形而上的な天から、人間の心に転換することに成功しました。その結果、プロテスタント教徒が多数派を占める諸国では、近代的な科学技術的世界観との矛盾や葛藤が、原理的になくなりました。そのことがこれら科学技術の成果を経済と結びつける資本主義を生み出し、プロテスタンティズムの枠を超えて、カトリシズム教徒が主流を占める国家にも拡大していきました。その結果、近代世界において、いわゆるキリスト教的国家が主導的な位置を占めることになります。

キリスト教には、終わりの日に再臨したキリストによる最後の審判が行われ、キリスト教徒は「永遠の命」を得て「神の国」に入るという終末論があります。終末論は、進歩や進化を肯定する裏付けとなりますが、それを欠くと、疎外された、単なる進歩史観になってしまい、人間が原罪を負っていることを忘れた悪しき意味でのヒューマニズムの台頭を招いてしまいます。

近代においては、国家主権と民族が結びついて国民国家（ネーション・ステイト）が主流のシステムとなりました。その結果、いわゆるキリスト教的民族なるものが、世界で覇権的な地位を占めることになりました。このキリスト教的民族は、動産と不動産、知識と教養、自由などは、自分たちの所有物であると勘違いしてしまいました。所有物ならば、自分で自由に処理することができます。しかし、この考え方は完全に間違えています。なぜなら、人間は本来、何も所有していないからです。その証拠に、私たちは、誰一人の例外もなく、母親から生まれたときは裸で、何も所有していません。動産と不動産、知識と教養、自由などは、すべて後天的に身に付いたものです。旧約聖書の「コヘレトの言葉」に〈人は、裸で母の胎を出たように、裸で帰る〉という認識が端的に記されています。

太陽の下に、大きな不幸があるのを見た。
富の管理が悪くて持ち主が損をしている。
下手に使ってその富を失い

息子が生まれても、彼の手には何もない。
人は、裸で母の胎を出たように、裸で帰る。
来た時の姿で、行くのだ。
労苦の結果を何ひとつ持って行くわけではない。
これまた、大いに不幸なことだ。
来た時と同じように、行かざるをえない。
風を追って労苦して、何になろうか。
その一生の間、食べることさえ闇の中。
悩み、患い、怒りは尽きない。（「コヘレトの言葉」５章12〜16節）

近代的世界観がキリスト教に浸透していく過程で、「自分が努力して得た成果は、すべて自分のものだ」という間違えた考えも浸透してしまいました。本来、キリスト教は、人間が持つ能力、自分が生まれたときに得た心と肉体も、神によって私たち一人ひとりに与えられたと考えます。それだから、私たちは自分の心と身体を大切にする義務を負います。本質において無力な人間を救済するのが、十字架上のイエス・キリストの死と、その後、彼が復活した事実であるという、キリスト教の原点を取り戻す必要があります。

フロマートカの『人間への途上にある福音』は、東西のイデオロギー対立が激しい時期に書かれました。欧米、すなわち資本主義陣営では、キリスト教を資本主義文明と一体視し、無神論を掲げる共産主義を拒否するというのが、キリスト教信仰の標準的な形態とされていました。フロマートカは、このようなキリスト教とイデオロギーの一体化に、徹底して否を唱えました。イエス・キリストは、無神論を掲げる社会主義社会においても救済主なのです。キリスト教信仰といわゆるキリスト教的文明を混同してはならないのです。資本主義社会においてプロテスタント教徒であるということは、共産主義やアナーキズムのような過激な思想の持ち主ではなく、迷信を信じない啓蒙主義的態度を取り、それなりの財産を持っている中産階級的エリートという印象と強く結びついています。このようにキリスト教を市民社会の文化と同一視する動きに、フロマートカは激しく反発しました。信仰とは、このような生温いものではないと考えたからです。私もこのフロマートカの考えは正しいと思います。

キリスト教徒を自称する人々の教養、社交性、裕福な姿の下に、粗暴な心、人格破綻《はたん》、強欲、利己主義が潜んでいることは、間違いありません。このような欠陥を脱構築していくことが、信仰のゆえにキリスト教徒に要請されています。人間の価値は、その人が持っている財産に依らないのは当たり前のことです。また、出自や帰属する民族にも関係ありません。その人が、高等教育を修了しているか、あるいは教養人であるかということも関係ありません。一世紀のパレスチナで活動したイエスは、人間の価値は、信仰によって測られることを明確にしました。非キリスト教世界におけるキリスト教徒やキリスト教会の声に、キリスト教の本来的な指針が含まれています。イエス・キリストによって示された信仰に忠実であるならば、キリスト教徒は、〈階級間のあらゆる格差、経済力に基づくあらゆる搾取がなくなり、人間と人間の自由な関係の外的前提も作られる社会〉(フロマートカ『人間への途上にある福音』312頁)を、当然のこととして、目指していかなくてはいけません。それができないのは、私たち、資本主義先進国に生きるキリスト教徒が、自分が立っている社会的基盤を客観的に見ることを、意図的、もしくは無意識のうちに避けているからです。資本主義社会で、教会が他者を抑圧し、搾取しているシステムに巻き込まれずに存続することはできません。

宗教は、人間が神に近づき、悟りを得るという、人間から超越という指向性を持った運動です。これに対して、キリスト教は、人間が神に服従することを説きます。超越から人間へという指向性を持つことが、キリスト教の特徴です。「人間は神の言葉に従わなくてはならない」という原則に立ち返って、わたしたちは福音について考察し直さなくてはなりません。福音には、宗教、世界観、政治体制、文化形態などの人間的な制約を破壊する力が備わっています。このような人間的な制約を超克することができるので、キリスト教信仰は普遍的なのです。キリスト教は抽象的な教義や規則の集大成ではありません。具体的な人間と常に結びついています。それですから、キリスト教徒において真理は常に具体的です。

キリスト教の他者理解

キリスト教徒は、疎外化が強まる中においても、イエスに倣い、愛の実践を回復し、他者との関係を築くことが求められています

キリスト教徒の他者に対する姿勢は、文字通り、ケース・バイ・ケースで、一般化することはできません。しかし、キリスト教徒に共通して求められていることは、自分が正しいと考える信仰を他者に強要することではなく、他者が自発的に、自らの姿を等身大で眺めることを助けることです。それぞれの人は、それぞれ異なる状況に置かれているということを踏まえた上

で、適切な働きかけをしなくてはなりません。

しかし、実際に行動するとなると、難しいものです。私たちは、真空地帯で生きているのではありません。具体的な歴史、政治、民族、文化の文脈の中で生きています。それゆえに、何らかの先入観もしくは偏見を持ちながら、私たちは他者に接します。それですから、自分の他者理解は常に誤解に基づいているという認識を持つことが重要になります。

このように、人間は環境によって制約された存在です。しかし、人間存在のすべてを環境に還元するということではありません。人間は、神によってつくられた特別の存在です。それだから、人間は心を持っています。心を環境に還元してしまうことはできないというのが、キリスト教の考えです。信仰は、心を持った、生きた人間の営為です。神によって授けられた命に対する責任を、人間は持ちます。さらに人間の生には死という終焉があります。人間の生は動的です。従って、信仰も動的になります。動的な信仰を、フロマートカはこう述べます。

福音を信じるということは、単なる傍観者や観察者ではないということである。私たち福音を信じる者は人間の生を科学のみで説明しようとはしない。福音は、傍観者や観察者を、神と人間に対する責任感に目覚め、人間のもとへ行き、その人を助ける愛の情熱に満ちた人間に変える。溺れかけている人に向かって、岸の上から不注意を叱ったり泳ぎ方を教えてやったりしても助けにはならない。溺れている人は、イエスが行った方法でのみ助けられるのである。つまり、その人間のもとに飛び込み、命を救ってやるという方法だ。

（前掲書３１０頁）

キリスト教徒にとって重要なのは、現実に起きている出来事に対して責任を感じることです。他者が間違えていると思ったときも、その間違えを高い場所から指摘するだけでは、キリスト教信仰に基づいた行為とは言えません。もちろん、他者の間違えを認識することは重要です。しかし、キリスト教徒は、それを放置してはならないのです。神は人間の悲惨さの最も深い深淵にイエスを送りました。イエスは、神のこの方法に徹底的に従いました。それだから、私たちキリスト教徒も、イエスの生き方に徹底的に従わなくてはならないのです。苦難に直面している人と、一時期であれ、人生を共有するという、具体的な人間的触れ合いをする中で、私たちがイエス・キリストとの出会いによって得た信仰を、他者にも伝達していくのです。神は、人間の中に、神のひとり子であるイエス・キリストを派遣しました。このイエス・キリストの現実が、キリスト教徒が従わなくてはならない唯一の基準です。いわゆるキリスト教的文明、キリスト教的民族、制度化された教会などは、信仰の基準にはなりません。信仰の基準となるのは、イエス・キリストの神並びに周囲の人間との関係だけです。愛によって、他者に信仰が伝えられること、これが召命であり、従って、関係の類比から信仰が導き出されることになります。このことは、本書で繰り返し強調してきた「信仰のみ」という宗教改革の原理と関係しています。信仰があれば、それは行為と必ず結びつきます。それですから、キリスト教徒は、教会の中だけではなく、社会においても、誠心誠意、働かなくてはならないのです。

イエス・キリストは、他者のために見返りを求めずに働きました。キリスト教は、人間が、他者のための存在であることを強調します。それは、神のひとり子であったイエスが、他者のための存在だったことから導き出されます。イエス・キリストに従うキリスト教徒もそれに倣わなくてはならないのです。「コリントの信徒への手紙一」には、他者のために、キリスト教徒は自分が持つ力を無駄にしてはいけないことが記されています。

> あなたがたは知らないのですか。競技場で走る者は皆走るけれども、賞を受けるのは一人だけです。あなたがたも賞を得るように走りなさい。競技をする人は皆、すべてに節制します。彼らは朽ちる冠を得るためにそうするのですが、わたしたちは、朽ちない冠を得るために節制するのです。だから、わたしとしては、やみくもに走ったりしないし、空《くう》を打つような拳闘もしません。むしろ、自分の体を打ちたたいて服従させます。それは、他の人々に宣教しておきながら、自分の方が失格者になってしまわないためです。（「コリントの信徒への手紙一」９章24〜27節）

キリスト教徒は、競走によって「神の国」に入ることはできません。しかし、あたかも競技会で一位に入賞することを望んでいる選手のように、一生懸命、人生を駆け抜けなければなりません。そのように一生懸命に努力することによって、信仰を全うするからです。私たちの人生の始まりと終わりは、イエス・キリストにおいて私たちのところに下ってくる神の手の中にあるというのが、キリスト教信仰の真髄です。

希望と信仰の弁証法

キリスト教の神は、人間の時間と空間を超越した存在です。イエス・キリストが説いた愛は、時間と空間を破壊する力を持っています。それだから、キリストに従う使徒たちは、イエスの死によって人間の死が克服されて、時間の制約を超えた「永遠の命」を得ることができるようになったと強調したのです。

時間に制約されなくなったキリスト教徒は、信仰のみに生きることができるようになります。信仰を持つ人は常に前を見ます。それは、未来に起きる終末が、人間の解放であることを信じているからです。終末論が、キリスト教徒にとって、楽観論の担保になります。これを理解するために、フロマートカの信仰と希望の相互関係についての言説を見てみましょう。

信仰が強くなればなるほど、希望も情熱的となり、勝利に満ちたものになる。希望は信仰の不足を補うのではない。希望は信仰と共に生まれ、信仰が成長すれば希望も成長し、信仰の力が強くなれば希望も強くなる。

信仰は自分の限界をまたぎ越えることはしない。使徒が「わたしたちは、見えるものによらないで、信仰によって歩いているのである」（コリントの信徒への手紙二5章7節）と言い、また別の個所で「わたしたちは、今は、鏡に映して見るようにおぼろげに見ている。しかしその時には、顔と顔とを合わせて、見るだろう」（コリントの信徒への手紙一13章12節前半）。と言っているのは、それによって、信徒は自分の限界をわきまえており、未来に関する出すぎた推測を否定していることを明確に示しているのである。信徒は時の終わりや地上の人生の終わりに何が自分や教会を待ちうけているかということまで見ようとはしない。私たちが聖書で出会う未来に関する全てのイメージは、そのような徴のもとで読まれるべきである。（フロマートカ『人間への途上にある福音』316頁）

人間は、それ自身として限界を持った存在です。それだから、信仰についても、おぼろげにしか知ることができません。その信仰を具体的にして、強化する力が希望なのです。信仰の闘いは希望によって支えられていますし、闘うことによってキリスト教徒の希望は、一層強化されます。一人のキリスト教徒の中で、信仰と希望は一体になっています。希望を欠いた信仰もなければ、信仰を欠いた希望もありません。

自己義認の誘惑

フロマートカは、希望は信仰告白で表現され、信仰告白は例外なく希望によって裏付けられていると考えます。キリスト教徒の信仰告白には、二種類あります。個人的な信仰告白と、教会単位での信仰告白です。

キリスト教会の信仰告白では、希望について二か所で示されている。一つは、イエス・キリストが生者も死者も裁きにやってくることに関する信仰告白、もう一つは死者から復活した肉体、永遠の命に関する条項においてである。すでにこれらの条項の主要なことについては全部述べた。ナザレのイエスは、時の終わりに、教会そして世界に対して決定的な裁きを行う権威である。今はまだ完全に明らかになっていないことも、イエスの王座の前で、逃れようもない輝きによって照らされる。神の真理、義、そして愛の前で、それらに適うものと適わないものが明らかになる。心の中が明るみに出される。人間性の奥底において、誰が神に属し誰が属さないかが明らかになる。集まった者は、イエスの裁きに驚くだろう。人間の裁き、そして非常に敬虔な裁きでもずいぶん違う見解になりそうな人が、義と裁かれるからである。というのも神は人間の表面的なものや見せかけにだまされない。神には人に見えないところまで、見えている。そして人間の生を墓場まで経験したナザレのイエスは、人間よりも人間のことが分かっている。（前掲書319〜20頁）

裁きのキリストを騙そうと考える人は愚かです。イエス・キリストは、人間の悲惨さの最も深い深淵にまで降りてきました。そして、十字架の上で死んで、墓に葬られました。人間としてすべての体験を積んだイエスは、騙そうとする人の心理も見通します。

人間はイエスを騙そうとするだけでなく、自己欺瞞《ぎまん》する性向もあります。人間の熱心な信仰は、自己義認に転化する危険があります。自己義認は神に対する反抗であり、人間を滅びの道に導きます。人間の努力は、いかなる性格のものであっても、救済とは結びつきません。どの人間を救うかということは、神の主権に属する事柄で、人間が神の権限を侵害することはできないのです。キリスト教徒にとっての救済とは、終わりの日を待つことです。キリスト教徒にとって、裁きは、罪からの解放の意味を持っています。従って、死者に対するミサのような、人間の力によって死者を救い出そうとする発想を、プロテスタンティズムは忌避します。救いは、人間の内側からでなく、外側からもたらされるものだからです。自己欺瞞、人間が自らの力で救われるという自己義認との闘いが信仰論の核心になります。

放蕩息子のたとえでイエスが強調しているのは、人間の努力とまったく関係がないところで、神による赦しの力が働いているということです。放蕩息子が父のところに戻った理由は、悔い改めたからではありません。食べていけなくなったからです。父親は息子を愛しているので無条件に受け入れます。その愛に触れることによって放蕩息子は悔い改めます。父の弟に対するこのような対応を働き者の兄が批判します。その兄が父から批判されるのは、外部から来る愛の力を十分に理解していないからです。放蕩息子のたとえから読み取らなくてはならないのは、外部から到来する、罪を赦す愛の力なのです。神の愛に触れたとき、人間にはそれを素直に受け入れることが求められています。この素直さのゆえに、放蕩息子は救われました。このように素直に神の愛を受け入れる心構えが、希望とつながるのです。

死者の復活と終末の到来

これまでにも述べたことですが、キリスト教神学は、同じ事柄を別の切り口から、何度も繰り返して説明します。そこで伝えたい中心的な使信は、イエス・キリストを信じることで人間は救われるという真実です。この問題について、『神学の思考』では、プロレゴメナ（序論）、神論、創造論、人間論、キリスト論を、本書『神学の技法』では救済論、教会論、信仰論の順番で検討してきました。最後は終末論になりますが、各論は連関しています。

フロマートカは、キリスト教信仰の中核に、復活に対する信仰を据えます。これを検討することは、救済論、教会論の復習になり、最後に検討する終末論の予習にもなります。

それでは、フロマートカの言説を見てみましょう。

私たちは、神の言葉による批判という、すべてを浄化する炎を惜しむことは許されていない。ナザレのイエスは、己の言葉によってすでに今、肯定的でもあり、否定的でもある裁きを告げている。しかしもう一度繰り返そう。「わたしの知るところは、今は一部分にすぎない。しかしその時には、わたしが完全に知られているように、完全に知るだろう」（コリントの信徒への手紙一13章12節後半）。（前掲書３２２頁）

現時点で、キリスト教徒は、救済の現実をおぼろげにしか知ることができません。しかし、最後の審判の際に、救済を私たちは現実的に知るようになります。それですから、キリスト教信仰は、必然的に終末論的な性格を帯びます。

最後の審判における判断基準は、地上の裁判とはまったく異なります。イエス・キリストは、真の神の子として裁判官席に座るのみならず、真の人の子として人間とともに被告人席にも座り、人間の罪を自ら背負います。イエス・キリストには罪はないので、罪を償う責任もありません。しかし、償うのです。これが神の愛です。イエス・キリストは、人間が見ることができないが、確実に存在する愛、信頼、希望などを見通す力を持っています。人間が心の中で抱いている悪意もイエス・キリストはすべて見通しています。人間がどんなに悪知恵を働かせて、隠蔽《いんぺい》を試みても、イエス・キリストは人間の罪を見抜き、その上で裁きを行います。私たちは、イエス・キリストを欺くことはできません。イエス・キリストは、十字架にかけられて死に、墓に埋められ、復活し、昇天しました。そして、終わりの日にキリスト教徒を救済するためにこの世に戻ってくるのです。誰が救われ、誰が救われないかについて、人間が知ることはできません。教会に所属しているということは、救済の根拠にはなりません。重要なのは、神からの召命に応えているかということです。イエス・キリストの生き方に照らして、自分の生き方を省みることが重要になります。そして、「永遠の命」を得るためにはどうするべきかについて考えなくてはなりません。

教会の信仰告白は、〈身体のよみがへり、永遠の生命を信ず〉という、永遠の命と死からの復活に関する言葉で終わります。神は時と歴史の絶対的な支配者であり、生と死も神の手の中にあります。真の神の子であるイエス・キリストも時と歴史の絶対的な支配者です。しかし、注意しなければいけないのは、キリスト教神学とグノーシス思想が結合してしまう危険性です。キリスト教は、古代ギリシアのように、人間の魂と肉体を分離する発想には立ちません。死んで肉体が滅びれば、その人の霊と魂も滅びます。そして、終わりの日に再臨したイエス・キリストが最後の審判を行うときに、その人の霊と魂とともに肉体も復活します。このような死者からの復活を信じること、終末の到来を信じることが、キリスト教信仰の核心になります。

人間の営みへの視線

死からの復活とは、人間が肉体的生命と肉体的形姿《なりかたち》の全要素を伴って復活することではありません。人間が神による被造物であるということに復活の根拠を求めます。従って、神の意思によって、復活は人知を超える形で実現されます。

フロマートカはこのように説明します。

人間は魂も肉体も神の被造物であり、肉体も神の約束の印を受けているという考え（信仰に含まれる）。私たちの肉体的生命もまた私たちの人間的本質に属する。人間であるとは唯一無二の人格であるということだが、その人格は魂だけでなく肉体によっても規定されている。キリスト教信仰は観念論ではなく、人間のあらゆる現れに対する総合的な視線なのである。人間の困窮と堕落の根源は、肉体そのものにあるのではなく、肉体の力を霊的、理性的、倫理的判断より上に解き放つ不従順と不誠実と不信にある。（前掲書327頁）

フロマートカが〈キリスト教信仰は観念論ではなく、人間のあらゆる現れに対する総合的な視線なのである〉と指摘していることが重要です。総合的に見た場合、人間を理想化（観念化）することはできません。なぜなら、人間は、誰一人例外なく、罪の虜《とりこ》になっているからです。この罪から悪が生まれます。人間は、神に対して、不従順で、不誠実で、不信仰になる傾向を帯びています。このような神からの離反が、死の原因です。救済とは、人間が死による滅びから免れることです。復活は、死を克服し、人間を解放する救済の出来事です。

救済の働きとは、人間の精神を肉体から解放することではない。それは人間全体の解放である。私たちは己の思想や感情だけでなく、手足の肉体的な能力を含む己の存在全体を用いて神を称え、人々に仕えるように、召命を受けている。この世の人間の肉体的生命のいかなる形も、神の真理と正義と憐れみの王国のための奉仕に捧げられるべきなのである。使徒が「あなたがたのからだは、神から受けて自分の内に宿っている聖霊の宮」（コリントの信徒への手紙一6章19節）と言ったのは、私たちが肉体を、内面から生じる汚れと染みから守るべきであり、真に聖霊のためにふさわしい神殿とするために、肉体を大事にすべきであると言おうとしたのである。（前掲書327〜28頁）

よい行いをすることと救済の間には、何の関連もありません。救済は、人間の行為とはまったく関係なく、ただ神からの恩恵によってのみ実現するのです。それだから、人間は虚心坦懐にこの恩恵を受け入れ、ひたすら神の栄光のために生きることが求められているのです。

一人ひとりの人間が、神によって、召されています。人生とは、神による呼びかけへの応答によって構成されているのです。イエス・キリストを救い主と考えるキリスト教徒にとって、キリストの再臨とともに行われる最後の審判は、決して恐ろしい出来事ではありません。むしろキリスト教徒が「永遠の命」を得て、「神の国」に入る救済に向けた重要な出来事なのです。「神の国」とは、未来においてのみ出現するものではありません。教会という形で、この世に「神の国」が先取りされています。しかし、地上における「神の国」と最後の審判の後に現れる「神の国」が、同じ形態を取るわけではありません。最後の審判の後の「神の国」がどのようなものであるか、制約の中に生きる私たちにはわからないのです。それと同様に、復活後の人間がどのような姿を取るかについても、私たちにはわからないのです。逆説的ですが、わからない事柄なので、信仰の対象になるのです。

復活を信じるキリスト教徒は、復活後の人間について観念的に考えるのではなく、自らが生きているこの世界の現実の中で、他者に奉仕するという形で復活信仰を実践することが求められています。教会の頭は、ベツレヘムの家畜小屋で生まれ、粗末な十字架上で本当に死んだイエス・キリストであるという現実を、隣人との関係でどのように実践するかが問われています。

「永遠の命」とは何か

キリスト教によれば、人間は、あくまでも神による被造物です。「神は神である、被造物は被造物である。つまり人間は人間である」という表現をカール・バルトは好みました。つまり人間は被造物であるという限界を知らなくてはなりません。人間自体に積極的な価値を付与することは、神学的には大きな誤りです。被造物である人間は必ず滅びます。その人間に、神は愛によって「永遠の命」を贈与されました。この「永遠の命」に照らしてみたときに、人間は憎しみを克服し、死を恐れなくなります。これは、ただひたすら神の恩寵によるからであり、人間的努力は何の意味も持ちません。

このような価値観に基づいて、首尾一貫した人生を送ったのがイエス・キリストです。そして、旧約聖書で示唆された事柄を、新約聖書において現実にしたのです。イエス・キリストのイニシアティブによる働きかけによって、人間は「永遠の命」を得て救われるのです。このようにキリスト教においては、外部からの力が決定的に重要になります。イエス・キリストは、人間の悲惨さの最も深い深淵にまで降りてきました。最も悲惨な人々が救われるのであるから、他の人々も救われるという構成をキリスト教は取ります。

此岸、すなわち、現実の世界において、イエス・キリストのリアリティを感じながら生きていく人が、「永遠の生命」を獲得することになります。人間が永遠の命を得るのは、聖霊の働きによってです。聖霊を受けた人間には、今、ここで永遠の命が与えられます。別の言い方をすると、永遠の命を得たキリスト教徒は、終末を常に意識しながら生きなくてはなりません。一部のキリスト教徒は、イエスの再臨の前に千年王国が実現するのか、あるいはイエスの再臨の後に千年王国が実現するかについて、論争を続けています。具体的な終末の年号を予測するということもしばしば行われてきましたし、人間はいつ裁かれるかについても、細かな神学的論争があります。しかし、この種の論争には意味がありません。今、この世界で、イエス・キリストに従った生き方をすることがキリスト教徒にとって死活的に重要です。

これがよく表されているのが、新約聖書の三つの事例です。まず第一は、金持ちと貧乏人ラザロの関係についてです。

「ある金持ちがいた。いつも紫の衣や柔らかい麻布を着て、毎日ぜいたくに遊び暮らしていた。この金持ちの門前に、ラザロというできものだらけの貧しい人が横たわり、その食卓から落ちる物で腹を満たしたいものだと思っていた。犬もやって来ては、そのできものをなめた。やがて、この貧しい人は死んで、天使たちによって宴席にいるアブラハムのすぐそばに連れて行かれた。金持ちも死んで葬られた。そして、金持ちは陰府でさいなまれながら目を上げると、宴席でアブラハムとそのすぐそばにいるラザロとが、はるかかなたに見えた。そこで、大声で言った。『父アブラハムよ、わたしを憐れんでください。ラザ口をよこして、指先を水に浸し、わたしの舌を冷やさせてください。わたしはこの炎の中でもだえ苦しんでいます。』しかし、アブラハムは言った。『子よ、思い出してみるがよい。お前は生きている間に良いものをもらっていたが、ラザロは反対に悪いものをもらっていた。今は、ここで彼は慰められ、お前はもだえ苦しむのだ。そればかりか、わたしたちとお前たちの間には大きな淵があって、ここからお前たちの方へ渡ろうとしてもできないし、そこからわたしたちの方に越えて来ることもできない。』金持ちは言った。『父よ、ではお願いです。わたしの父親の家にラザロを遣わしてください。わたしには兄弟が五人います。あの者たちまで、こんな苦しい場所に来ることのないように、よく言い聞かせてください。』しかし、アブラハムは言った。『お前の兄弟たちにはモーセと預言者がいる。彼らに耳を傾けるがよい。』金持ちは言った。『いいえ、父アブラハムよ、もし、死んだ者の中からだれかが兄弟のところに行ってやれば、悔い改めるでしょう。』アブラハムは言った。『もし、モーセと預言者に耳を傾けないのなら、たとえ死者の中から生き返る者があっても、その言うことを聞き入れはしないだろう。』」(「ルカによる福音書」16章19〜31節)

金持ちと貧しい者の地位が天国では逆転するということを、イエスは強調しています。しかし、ここで重要なのは地上における貧富の差ではありません。ラザロは悔い改めました。これに対して、金持ちは悔い改めていません。「ルカによる福音書」に出てくる金持ちは、自分の利益と享楽しか考えていない人がほとんどです。イエスによる奇跡を目撃しても、こういう人たちは回心しません。回心しなくては救われないということをイエスはここで強調しています。

二番目は、裁きの時についてです。イエスはこう強調しています。

はっきり言っておく。死んだ者が神の子の声を聞く時が来る。今やその時である。その声を聞いた者は生きる。父は、御自身の内に命を持っておられるように、子にも自分の内に命を持つようにしてくださったからである。また、裁きを行う権能を子にお与えになった。子は人の子だからである。驚いてはならない。時が来ると、墓の中にいる者は皆、人の子の声を聞き、善を行った者は復活して命を受けるために、悪を行った者は復活して裁きを受けるために出て来るのだ。(「ヨハネによる福音書」5章25～29節)

イエス・キリストは、神から送られたひとり子です。イエスは、父なる神によって、人間に永遠の命を付与する権限を与えられています。すなわち、イエスの言葉を聞いて、父なる神を信じる人には、永遠の命が与えられ、死を超克することができます。この反対に、イエスが言うことを信じない人は、神も信じないことになるので、永遠の命は与えられません。いずれにせよ、最後の審判は、キリスト教徒にとっては救いの時なのです。

三番目は、罪と救済の関係についての「ヨハネの手紙一」の記述です。

わたしの子たちよ、これらのことを書くのは、あなたがたが罪を犯さないようになるためです。たとえ罪を犯しても、御父のもとに弁護者、正しい方、イエス・キリストがおられます。この方こそ、わたしたちの罪、いや、わたしたちの罪ばかりでなく、全世界の罪を償うといけにえです。わたしたちは、神の掟を守るなら、それによって、神を知っていることが分かります。「神を知っている」と言いながら、神の掟を守らない者は、偽り者で、その人の内には真理はありません。しかし、神の言葉を守るなら、まことにその人の内には神の愛が実現しています。これによって、わたしたちが神の内にいることが分かります。神の内にいつもいると言う人は、イエスが歩まれたように自らも歩まなければなりません。(「ヨハネの手紙一」2章1〜6節)

ここでの罪とは、人間が持つ原罪一般ではなく、キリスト教徒になった人が異端的な言説に惑わされることを指しています。イエス・キリストに従うならば、必然的に隣人に対して愛の実践を行うと「ヨハネの手紙一」の著者は強調します。

キリスト教徒の目的

信仰は、理論的に正しいから納得するという事柄ではありません。人間的な「正しい」「正しくない」という判断を超えたところで、信仰は成り立つのです。その端的な例が復活です。聖書に、イエスの復活について詳細な記述がないのも、史実としての復活を証明するという関心が、聖書の著者に欠如しているからです。

イエスが復活し、弟子たちに会った後、昇天するときの様子について、「使徒言行録」の記述を見てみましょう。

さて、使徒たちは集まって、「主よ、イスラエルのために国を建て直してくださるのは、この時ですか」と尋ねた。イエスは言われた。「父が御自分の権威をもってお定めになった時や時期は、あなたがたの知るところではない。あなたがたの上に聖霊が降ると、あなたがたは力を受ける。そして、エルサレムばかりでなく、ユダヤとサマリアの全土で、また、地の果てに至るまで、わたしの証人となる。」こう話し終わると、イエスは彼らが見ているうちに天に上げられたが、雲に覆われて彼らの目から見えなくなった。イエスが離れ去って行かれるとき、彼らは天を見つめていた。すると、白い服を着た二人の人がそばに立って、言った。「ガリラヤの人たち、なぜ天を見上げて立っているのか。あなたがたから離れて天に上げられたイエスは、天に行かれるのをあなたがたが見たのと同じ有様で、またおいでになる。」（「使徒言行録」1章6～11節）

ここでの「建て直し」とは、神が終末時に正しい秩序を回復することを意味します。神による「建て直し」を信じることが、キリスト教信仰の重要な要素になっています。イエスの時代に雲は、乗り物と考えられていました。従って、イエスが「雲に覆われた」ということは、雲という乗り物に乗って天に向かっていったということを意味します。「白い服を着た二人」は、天使を指します。天使が、人間にイエスは昇天したという解き明かしをするのです。

復活後の肉体は、いったいどのようなものなのでしょうか。聖書に明確な記述はありませんが、パウロが復活後の肉体の様態について示唆する発言をしています。

兄弟たち、わたしはこう言いたいのです。肉と血は神の国を受け継ぐことはできず、朽ちるものが朽ちないものを受け継ぐことはできません。わたしはあなたがたに神秘を告げます。わたしたちは皆、眠りにつくわけではありません。わたしたちは皆、今とは異なる状態に変えられます。最後のラッパが鳴るとともに、たちまち、一瞬のうちにです。ラッパが鳴ると、死者は復活して朽ちない者とされ、わたしたちは変えられます。この朽ちるべきものが朽ちないものを着、この死ぬべきものが死なないものを必ず着ることになります。この朽ちるべきものが朽ちないものを着、この死ぬべきものが死なないものを着るとき、次のように書かれている言葉が実現するのです。

「死は勝利にのみ込まれた。
死よ、お前の勝利はどこにあるのか。
死よ、お前のとげはどこにあるのか。」

死のとげは罪であり、罪の力は律法です。わたしたちの主イエス・キリストによってわたしたちに勝利を賜る神に、感謝しよう。わたしの愛する兄弟たち、こういうわけですから、動かされないようにしっかり立ち、主の業に常に励みなさい。主に結ばれているならば自分たちの苦労が決して無駄にならないことを、あなたがたは知っているはずです。

(「コリントの信徒への手紙一」15章50～58節)

パウロの理解では、「この世」と復活後の「来るべき世」の間には断絶があります。それだから、〈肉と血は神の国を受け継ぐことはできず、朽ちるものが朽ちないものを受け継ぐことはできません〉という結論が導き出されるのです。終末の出来事は、人知によっては決して理解することができない神秘なのです。この神秘を認めることが、信仰なのです。イエス・キリストを救済主として信じることで、キリスト教徒は「神の国」に入り、「永遠の命」を得ることになります。このとき復活した人間が、どのような姿になっているのかについては、人間に対して隠されている神秘なのです。神秘を神秘として認め、信じることが信仰なのです。

復活によって、私たちキリスト教徒は、言葉では説明できない、境界の向こう側に移動します。この向こう側に行くことが、キリスト教徒の目的であり、完成であり、終末なのです。このようにして、キリスト教信仰は徹底した終末論的構成を持ちます。イエス・キリストと出会い、復活の後の「永遠の命」を信じるがゆえに、キリスト教徒はこの世界の世俗的価値を相対化することができるのです。

このように、キリスト教信仰は、終末を念頭に置いた戦いの過程で強化されています。それですから、「ヨハネの黙示録」においては、さまざまな異教や異端との戦いについて描かれています。重要なのは、戦いの起点と終点にイエス・キリストがいるという現実です。

わたしはまた、新しい天と新しい地を見た。最初の天と最初の地は去って行き、もはや海もなくなった。更にわたしは、聖なる都、新しいエルサレムが、夫のために着飾った花嫁のように用意を整えて、神のもとを離れ、天から下って来るのを見た。そのとき、わたしは玉座から語りかける大きな声を聞いた。「見よ、神の幕屋が人の間にあって、神が人と共に住み、人は神の民となる。神は自ら人と共にいて、その神となり、彼らの目の涙をことごとくぬぐい取ってくださる。もはや死はなく、もはや悲しみも嘆きも労苦もない。最初のものは過ぎ去ったからである。」

するると、玉座に座っておられる方が、「見よ、わたしは万物を新しくする」と言い、また、「書き記せ。これらの言葉は信頼でき、また真実である」と言われた。また、わたしに言われた。「事は成就した。わたしはアルファであり、オメガである。初めであり、終わりである。渇いている者には、命の水の泉から価なしに飲ませよう。勝利を得る者は、これらのものを受け継ぐ。わたしはその者の神になり、その者はわたしの子となる。しかし、おくびょうな者、不信仰な者、忌まわしい者、人を殺す者、みだらな行いをする者、魔術を使う者、偶像を拝む者、すべてうそを言う者、このような者たちに対する報いは、火と硫黄の燃える池である。それが、第二の死である。」（「ヨハネの黙示録」21章1〜8節）

イエス・キリストの出現により、救済は、既に完成しています。しかし、それが現実となるためには、時の経過が必要とされます。それだから、キリスト教徒の信仰は、「急ぎつつ、待つ」という形態を取ることになります。「ヨハネの黙示録」を含め、新約聖書に収録された文書を書いた人々は、終末が近未来に起きると考えていました。しかし、終末は、当時の人々が考えているよりも遅れています。イエスの死後、約二千年を経た今日においても、未だ終末は到来していません。しかし、いつか終末の時が来るとキリスト教徒は信じています。この終末への希望に、キリスト教の信仰論は支えられています。それですから、信仰を理解する前提として終末論が重要になります。

「信仰論」の課題

一、人間の知識や行いは、救済に役立つだろうか。あなたの考えを述べよ。

二、神学を学ぶことは、信仰に役立つだろうか。あなたの考えを述べよ。

三、本書で論じられている「無神論」とは何か、あなたの考えを述べよ。

終末論

今、ここで私たちが生きていくために

時間の始まりと終わり

ギリシア語で、テロスという言葉があります。「終わり」であるとともに「目的」と「完成」を意味する言葉です。終末論の特徴は、このテロスという言葉に端的に示されています。終わりの出来事に関するキリスト教的解釈が終末論なのです。キリスト教徒にとって、終わりの出来事とは、再臨したキリストによって最後の審判が行われることです。そして、キリスト教徒は、最後の審判で自分は救われると考えています。

終末論は、円環ではなく、直線的な時間理解が前提となります。つまり、時間には始点と終点があるということです。こういう直線的な時間が、私たち日本人には異質なものなので、読者にはわかりにくいことと思います。そのために、日本では、知識人でも終末論を「ヨハネの黙示録」と結びつけて理解する傾向が強くあります。確かに「ヨハネの黙示録」は、この世の終わりについて扱っていますが、黙示とは「隠されていた事柄を明らかにする」という文学形態に対する名称（ギリシア語で「啓示」を意味する apocalypsis に由来）であり、それが直ちにこの世の終わりを示すわけではありません。

キリスト教が考える終末論は、現在の瞬間においてもあります。終末が既に始まっていることは、「悔い改めよ。天の国は近づいた」というイエスの言葉に端的に表れています。「マタイによる福音書」から、関連箇所を引用しておきます。

イエスは、ヨハネが捕らえられたと聞き、ガリラヤに退かれた。そして、ナザレを離れ、ゼブルンとナフタリの地方にある湖畔の町カファルナウムに来て住まわれた。それは、預言者イザヤを通して言われていたことが実現するためであった。
「ゼブルンの地とナフタリの地、
湖沿いの道、ヨルダン川のかなたの地、
　異邦人のガリラヤ、
暗闇に住む民は大きな光を見、
死の陰の地に住む者に光が射し込んだ。」
そのときから、イエスは、「悔い改めよ。天の国は近づいた」と言って、宣べ伝え始められた。（「マタイによる福音書」4章12〜17節）

洗礼者ヨハネも悔い改めを説いた、神の終末論を伝える使者です。ヨハネは、「悔い改め」を強調しました。これに対してイエスは「天の国が近づいた」ことを強調します。イエスの到来によって、終末は既に始まっているのです。

「天の国」を神の国と言い換えることもできます。終末によって到来する「神の国」とは、どのようなものなのでしょうか。

また、イエスは言われた。「神の国は次のようなものである。人が土に種を蒔いて、夜昼、寝起きしているうちに、種は芽を出して成長するが、どうしてそうなるのか、その人は知らない。土はひとりでに実を結ばせるのであり、まず茎、次に穂、そしてその穂には豊かな実ができる。実が熟すと、早速、鎌を入れる。収穫の時が来たからである。」

更に、イエスは言われた。「神の国を何にたとえようか。どのようなたとえで示そうか。それは、からし種のようなものである。土に蒔くときには、地上のどんな種よりも小さいが、蒔くと、成長してどんな野菜よりも大きくなり、葉の陰に空の鳥が巣を作れるほど大きな枝を張る。」(「マルコによる福音書」4章26〜32節)

まず、イエスは、たとえで「土はひとりでに実を結ばせる」と言っています。これは、人間の関与と関係なく「神の国」が到来するという意味です。さらにイエスは、「実が熟すと、早速、鎌を入れる。収穫の時が来たからである」と言います。これが終末の時に起きる最後の審判です。そのときに現在は秘密とされている「神の国」も具体的に姿を現すことになります。ここで注意するのは、「神の国」が、からし種そのものではなく、からし種が成長していく出来事にたとえられていることです。「神の国」は、生成概念なのです。

「神の国」のとらえ方

終末が既に到来しているが、まだ成就していないことについて、東ドイツのフンボルト(ベルリン）大学プロテスタント神学部の教授を務めたハンフリート・ミューラー（Hanfried Müller, 1925-2009）は、こう述べています。

主がその確信された通りに再来し給うという信仰、したがって、約束は信仰において成就しているが観ることにおける成就がなお約束されているという確実性、要するにわれわれは同時に成就と約束に生きているという認識――これは、教会史においては、われわれが罪人でありまた同時に義人であるという認識と同じ位に、堅持されることの少なかったものである。

この二つの認識は、互いに深く結びついている。われわれは、すでに来たり給うた主を、なお待ち望んでいる。それと同じように、われわれは、すでに起こった不虔者の義認の啓示を、なお待ち望んでいるのである。成就とは、隠されて生起したことの告知という福音であり、約束とは、唯一無二の出来事として明らかにされるであろうことについての使信である。「神は啓示し給うことをなし給うであろう」ということが、旧約聖書の約束であった。それと同じように、「神はなし給うたことを啓示し給うであろう」ということが、新約聖書の約束なのである。それゆえ、神が約束し給うたことを自分でなそうとすることは、約束の成就に対する不信仰である。それは、神が示し給うことを待たずにそれを自分で見ようとすることが、成就の約束に対する不信仰であるのと同様である。（H・ミューラー［雨宮栄一／森本あんり訳］『福音主義神学概説』日本キリスト教団出版局、１９８７年、３６１頁）

キリスト教徒にとって、終末は、救済の時です。イエス・キリストの到来によって、救済は既に約束されています。しかし、それはまだ成就されていません。人間の力で、終末、すなわち救済の時を早めることはできません。しかし、人間の力によって終末を引き寄せようという運動が繰り返し発生します。こういう運動自体が、人間中心主義に基づいた罪深い運動なのです。終末論を体得したキリスト教徒は、「急ぎつつ、待つ」という姿勢を崩しません。

イエス・キリストは、キリスト教徒に悔い改めて、神に従うことによって「神の国」に入り、「永遠の命」を得ることを説きました。復活したイエス・キリストは、「わたしはすぐに来る」と言って昇天しました。その後、イエス・キリストが説いた「神の国」は、教会において伝えられることになります。当初、キリスト教徒は終末はすぐにやってくると確信していました。しかし、いくら待ってもイエス・キリストの再臨は起きません。そのような状況で、教会にとって「神の国」を待ち望むというのは、長期的な課題になりました。ここから「神の国」について、二つの間違った展開がなされます。

第一は、人間の力で「神の国」を建設するという発想です。当初は、「神の国」が到来する準備をキリスト教徒は真剣に行うべきだという真面目な問題意識をこの人々は持っていたと思います。しかし、いくら待っても再臨は起きません。その結果、神を抜きにした「神の国」を人間の力で建設することが可能であるという誘惑に陥ってしまいました。自らが理想的な国家や世界を建設できると考える人は、どうしても罪の意識が稀薄になります。その結果、国家が持つ固有の悪を無視した国家ができるのです。スターリン主義者たちによって形成されたソ連がその典型例です。このような地上の楽園という自己意識を持つ国家は、原罪観を持たず、その結果、国家の暴力機能を抑止する装置が組み込まれないシステムになってしまうので、恐怖政治をもたらします。

第二は、「神の国」の到来を、彼岸の出来事であると遠ざけて、現実の教会政治に埋没していくというスタイルです。ここから官僚化した教権主義が生まれます。この傾向は、カトリック教会や正教会のような伝統を持つ巨大教団によく見られます。スケールは小さくなりますが、プロテスタント教会も例外ではありません。

第一のユートピア主義、第二の教権主義も終末論をきちんと把握していないゆえに起きてしまう現象です。キリスト教の特徴は、ユダヤ教における律法主義を克服したところにあるはずです。しかし、「神の国」を彼岸に追いやる教会は、キリスト教的な律法主義という罠に陥ってしまう危険があります。それだから、終末論を回復することが教会にとって急務です。

終末論的に生きるとは、イエス・キリストに従って、今の瞬間を生きるということです。従って、此岸のさまざまな問題から目を逸《そ》らし、救済を彼岸に求めるのは、キリスト教的な生き方ではありません。ミューラーは、「神の国」を教会が誤解する傾向があることについてこう述べます。

> 「天国は近づいた」ないし「地上に神の国が成る」というダイナミックな信仰からは、決して来ない神の国、すなわち、永遠に彼岸的・未来的な天上の神の国と、すでに来た、此岸的・現在的な地上の神の国——つまり教会——という二極分解的な固定化が生じた（ア

ウグスティヌス『神の国』XX, 7参照)。もはや、終末論的な緊張は失われてしまった。神の国の一見此岸的・社会的な契機は、教会の組織固めとカトリック的な社会倫理という意味での vicarius Christi(キリストの代理人)による、教権的な世界掌握へとその役割を変え、他方神の国の一見彼岸的・個人的な契機は、形而上学と個人主義へと変えられていった。これが、聖書的終末論の現在性の強調が消失した後に、「終末論」の概念として残されたものである。すなわち、天国という、個々のキリスト者が死後に個人的な至福に与る超越的な空間と、地獄という、個々の不虔者が死後に永遠の滅びに至る超越的な空間の教えである。(前掲書363頁)

聖書的終末論の現在性の強調が消失し、「終末論」の概念として残されたいわば終末論の残骸に、私たちは今日も振り回されています。終末論は、遠い未来についての荒唐無稽な物語ではなく、今ここで私たちが生きていくための指針であることを、本書ではていねいに説明していきたいと思います。

最後の審判と復活

終末の時には、再臨したイエス・キリストによって、最後の審判が行われます。この審判は、この世における人間が行った行為とは、まったく無関係になされるものです。私たちキリスト教徒は、神によって選ばれているという確信の下で、ひたすら神の栄光のために生きることを考え、実践すればいいのです。「神の栄光のために生きる」と聞くと、大方の日本人はギヨッとするかもしれません。これを具体的に言い換えると、イエス・キリストが地上においてそうであったように、常に他者のために生きるように努力するということです。このような生活を続けて、最後の審判には淡々と臨めばよいのです。

最後の審判は、真の神であるイエス・キリストの専管事項です。それにわれわれ人間が関与するという発想自体が間違えているのです。しかし、人間はさまざまな思弁を用いて、最後の審判について、あえて難解に描き出すようになってしまいました。その最たる例が死者の不死なる魂という発想です。これは肉体に罪を認めるという発想とつながり、「魂は清い」という言説につながるリスクがあります。肉体を蔑視し、魂を神聖視するのは、キリスト教よりも、グノーシス主義やネオプラトニズムの文脈で理解されなくてはなりません。これらは終末論が形成された時期に勢いがあったため、終末論にもその影響が残っています。しかし、グノーシス主義、ネオプラトニズムの影響を受けた終末論では、復活が後退してしまい、「魂の不死」という思弁に終末論が吸収されてしまう危険があります。プロテスタント神学の重要な課題は、終末論をグノーシス主義とネオプラトニズムの軛《くびき》から解放することです。不勉強な牧師の説教（特に告別式のとき）で、肉体から魂を解放することが救済であるというような話がありますが、こういう牧師の教会に通っても、キリスト教についての正しい知識を得ることはできません。

それでは、「復活」をどのようなものととらえればよいでしょうか。ここで重要になるのがオリゲネス（Ōrigenēs Adamantius, 184?-253?）の言説です。オリゲネスは、復活を、神の命令によって、地に属する「魂的身体」を天に住む「霊的身体」につくり直すことと理解しました。

この発想には、身体を次元の低い存在と見なすプラトニズムの影響があります。体の甦りといっても、死んだ地上の体とまったく同じ形で甦るとは、オリゲネスは考えていませんでした。オリゲネスの著作は、五五三年に同人が異端宣告されたために、ほとんどが破棄され、断片的な記述しか残っていませんが、プラトニズム、ストア思想に通暁していた知識人であることは間違いありません。

復活の体について、メトディオスはオリゲネスと別の形で説明しようとします。マクグラスから引用します。

この種のアプローチは、オリゲネスのより厳しい批判者の一人であったオリュンポスのメトディオスにおいて修正された形で見られる。メトディオスの主張によれば、オリゲネスは本当には「復活の体」について語ることが出来なかった。その理由は単純で、甦るのは体ではなくて、ある捉え難い「形相」であるからである。三〇〇年頃のアグラオフォンとの対話においてメトディオスは他のアプローチを提示している。それは将来の身体の甦りの身体的実在性の強調を維持するものであり、鋳物の像を溶かし、鋳直すという譬《たとえ》に基づいている。(マクグラス『キリスト教神学入門』776〜77頁)

しかし、鋳物を鋳直すという見方では、人間に魂があることをうまく説明できなくなります。キリスト教は、魂と身体が分かれているという二元論を取りません。魂のない体の復活は、キリスト教では想定されていません。復活について人間的な論理で説明を試みても、必ず袋小路に陥ってしまいます。

人間の限界がある知識では、死後のあり方について論じることができません。また、この世の終わりについても明確なイメージを描くことができません。しかし、人間には不可能なことであっても、論じ、イメージを描こうとする性向があります。そのため、終末論が人間的思弁に堕してしまう危険があります。復活についても、天国や地獄についても、イエスの教えとは関係のない思弁的な論争の側面が強くなってしまいます。

天国と地獄

それではここで天国と地獄がどのようにキリスト教で取り扱われてきたかを見てみましょう。

天についてのキリスト教の概念は、本質的に神の現臨と力との終末論的現実化と罪の最終的な排除という概念である。これについて考察するのに最も役立つのは、これをキリスト教の救済論の完成と考えることである。この完成において罪の現在も罰も力もすべて最終的に排除され、個々人と信仰共同体への神の全面的な現臨が達成される（中略）。

注意すべきことであるが、新約聖書の天国の譬は極めて共同的な性質を持っている。例えば、天国は晩餐会や婚宴や町、つまり新しいエルサレムに例えられる。天国や永遠の生命についての個人主義的な捉え方も不適切と言えよう。というのも、キリスト教の神理解は三位一体であるからである。このように永遠の生命は個人的な人間実存の投影ではなくて、贖われた共同体全体として愛の神の共同体に参与することだと見做《みな》されるべきである。（前掲書7

７４頁）

イエス・キリストによる天国のたとえが共同体的な思考を持っているということは、とても重要です。この概念をパウロは精緻《せいち》に発展させました。パウロの天国観は、後のキリスト教神学に強い影響を与えています。

パウロは「フィリピの信徒への手紙」で、キリスト教徒の本国は天にあるという認識を示しています。

兄弟たち、皆一緒にわたしに倣う者となりなさい。また、あなたがたと同じように、わたしたちを模範として歩んでいる人々に目を向けなさい。何度も言ってきたし、今また涙ながらに言いますが、キリストの十字架に敵対して歩んでいる者が多いのです。彼らの行き着くところは滅びです。彼らは腹を神とし、恥ずべきものを誇りとし、この世のことしか考えていません。しかし、わたしたちの本国は天にあります。そこから主イエス・キリストが救い主として来られるのを、わたしたちは待っています。キリストは、万物を支配下に置くことさえできる力によって、わたしたちの卑しい体を、御自分の栄光ある体と同じ形に変えてくださるのです。（「フィリピの信徒への手紙」３章17～21節）

イエス・キリストを救い主と認めていない人々は、この世のことしか考えることができません。現世の金儲け、出世、評価などを求めてさすらいます。それに対して、キリスト教徒の本国（あるいは本籍）は天にあります。天から来るイエス・キリストを待って、地上で一生懸命努力するのがキリスト教徒のあるべき姿であるとパウロは考えます。

ファンダメンタリストと「千年王国」

古代のキリスト教徒の天国観も、パウロとよく似ていましたが、徐々に千年王国という考えが生まれてきます。これは、最後の審判の前にキリストが来臨し、地上にキリストが支配する理想の王国が登場するという考えです。「ヨハネの黙示録」には、千年王国を示唆する箇所があります。

わたしはまた、一人の天使が、底なしの淵の鍵と大きな鎖とを手にして、天から降って来るのを見た。この天使は、悪魔でもサタンでもある、年を経たあの蛇、つまり竜を取り押さえ、千年の間縛っておき、底なしの淵に投げ入れ、鍵をかけ、その上に封印を施して、千年が終わるまで、もうそれ以上、諸国の民を惑わさないようにした。その後で、竜はしばらくの間、解放されるはずである。

わたしはまた、多くの座を見た。その上には座っている者たちがおり、彼らには裁くことが許されていた。わたしはまた、イエスの証しと神の言葉のために、首をはねられた者たちの魂を見た。この者たちは、あの獣もその像も拝まず、額や手に獣の刻印を受けなかった。彼らは生き返って、キリストと共に千年の間統治した。その他の死者は、千年たつまで生き返らなかった。これが第一の復活である。第一の復活にあずかる者は、幸いな者、聖なる者である。この者たちに対して、第二の死は何の力もない。彼らは神とキリストの祭司となって、千年の間キリストと共に統治する。（「ヨハネの黙示録」20章1〜6節）

最後の審判の前に大きな苦難があって、その文脈で千年王国についてのイメージが膨らんでいきました。現在も米国のファンダメンタリストは、千年王国について論じることを好みます。しかし、それは現実に存在する人間の救済から乖離した思弁と言わざるを得ません。ここでは、千年王国に関する議論が、身体の復活という問題を脇に逸らしてしまうリスクがあるということを確認しておけば十分です。

中世においては、最後の審判で選ばれなかった人間は地獄に堕ちると考えられました。当時の地獄のイメージとして参考になるのがダンテ・アリギエーリの『神曲』です。現在も、神の意思に反する行動をすると、人間は地獄に堕ちると脅す牧師や神父がいます。しかし、このような言説は、神学者の間ではあまり人気がありません。なぜならば、神の愛の力を減殺してしまうリスクがあるからです。

福音派も地獄をキリスト教の教義から排除しようとします。しかし、地獄を後退させると、人間の罪と人間がつくり出す悪を過小評価してしまうリスクがあります。地獄の思想への関心を神学者が失ってはなりません。

贖宥状で救われるのか

プロテスタント教会とカトリック教会の終末論の最も大きな違いは、煉獄《れんごく》（purgatory）の存在を認めるか否かです。煉獄とは、死者が天国か地獄のいずれかに入るかを待つ場所です。カトリック教会は、煉獄の存在を認め、それは神学的にも極めて重要な役割を果たしています。プロテスタント教会と正教会は煉獄の存在を認めません。というのも、旧約聖書続編（外典）の「マカバイ記二」に典拠があるためです。聖公会を除くプロテスタント教会は、旧約聖書続編に特別の価値を認めません。カトリック教会と正教会、さらにプロテスタント教会でも聖公会は、旧約聖書続編に聖書に準じる地位を与えます。旧約聖書続編「マカバイ記二」から、死者のための贖罪に関する箇所を引用しておきます。

　五旬祭とも呼ばれるこの祭りの後、彼らは、イドマヤの総督ゴルギアスに向かって進軍した。ゴルギアスは、歩兵三千と騎兵四百を率いて出て来た。戦列を整えて交戦したとき、少数のユダヤ人が戦死した。ところで、バケノルの部下で腕力のある騎士ドシテオスという男が、ゴルギアスに手を掛け、その短いマントをつかみ、力いっぱい引きずって行った。ドシテオスは、この嫌悪すべき男を生け捕りにしようとしたのである。ところが、一人のトラキアの騎兵がドシテオスに飛びかかり、肩に切りつけたので、ゴルギアスはマリサに逃れることができた。エスドリスの部隊が連戦の果て、疲労の極みにあったので、ユダは主に向かって、共に戦い、神自ら指揮をとってくださるように祈った。そして、父祖たちの言葉で神を賛美しつつ、鬨《とき》の声をあげ、ゴルギアスの軍に不意打ちをかけ、これを敗走させた。

　ユダは軍隊を率いてアドラムの町へ行った。第七日が近づいていたので、いつものように身を清め、その地で安息日を守った。翌日ユダとその兵士たちは、いつまでも放置しておけないので戦死者たちのなきがらを持ち帰り、墓に葬って先祖の列に加えるために出発した。ところが、それぞれ死者の下着の下に、律法によってユダヤ人が触れてはならないとされているヤムニアの偶像の守り札が見つかり、この人々の戦死の理由はこのためであるということがだれの目にも明らかになった。一同は、隠れたことを明らかにされる正しい裁き主の御業をたたえながら、この罪が跡形もなくぬぐい去られることを、ひたすら祈願した。高潔なユダは、これらの戦死者たちの罪の結果を目撃したのであるから、この上はだれも罪を犯してはならないと一同を鼓舞した。次いで、各人から金を集め、その額、銀二千ドラクメを贖罪の献げ物のためにエルサレムへ送った。それは死者の復活に思いを巡らす彼の、実に立派で高尚な行いであった。もし彼が、戦死者の復活することを期待していなかったなら、死者のために祈るということは、余計なことであり、愚かしい行為であったろう。だが彼は、敬虔な心を抱いて眠りについた人々のために備えられているすばらしい恵みに目を留めていた。その思いはまことに宗教的、かつ敬虔なものであった。そういうわけで、彼は死者が罪から解かれるよう彼らのために贖いのいけにえを献げたのである。(「マカバイ記二」12章32〜45節)

ここでは、犠牲と奉献の祈りによって、死者のための贖罪のとりなしが可能であるという考え方が示されています。その前提は、死者が復活するという信仰です。信仰のためにマカバイ側に加わって戦死した人たちは、近づきつつある「神の国」に参与できることが期待されています。贖罪のための犠牲奉献は、死者が軽率に犯した罪によって、その人たちが報いから逃れるためであるという考えが示されています。この考えを発展させたのが、カトリック教会の煉獄の思想です。煉獄は、「浄《きよ》めの火（purgatorius ignis）」という概念から発生しています。

この「浄めの火」は、現在、生きている人たちが煉獄にいる死者の負債をとりなしの祈りによって肩代わりすることを可能にします。従って、煉獄内でこのような対応を受けることができる死者は天国に近い場に位置することになります。これに対して、現在生きている人々の祈りを受けられない煉獄にいる魂は、浄められずに地獄に行く可能性が高まります。このような教義がビジネスと結びつくと、「煉獄にいる両親のために教会にカネを出せ。そうすれば、祈りで両親が天国に行ける可能性が高まる」というようなことを教会が始めるようになります。ルターが、一五一七年に贖宥状（いわゆる免罪符）に反対する「九五箇条の論題」を発表しました。教会から腐敗を一掃するためには、贖宥状に反対するだけでは不十分で、煉獄の思想を否定しなくてはならないと考えたのです。それですから、宗教改革の流れを引くプロテスタント教会は、どの教派であっても煉獄の存在を認めていません。

マリア崇拝と異端派

中世のワルドー派、カタリ派、ウィクリフ派、フス派などの「異端運動」は終末論を重視しました。しかし、中世のカトリック教会が異端として断罪したほとんどの潮流が、現在ならば、プロテスタント教会として存続することが可能ですし、教義問題を積極的に提示しないならば、カトリック教会の中にも包摂される余地が十分にあります。終末論について考えるときは、「正統」と「異端」といったステレオタイプから離れる必要があります。
ミューラーは、中世の「異端派」の終末論を肯定的に評価します。

この終末論は、貧しい者への肩入れ、此岸における神の義の真剣な受け止め方、真の社会正義の希求、マリヤのマグニフィーカートが語るあの偉大な転覆との一致という点で、中世教会の終末論よりもはるかに聖書的である。この宗教的・ユートピア的な蜂起は、科学的社会主義が空想的社会主義から分化する時点までは、端的に言って史的にも社会的にも政治的にも、教会に対する正当性を持っていた。教会は、その主の約束を誤用して、現存の社会的な力関係を正当化し、その下で苦しんでいる者に彼岸信仰による慰めを与えるばかりであったからである。（ミューラー『福音主義神学概説』365〜66頁）

ここで言う「マリヤのマグニフィーカート」とは、「ルカによる福音書」に記された「マリアの讃歌」のことです。天使から、生殖によらず、神の子を授かることを告げられたマリアが神に感謝している内容が記されています。

そこで、マリアは言った。
「わたしの魂は主をあがめ、
わたしの霊は救い主である神を喜びたたえます。
身分の低い、この主のはしためにも

目を留めてくださったからです。
今から後、いつの世の人も
わたしを幸いな者と言うでしょう、
力ある方が、
わたしに偉大なことをなさいましたから。
その御名は尊く、
その憐れみは代々《よよ》に限りなく、
主を畏れる者に及びます。
主はその腕で力を振るい、
思い上がる者を打ち散らし、
権力ある者をその座から引き降ろし、
身分の低い者を高く上げ、
飢えた人を良い物で満たし、
富める者を空腹のまま追い返されます。
その僕イスラエルを受け入れて、
憐れみをお忘れになりません、
わたしたちの先祖におっしゃったとおり、
アブラハムとその子孫に対してとこしえに。」（「ルカによる福音書」1章46〜55節）

「マリアの讃歌」に書かれている内容が実現することを中世の「異端派」の人々は望みました。カトリック教会は、教会の組織的統制に従わない形での信仰を一切認めません。しかし、教会は、原罪を負う人間によって形成された組織です。従って、この世に存在する目に見える教会が常に絶対に正しいとは言えません。「マリアの讃歌」の内容を信じる人々を取りこぼしてしまうような教会は、教会としての本来的機能を果たしているとは言えません。

終末論のリアリティ

もっとも「異端派」も、自己絶対化の誘惑に陥って、自らの力で理想的な社会を構築することができると考えました。これは大きな間違いであり、カトリック教会も「異端派」も、終末論を正確に理解していませんでした。宗教改革の意義は多面にわたりますが、原始教会が持っていた終末論のリアリティを取り戻したところにも、大きな意義があります。

> 宗教改革は同時に二つのことを発見した。ひとつは、「現実においては罪人、希望においては義人」と「義人にして同時に罪人」という二つの定式にあらわされる義認の弁証法の発見であり、いまひとつは、われわれが信仰において生きまた死につつ、イエス・キリストの再臨とともなう神の義を観ることを待ち望んでいるという、聖書的な終末論の緊張関係の発見である。（ミューラー『福音主義神学概説』366頁）

「現実においては罪人、希望においては義人」と「義人にして同時に罪人」という弁証法的構成が、キリスト教の終末論の特徴です。現実において罪人である自分は、現在の自分です。この現在の自分に対しても終末論は適用されているのです。終末論は遠い未来の話ではないのです。遠い未来やあの世（彼岸）の出来事ではなく、徹底的に此岸的な出来事であること、現在瞬間的終末論にプロテスタンティズムの特徴があります。

キリスト教の場合、イエス・キリストが一世紀のパレスチナに出現したことによって、人間の救済は先取りされています。救済は、終わりの時に実現するので、キリスト教徒にとって終末は既に到来していることになります。終末は現在の出来事でもあるのです。同時に終末は現在で完成してはおらず、未来にイエス・キリストが再臨し、すべての死者が復活し、死者と生者の全員が一人ずつ審判を受けるまでは終わりません。終末は既に始まっているが、未だ終わっていないという中間時を私たちは生きているのです。言い換えると、私たちは「時の間」を生きているのです。

ルターの終末理解と「二王国説」

このような終末論の弁証法的構造は、宗教改革の十字架理解にあります。イエス・キリストは、罪人として、十字架にかけられ殺されます。真の神の子であるイエス・キリストは、罪を負っていません。しかし、そのイエス・キリストが殺される必然性がありました。それは、罪がない神の子が死ぬことによって、人間の罪を克服するためです。罪の結果が死ですから、人間は誰でも例外なく死にます。イエス・キリストは、死の三日後に復活して、弟子たちの前に姿を現します。死によって死を克服したのです。イエス・キリストを信じるキリスト教徒も、死によって死を克服することができるのです。死による死の克服というキリスト教の真髄を発見したことに、宗教改革（特にマルティン・ルターの十字架理解）の特徴があります。

ルター派は、信仰によってのみ人間は救済されるということを重視します。その結果、人間の行為に対する関心が薄れてしまうことがあります。これに対して、同じプロテスタントでも改革派は、信仰があれば、それは必ず行為につながる、すなわち信仰即行為と考えるので、行為を重視します。改革派の場合、信仰即行為という観点から、政治的・社会的関心が強いです。これに対してルター派の場合、政治に対しては、無関心であるか、あるいは現行の政治秩序を追認する保守的傾向が生まれてきます。ルターの国家観は、パウロにとても近いです。パウロは、この世の権力について、こう述べています。

人は皆、上に立つ権威に従うべきです。神に由来しない権威はなく、今ある権威はすべて神によって立てられたものだからです。従って、権威に逆らう者は、神の定めに背くことになり、背く者は自分の身に裁きを招くでしょう。実際、支配者は、善を行う者にはそうではないが、悪を行う者には恐ろしい存在です。あなたは権威者を恐れないことを願っている。それなら、善を行いなさい。そうすれば、権威者からほめられるでしょう。権威者は、あなたに善を行わせるために、神に仕える者なのです。しかし、もし悪を行えば、恐れなければなりません。権威者はいたずらに剣を帯びているのではなく、神に仕える者として、悪を行う者に怒りをもって報いるのです。だから、怒りを逃れるためだけでなく、良心のためにも、これに従うべきです。あなたがたが貢を納めているのもそのためです。権威者は神に仕える者であり、そのことに励んでいるのです。すべての人々に対して自分の義務を果たしなさい。貢を納めるべき人には貢を納め、税を納めるべき人には税を納め、恐るべき人は恐れ、敬うべき人は敬いなさい。（「ローマの信徒への手紙」13章1〜7節）

ルターは、教会と国家の関係について「二王国説」を主張しました。教会には教会の自立した領域があり、国家には国家の自立した領域があるとし、この二つの領域が混同されてはならないとルターは考えます。ここからは、現状の政治秩序を追認する保守主義が導き出されます。もっとも、この世の王国が、神の王国の権限を侵害するような事態が生じたときには、ルターも神の王国の優越性を認めています。しかし、キリスト教徒が抵抗権を行使するのは、忍耐に忍耐を重ねて、これ以上、我慢できないという状態になったときに限られるとルターは考えます。ミューラーは改革派の神学者ですが、ルターの「二王国説」を基本的に継承しています。ただし、抵抗権をより幅広く解釈しようとします。

そのようにまた、二つの統治の区別に関する宗教改革の教え（中略）も、終末論的に規定されているのである。この教説は、「茨《いばら》の冠をかぶり給うた王は、義を贈り給う方であって、義を要求する石の板を持ったモーセの再来ではない」ということによって、キリストの regnum（王的支配）を証しするであろう。そして、この教説は、人間がキリストの義を意のままにし、社会的な秩序に置き変えようとするところでは常に、この義が再び律法と変わることを知っている。しかしまたそれは、キリストの義が信じられ、キリスト御自身が待ち望まれるところでは、この義が、いまだ死の支配するこの世界のただ中にあって、人間の iustitia civilis（市民的義）の下に隠された「隣人への愛としての信仰の業」という形で働くようになる、ということをも知っているのである。（ミューラー『福音主義神学概説』367〜68頁）

東ドイツでは、新「二王国説」と呼ばれる神学が幅を利かせていました。政治的には社会主義統一党（事実上の共産党）の統治体制に無条件に従い、信仰は個人の内面に純化していくというアプローチです。ドイツには敬虔主義の伝統があるので、これを新「二王国論者」は最大限に活用しました。東ドイツの社会主義統一党や政府としても、国内政治には一切関心を示さず、東ドイツ政府がソ連の指示に従って行う平和運動を支持するような東ドイツのプロテスタント教会は、便利な存在でした。このような状況に対して、ミューラーが体制の内側で抵抗していたことが、この「二王国説」に関する解説の行間から読み取ることができます。

自由主義神学の楽観的終末論

さて、一九世紀に自由主義神学が台頭したときに、終末論も大きく変容しました。自由主義神学の特徴は、啓蒙主義的理性を適用したところにあります。神は形而上学的な上に存在するのではなく、人間の心の中に存在すると、神の位置を転換することを通じて、自由主義神学者は、神学と啓蒙主義の矛盾を極力解消しようとしました。そうなると「神の国」も、最後の審判の後で起きる、外部からの力による神秘的な出来事ではなく、地上で人間が努力を積み重ねることによって実現可能ということになります。こういう考え方を進めたのがアルブレヒト・リッチュル（Albrecht Benjamin Ritschl, 1822-89）をはじめとするリッチュル学派です。リッチュルは、「神の国」がこの歴史に介入してくるのではなく、神の国が「道徳の国」として歴史の中で発展するというように考えました。しかし、このリッチュルの終末論では、理想的な市民社会が、そのまま「神の国」ということにされてしまいます。ここでは、市民になりきれない賃金労働者（プロレタリアート）や貧しい農民は、切り捨てられてしまいます。もっとも、一九一四年に第一次世界大戦が勃発し、大量殺戮と大量破壊が始まったことによってリッチュル学派の楽観的な終末論は後退することになります。

終末論的に生きる

一九世紀末の終末論で重要なのは、アルベルト・シュヴァイツァー（Albert Schweitzer, 1875-1965）の徹底的終末論です。イエスは、「わたしはすぐに来る」と言ってこの世を去りました。イエスの弟子たちは、イエスがすぐに戻ってくると信じていましたが、再臨は訪れませんでした。この終末遅延が徹底的終末論の根幹に置かれます。

シュヴァイツァーは史的イエスの研究を行い、一世紀のパレスチナにイエスという男がいたことは実証できないという結論と、一世紀のパレスチナにイエスという男がいなかったことも実証できないという結論を導き出しました。しかし、シュヴァイツァー自身は、イエスが一世紀のパレスチナにいたことを信じ、イエスが救い主であることも信じました。そして、イエスの生き方に倣って、今ここで具体的に隣人のために奉仕する生き方が重要であると考えました。シュヴァイツァーは三〇歳の時に医学部に入り直し、医師の資格を取り、四一歳のときから当時フランスの植民地であったアフリカのガボンで働き始めます。欧米の帝国主義と結びついたキリスト教に対して、シュヴァイツァーは生き方として異議を申し立てたのです。

終末論は、ただ学問的に理解する対象ではありません。終末論を学ぶということは、終末論的に生きるということなのです。ミューラーは、原生林で医師として奉仕するだけが終末論的な生き方とは考えません。帝国主義化した資本主義体制に対して、帝国主義本国で異議申し立てをすることも終末論的な生き方なのです。

このような終末論的な生き方を貫いたのが、ヨハン・クリストフ・ブルームハルト（Johann Christoph Blumhardt, 1805–80）、クリストフ・フリードリヒ・ブルームハルト（Christoph Friedrich Blumhardt, 1842–1919）の父子です。この二人は、カール・バルトに強い影響を与えました。

バルトは、ブルームハルト父子の証言の中の新約聖書的なものを、希望という言葉で要約している。「（神の全能についての単なる、しばしばきわめて瀆神的な語り口と異なって）世界を覆う神の支配の可見的で具体的な発現への希望、（克服することのできない「しがらみ」の前では結局どこでもただ佇《たたず》む他ないような、あの慰めや宥《なだ》めとは異なって）昨日の世界状況からの根底的な救いと助けへの希望、（自分の魂の救いをめぐる自己追求的な配慮や、宗教的な超人ないし貴族を養成する一切の試みと異なって）すべての人のため、人類のための希望、（いわゆる「宗教的・道徳的な生」という精神的な理念とは異なって）肉体・精神両面の生の希望——つまり、単に罪と悲しみだけでなく、貧困や病や死もまた、やがて克服されるという希望、ブルームハルト父子にとって、「神」を信ずるとはこのことを意味した。すなわち、この包括的な希望を真摯に受け止めること、他の一切の待望に勝って真摯に受け止めることであり、すべてのものをこの希望から見、この希望から行動し、自己と自己の生を隅々に至るまでこの希望の大いなる光の中に置くことである」(a. a. O., S. 284)。(前掲書370~71頁)

ブルームハルト父子にとって、信仰とは、彼岸の出来事だけではなく、貧困、病などの此岸的な問題を解決することでもあります。この信仰の此岸性という考え方が、ブルームハルト父子からバルトに継承されていくのです。

新約聖書の終末論

少し視点を変えて、新約聖書における終末論について見てみましょう。既に述べたように、キリスト教においては、イエス・キリストが出現した事実によって、人間の救済は先取りされています。しかし、人間の救済は未だ完成していません。キリストが再臨して、最後の審判を行うときに救済が完成し、キリスト教徒は「永遠の命」を得て「神の国」に入るのです。この点について、イエスの弟子たちは、全員、同じ認識を持っていました。ただし、終末論を明確に言語化することに成功したのはパウロです。従って、福音書におけるイエスの言説とともにパウロ書簡におけるパウロの言説が重視されます。イエスは自らをユダヤ教徒と考えていました。イエスが説いた教えが、ユダヤ教とは異なるキリスト教であるということを明確にしたのは、生前のイエスとは面識のないパウロです。

イエスの宣教における重要な教えは、「神の国」の到来が近いということです。イエスが説く「神の国」は地理的概念ではありません。このことはむしろ、イスラームの「イスラームの館（ダール・アル・イスラーム）」が地理的概念ではなく、イスラームのネットワークを指していることの類比で考えると理解しやすいです。日本でキリスト教徒は、総人口の約一パーセントですが、これだけ少数ではあってもキリスト教徒がいるということは、日本もキリストの支配、すなわち「神の国」に属しているということになります。

リッチュルらは、人間が地上に「神の国」が到来する準備を具体的に行うことが可能であると考えました。具体的にはキリスト教徒が道徳的に完全な生活（そこには公正な社会の建設も含まれる）をすることです。もちろんリッチュルも神学者ですから、究極的には、外部からの力によってしか、「神の国」が完成することはないという了解があります。しかし、人間が「神の国」の建設を部分的にでも可能にするという発想には、人間中心主義が含まれています。この人間中心主義は、無神論的な社会主義と親和的になる危険があります。「神の国」が人間の力ではつくれないことをイエスは強調しました。そのことが端的に示されているのが、冒頭で引用した「からし種のたとえ」です。

からし種が成長するのは、人間の努力ではなく、神の力によってです。同じように、人間の救済のために、人間の行為は何の意味も持ちません。神はそれぞれの人が生まれるずっと前から、どの人が選ばれ、どの人が滅びるかについては、きちんと決めています。ただし、人間は神ではないので、誰が救いに定められていて、誰がそうではないということについて、断定できる人間は一人もいません。それだから「神に選ばれている」と確信して、日々、神の栄光のために努力して生きていくことがキリスト教徒には求められます。もっとも人間が直接、神のために奉仕することはできません。従って、隣人のために奉仕することを通じて、神の栄光のために生きることになります。

「神によって救われる人が予め選ばれているならば、何をやっても無駄だ、と自堕落な生き方をすることになるのではないか」という懸念を表明する人がときどきいますが、そういう人は神の選びの意味を正確に理解していません。「何をやっても無駄だ」と思ってしまうこと自体が、「選ばれていない」ことの証拠です。しかし、人間は自分の心を真摯に見つめていけば、そこから自分には他者（並びに自分と他者によって構成されている社会）に貢献することができる適性を持っているという現実が見えてくると思います。その現実が見えてきたならば、自らの生を他者のために生かすように努力して生きるべきだとキリスト教は説きます。

パウロの終末理解

それでは、パウロの終末論について、見てみましょう。

主に対する畏れを知っているわたしたちは、人々の説得に努めます。わたしたちは、神にはありのままに知られています。わたしは、あなたがたの良心にもありのままに知られたいと思います。わたしたちは、あなたがたにもう一度自己推薦をしようというのではありません。ただ、内面ではなく、外面を誇っている人々に応じられるように、わたしたちのことを誇る機会をあなたがたに提供しているのです。わたしたちが正気でないとするなら、それは神のためであったし、正気であるなら、それはあなたがたのためです。なぜなら、キリストの愛がわたしたちを駆り立てているからです。わたしたちはこう考えます。すなわち、一人の方がすべての人のために死んでくださった以上、すべての人も死んだことになります。その一人の方はすべての人のために死んでくださった。その目的は、生きている人たちが、もはや自分自身のために生きるのではなく、自分たちのために死んで復活してくださった方のために生きることなのです。

それで、わたしたちは、今後だれをも肉に従って知ろうとはしません。肉に従ってキリストを知っていたとしても、今はもうそのように知ろうとはしません。だから、キリストと結ばれる人はだれでも、新しく創造された者なのです。古いものは過ぎ去り、新しいものが生じた。これらはすべて神から出ることであって、神は、キリストを通してわたしたちを御自分と和解させ、また、和解のために奉仕する任務をわたしたちにお授けになりました。つまり、神はキリストによって世を御自分と和解させ、人々の罪の責任を問うことなく、和解の言葉をわたしたちにゆだねられたのです。ですから、神がわたしたちを通して勧めておられるので、わたしたちはキリストの使者の務めを果たしています。キリストに代わってお願いします。神と和解させていただきなさい。罪と何のかかわりもない方を、神はわたしたちのために罪となさいました。わたしたちはその方によって神の義を得ることができたのです。(「コリントの信徒への手紙二」5章11~21節)

パウロはキリストの到来が新しい時代を開始したということを話します。ここで述べられている「新しく創造された者」とは、神と和解した人間ということです。ただし、この和解は対等な当事者間での和解とは異なります。神の一方的な力によって働きかけられた和解に人間が従うことを意味します。神は、ひとり子のイエスをこの世に送りました。イエスは真の神であると同時に真の人です。イエスは超人的な人間ではありません。他の人間と同じように食べ物を食べれば、排泄《はいせつ》もします。病気にもかかります。お腹が空けば飢えも感じます。仮に十字架に架かることがなかったとしても、イエスは人間なので、どこかで生物としての死を迎えたでしょう。ただし、イエスは罪を負っていません。罪なき神の子イエス・キリストは、人間によって罪人とされ、十字架にかけられて死にました。この罪なきイエス・キリストの死によって、私たちは救われたのです。

イエスは死後三日目に復活し、弟子たちの前に現れた後に再び天に昇っていきました。その後、イエスに対する教えを知るのは、使徒の働きを通じてです。パウロは、生前のイエスにも、復活して昇天する前のイエスにも会ったことがありません。しかし、ダマスコへの途上、光に打たれて倒れ、幻の中でイエス・キリストと出会いました。このような経緯があるので、パウロを使徒と認めない人がいます。パウロは、そういう人々を念頭に置いて、パウロであろうが、他の使徒であろうが、イエス・キリストを通じて神と和解した者は「新しく創造された者」と考えました。このようにして、終わりの日に救われるという確信に満ちて生きる「新しく創造された者」は、終末論的人間と言い換えることもできます。

第二に重要なのは、パウロがイエス・キリストの復活を終末論の枠組みで考えていることです。イエス・キリストが復活するということは、キリストを信じる私たちも復活できるということであるとパウロは考えました。この考えは、主流派の神学に引き継がれていきます。
第三は、最後の審判の重要性です。パウロは終末に、イエス・キリストが到来することを待望しています。この到来が、キリスト教徒の新しい生命と罪と死に対する勝利とを確証するのです。この考え方は、「コリントの信徒への手紙一」で端的に示されています。

しかし、実際、キリストは死者の中から復活し、眠りについた人たちの初穂となられました。死が一人の人によって来たのだから、死者の復活も一人の人によって来るのです。つまり、アダムによってすべての人が死ぬことになったように、キリストによってすべての人が生かされることになるのです。ただ、一人一人にそれぞれ順序があります。最初にキリスト、次いで、キリストが来られるときに、キリストに属している人たち、次いで、世の終わりが来ます。そのとき、キリストはすべての支配、すべての権威や勢力を滅ぼし、父である神に国を引き渡されます。(「コリントの信徒への手紙一」15章20〜24節)

キリスト教徒は、いずれ復活します。イエス・キリストが復活したという事実は、私たちが復活して「永遠の命」を得て「神の国」に入ることを意味します。しかし、「私たちは既に復活が保証され、救われているのだ」という側面だけを重視すると、キリスト教が熱狂主義に陥ってしまう可能性があります。パウロはキリスト教徒が熱狂主義に陥って、現実の社会に対する責任を放棄することを恐れました。それですから、終末が未だ起きていないという側面を強調するのです。

最後にパウロは、終末論の文脈で聖霊の機能を重視します。パウロは「コリントの信徒への手紙二」で、神による救済の保証が霊であるという発想をしています。この保証（arrabon）は、新約聖書が書かれたコイネーギリシア語では「保証」「約束」の意味ですが、現代ギリシア語では「結婚指輪」を意味します。人生にとってとても重要な約束というニュアンスがあります。該当箇所を引用します。

わたしたちの地上の住みかである幕屋が滅びても、神によって建物が備えられていることを、わたしたちは知っています。人の手で造られたものではない天にある永遠の住みかです。わたしたちは、天から与えられる住みかを上に着たいと切に願って、この地上の幕屋にあって苦しみもだえています。それを脱いでも、わたしたちは裸のままではおりません。この幕屋に住むわたしたちは重荷を負ってうめいておりますが、それは、地上の住みかを脱ぎ捨てたいからではありません。死ぬはずのものが命に飲み込まれてしまうために、天から与えられる住みかを上に着たいからです。わたしたちを、このようになるのにふさわしい者としてくださったのは、神です。神は、その保証として〝霊〟を与えてくださったのです。（「コリントの信徒への手紙二」5章1〜5節）

パウロの終末論の特徴は、キリスト教徒は既に救われることが保証されているが、未だ救いは実現していないという中間状態の強調です。「今」と「未だ」の間の緊張関係が終末論的緊張なのです。

真の「異端」とは

終末論を理論化する上で大きな影響を与えたのが、アウグスティヌスです。マクグラスは、アウグスティヌスの終末論をこう特徴づけます。

新約聖書の持つ終末論思想の集合的次元を改めて取り上げたものの中で、最も影響力を持ったのがヒッポのアウグスティヌスのものである。これは『神の国』に見られる。この著作が書かれたのは「黙示的」と容易に表現出来る状況においてであった。つまり、偉大な都市ローマの破壊とローマ帝国の崩壊である。この著作の中心的主題は二つの都市、つまり、「神の都市」と「世俗の都市」あるいは「世の都市」との間の関係である。キリスト教的生活が持つ複雑さ、特にその政治的側面は、これら二つの都市の間の弁証法によるのである。（マクグラス『キリスト教神学入門』755頁）

アウグスティヌスは、ローマ帝国の崩壊を終末と類比的に見ています。キリスト教徒は「この世の都市」と「神の都市」の両方に足をかけている、いわばハイブリッドな存在なのです。アウグスティヌスは、常に「時の間」に生きているという緊張感を持っていました。これは、イエス・キリストの登場により、人間の救済が始まったが、それは最後の審判まで完成しないので、人間は「時の間」を生きていることを意味します。キリスト教徒には、この曖昧さに耐えることができる強靭《きょうじん》な信仰が必要とされますが、このような完璧な信仰を持った者のみで教会は形成されるべきであるという見解をアウグスティヌスは拒否します。

キリスト教がローマ帝国の中で多数派を形成する過程で、棄教した者の教会への再加入を認めるべきでなく、教会の純粋性を徹底的に保持すべきであると主張するドナティストと言われるグループがありました。ディオクレティアヌス帝のキリスト教徒迫害（三〇三〜〇五年）のときに当局に屈服し棄教したことがある司教から叙任（聖職者に任命されること）されたカエキリアヌスが三一二年にカルタゴの司教に選任されると、ヌミディアの司教たちはこの選任を無効と主張し、別の司教を選任しました。このグループは、二年後には、この派の指導者になるドナトゥスを選任しました。それゆえにこのグループはドナトゥス派と呼ばれました。

カトリック教会の保護者である皇帝コンスタンティヌス帝は、ドナトゥス派の主張を認めませんでしたが、北アフリカでドナトゥス派は多数派を形成しました。さらにドナトゥス派は、反キリスト教のユリアヌス帝（在位三六一〜六三年）がキリスト教を弾圧したときは、それに乗じて主流派のキリスト教を攻撃します。その結果、主流派のキリスト教とドナトゥス派の和解は不可能になりました。五世紀にアウグスティヌスの指導下で主流派のキリスト教は、ドナトゥス派を本格的に切り崩し、この派は消滅します。

宗教団体は、現実の社会の中で活動しています。信者には強い人も弱い人もいます。「我こそは最も純粋で、他の人々は真の信仰を持っていない」とドナトゥス派は、自己を過大評価していました。そのため「敵の敵は味方」という論理で、ユリアヌス帝のキリスト教弾圧に加担してしまうのです。

一見、純粋な信仰を貫いているように見えながら、教会指導部の集合的叡智を信じずに、独り善がりの信仰を持つ者が集まったグループは、最初はキリスト教の分派のように見えますが、時間が経つと教団全体にとっての敵対者になります。史実に照らすと、過去に棄教した経緯がある人でも、悔い改めるならば、教団に受け入れるという態度を主流派のキリスト教は取りました。この寛容な姿勢は、キリスト教が世界宗教になる過程において大きな役割を果たしました。

それと同時に教義の一面だけを重視し、そこに固執して分派活動を行う者に対する警戒心を怠らないこともキリスト教の特徴です。過去、キリスト教の歴史で、教義に異論がある人でも、心の底からイエス・キリストを信じる人は、静かに教会の指導的地位から去っていきました。分派活動を行うことによって、イエス・キリストを悲しませることをしたくなかったからです。異端とは、イエス・キリストを否認する人々ではなく、キリスト教の教義の一部だけをプリズムにかけて拡大し、教義のすべてであると錯認している人々です。

「神学は転倒した人間学」

古代、中世において、終末の時に救われるという認識をキリスト教徒は持っていました。このような考え方が変化したのは、一七〜一八世紀に啓蒙主義が社会で強い影響を持ってからです。啓蒙主義の流行によって、終末論は迷信と見なされるようになっていったのです。

特に批判の対象となったのは地獄でした。神の意思に反する行為をすると地獄に堕ちると脅すことで、教会や権力は、民衆を抑えつけてきた反動が、啓蒙主義の時代の到来とともに起きたのです。しかし地獄の思想が荒唐無稽であったにせよ、人間の世界に悪があることを否定することはできません。キリスト教では人間の罪が悪の原因であると考えます。人間の理性を重視する啓蒙主義は、性善説と親和的です。従って、啓蒙主義的な宗教批判は、人間の罪や悪を軽視する傾向があります。そして、理性に基づいて人間が理想的な社会や国家をつくることが可能であるという幻想を抱くようになります。

そのような楽観主義的人間観をキリスト教批判の形で提示したのがフォイエルバッハ(Ludwig Andreas Feuerbach, 1804-72)でした。フォイエルバッハは、神が人間をつくったのではなく、人間が自らの願望を投影して神をつくったのだと考えました。そして、神学は転倒した人間学であると考えました。

フォイエルバッハの宗教批判は正しいです。確かに人間は、自分の願望を投影して宗教をつくりました。現実に存在するキリスト教会にもそのような面があります。しかし、イエス・キリストは、そのような人間がつくった偶像を崇拝することを拒否しろと訴えました。実はフォイエルバッハが説いたキリスト教批判は、イエスによる宗教批判ととても近いのです。従来、フォイエルバッハの宗教批判は、マルクスによって発展させられ唯物史観になったと考えられてきましたが、そのような見方も誤っています。マルクスの宗教批判は、フォイエルバッハと本質的に変わるところがありません。マルクスは宗教のような面倒な問題からは体をかわして、政治、経済、社会の問題に取り組むようになったに過ぎません。マクグラスは、マルクスの宗教批判について、こうまとめます。

希望についてのキリスト教の教理に対するさらに持続的な批判が見られるのは、カール・マルクスの著作においてである（中略）。マルクスの主張によれば、宗教一般は現在において苦痛に耐えている人々を、死後の生の歓びを説くことによって慰めようとする。そのようにすることで、人々は苦難を終わらせられるように現在の世界を変革するという課題から関心を失ってしまう。多くの点でマルクス主義は世俗化されたキリスト教の終末論であると見做され得る。そこでは「革命」が世俗化された「天」の対応物なのである。

（前掲書761～62頁）

マルクス自身にも確かに希望の理念はありましたが、徐々に資本主義社会の内在的論理の解明に関心が移っていきました。マルクスの希望の理念を甦らせたのは、マルクス主義哲学者のエルンスト・ブロッホ（Ernst Simon Bloch, 1885-1977）です。ブロッホの『希望の原理』は、ユルゲン・モルトマンの『希望の神学』に強い影響を与えました。モルトマンの神学的解析によって、ユダヤ教やキリスト教が想定する天を九〇度前に倒して、地上の未来の希望としたのがマルクスの終末論であることが明らかになりました。超越性が、形而上的な上から、歴史的な未来に転換したのです。

しかし、二度の世界大戦だけでなく、マルクス主義を発展させ共産主義社会の建設を目指したソ連の実態はスターリン主義による「収容所群島」であったことを知る私たちは、単純に未来に理想的な社会ができるというモデルを採用することはできません。

さらにフォイエルバッハの唯物論やマルクス主義とは別の流れで、終末論を否定する有力な動きが一九世紀に生まれました。ダーウィンの進化論です。進化論的な世界観もキリスト教神学に影響を与えました。それが、前に紹介したリッチュルのような自由主義神学による、人間の努力によって地上に「神の国」をつくる準備ができるという終末論です。しかし、人類が直面したのは、このような楽観的な「神の国」の誕生ではなくて、一九一四年の第一次世界大戦の勃発でした。世界戦争による大量殺戮と大量破壊によって、地上に「神の国」を建設することが可能であるという自由主義神学者の楽観的世界観は吹き飛ばされてしまったのです。

ブルトマンの「非神話化」と実存主義

このような歴史的現実とは別の文脈で、自由主義神学の軛から終末論を解き放した神学者たちがいます。イギリスの新約聖書学者チャールズ・H・ドッド（Charles Harold Dod, 1884-1973）は、イエス・キリストの出現によって「神の国」は、既に実現していると考えます。これに対して、イエスが到来されたのではなく、終末論の過程が開始されたに過ぎないと考える神学者も少なからずいます。

マクグラスは、新約聖書神学者の終末論について三つの類型に区分します。

1　将来的終末論。神の国は将来にまだとどまっていて、人間の歴史の直中《ただなか》に混乱を起こす仕方で介入するものである（ヴァイス）。

2　開始された終末論。神の国は人間の歴史の中に影響を与え始めている。とはいえ、その完全な現実化と成就は将来のことである。

3 実現した終末論。神の国はイエスの到来において既に実現した（ドッド）。（前掲書763頁）

筆者は、「開始された終末論」の立場を取ります。ヨハンネス・ヴァイスのように神の国は未来に留まっているとして、神による介入で歴史が根本的に変化するという見方を取ると、終末論が過度に世俗化されて、マルクス主義のようなメシア型の革命思想に吸収されてしまう危険があります。逆に神の国はイエスにおいて既に到来したと決めつけてしまうと、その後の人類史で起きた出来事に対する関心が薄れてしまいます。人間は性悪な存在で、人間が引き起こす悪事が神によって克服されるという観点からも、終末論は重要になります。そうなると既に神の国が到来したというドッドの立場よりも、「時の間」にキリスト教徒が生きていることを強調する「開始された終末論」の方が説得力を持つと思います。

歴史のリアリティを終末論的にとらえる必要があります。形而上学的な天を否定して、神がいる場所を天から心の中に転換したプロテスタンティズムは、個体を重視する自由主義的資本主義との結びつきを強めました。その結果、資本主義イデオロギーを無意識のうちにキリスト教と同一視するという深刻な過ちを犯しました。終末論などなくても、人間は理想的な社会を建設することができるという幻想にとらわれてしまいました。この幻想を打ち砕いたのが第一次世界大戦による大量殺戮と大量破壊です。

第一次世界大戦後、終末論の意味が再度見直されます。それには時代認識の変化が大きく関係しています。特にルドルフ・ブルトマン（Rudolf Karl Bultmann, 1884-1976）の仕事が終末論の再建に大きな影響を与えます。ブルトマンは、聖書に記述されている神話的表象を脱構築、「非神話化」して、福音を今ここでとらえることに努力しました。これは、当然のことながら、実存主義と親和的な構成になります。ブルトマンが非神話化を唱えた当時は、ハイデガー、ヤスパース、サルトルなどの実存主義哲学が流行していました。ブルトマンがその影響を強く受けていることは間違いありません。

ブルトマンは、われわれ自身の審判が今ここで行われていると考えるので、それに対する人間の応答が重要になります。同時に未来よりも現在の自分の存在に関心が集中することになります。このような着想をブルトマンは「ヨハネによる福音書」（第四福音書）の解釈から得ました。「ヨハネによる福音書」は、共観福音書よりも成立時期が遅いというのが定説です。一世紀の末になると、キリスト教徒は、この世の終末が近未来に起きて、イエスが再臨することはないのではないかという認識を抱きました。そこで、「ヨハネによる福音書」を書いた著者が属する教団は、イエスが出現したことによって既に終末は起きていると考えるようになりました。そして、キリスト教徒一人ひとりがイエス・キリストの福音を実存的に受け止めることが重要と考えるようになったという議論をブルトマンは展開しました。この議論には難点があります。それはキリスト教信仰の主体を自立した個人と考えているからです。個人の実存の問題として信仰はとらえられます。しかし、このような個人という概念は、近代に特有なものです。近代の視点で一世紀のキリスト教徒の信仰を理解することは方法論的に間違っています。

モルトマンの「希望の終末論」

そこで再び未来の終末論が注目されるようになります。ここで重要なのが、マルクス主義哲学者エルンスト・ブロッホの『希望の原理』の影響を受けたユルゲン・モルトマンの神学です。

エルンスト・ブロッホは、ユダヤ教の終末論とマルクス主義の革命観に類似性があることを評価した、スターリン主義の枠には収まらないマルクス主義者でした。第二次世界大戦中は米国に亡命し、一九四八年に東ドイツに帰国してライプチヒ大学で哲学を教えます。ブロッホは主著『希望の原理』を一九五四〜五九年に公刊しますが、東ドイツ当局から修正主義であるとの批判を受けます。一九六一年にベルリンの壁ができると、ブロッホは西ドイツに移住し、チューピンゲン大学で教鞭を取り、哲学だけでなく神学にも大きな影響を与えます。ブロッホがいなければ、モルトマンの『希望の神学』（1964年）も生まれませんでした。

カール・バルトの場合、神は上にいます。歴史を横の座標軸に取り、上にいる神を九〇度右に倒して歴史の座標軸の未来に据えてみましょう。神は未来にいることになります。モルトマンは、このように終末論的に希望の概念をとらえ直すことによって、キリスト教神学を蘇生させようとしました。

こういう神学が可能になる背景には一九六〇年代の時代状況があります。東西冷戦の激しい緊張から、一九五〇年代は第三次世界大戦が必然と考えられていました。しかし、一九六〇年代になると米ソの平和共存が進んで、楽観的な見通しが主流になってきました。このような背景で、希望について語ることが現実的になったのです。モルトマンは、このように述べます。

もし信仰を保持し、支え、前へ導くものが希望であるなら、そして信仰者を愛の生活へと導き入れるものが希望であるなら、信仰の思惟を人間・歴史・社会についてのその認識や考察を動かし推進するものもまた希望であろう。信仰は、自らが信じることを認識するために望むのである。それゆえ、すべてのその認識は、一つの先取的、断片的な認識、約束する未来を前奏する認識として、希望にゆだねられるであろう。……キリスト教的希望は《究極的な新しさ》（novum ultimum）、キリストの復活の神による万物の新しい創造に向かうのである。そのことによってそれは、一つの総括的な、死をすら包みこむ未来の視界を開くのであり、その中へと、人生の更新への限界づけられた諸希望をも目覚めさせつつ、相対化しつつ、遂行しつつ取り入れうるし取り入れなければならないのである。（前掲書766頁）

希望は、個人的な概念ではなく、教会が共同体として希望を持つとモルトマンは強調します。そして、「神の国」の到来により、新しい人類史が始まるのです。このような観点から、モルトマンは世俗文化を積極的に評価していくことになります。終末論も徹底的に此岸性の問題としてとらえられていくのです。現実的には、よりよい社会をつくっていこうとする人間の努力を、終末論に備える行為として積極的に評価することになります。

進歩史観と終末論

終末論というと日本人には奇異に響きますが、要は歴史観のことです。歴史には、終わりがあり、それが同時に歴史の目的であり、終わりを迎えることによって歴史は完成するという考え方です。歴史に終点があるからこそ、人間は前を向いて、希望を持つことができます。非宗教的な歴史観にも、明るい未来を想定するものが少なからずあります。こういう歴史観には終末論が潜んでいるのです。近代の世俗化の過程で、キリスト教は退潮していますが、ただし、世俗化された形で終末論は生き残っているのです。

フロマートカは、キリスト教的な終末論がなくては、近代以降の人々が進歩的な歴史認識を持つこともなかったと考えます。そして、われわれは、現在はおぼろげに見えている事柄で満足しなくてはならないと強調します。はっきりしていることではなく、おぼろげな事柄を信じるのがほんものの信仰なのです。現時点で必要なものを神はわたしたちに与えています。わたしたちに不足しているものはありません。わたしたちがこの地上で生きることができているのは、神のおかげであるという事実を認識しなくてはなりません。

人間は罪を負っていて、この罪から悪が生まれます。悪があちらこちらにあるこの現実の中で、キリスト教徒は必然的に悪と戦うことになります。この戦いは、罪がある人間の力だけではできません。イエス・キリストに従い、神を信じることによって可能になるのです。イエス・キリストが悪に対して勝利することを、キリスト教徒は確信しています。

しかし、使徒の信仰の戦いの全体を貫いているのは、人間の罪のすべての現れとその力に対するキリストの最終的な勝利への、憧れと熱い願いである。使徒は、完全な自由、栄光に満ちたキリストとの充実した交流、顔と顔をつき合わせて神を見ること、神の現実を完全に知ること、これらを望み見ている。「わたしの知るところは、今は一部分にすぎない。しかしその時には、わたしが完全に知られているように、完全に知るだろう」（コリントの信徒への手紙一13章12節後半）。イエス・キリストの再臨に対する使徒の強い思いは、何度も語られている。また福音書では、神の国の完全な到来とその実現を示す表現に繰り返し出会う。信仰は常に眼差しを前に向けている。自分の限界を知っているが、それでもその限界の先を示している。何度か述べてきたことだが、教会は歩んでおり、後ろを向かず、前を向いている。これが希望の意味であり、血のつながった姉妹のように信仰と連れ添うものである。信仰と希望は結びついていて、どちらか無くしては生きられないものである。一方が死ねばもう一方も死ぬ。一方が成長して勝利すれば、もう一方も成長して勝利する。（フロマートカ『人間への途上にある福音』３１７頁）

ここで重要なのは、信仰が希望に先行するということです。イエス・キリストを信じることによって救われるという信仰を持つ者だけが、希望を持つことができます。希望を持つことで信仰が強められます。強められた信仰にとって、希望も強くなります。信仰と希望の間には、このような相互作用があるのです。

また、キリスト教には、復古的な発想があります。一六世紀の宗教改革においても、「イエス・キリストに還れ」という復古の精神が中心にありました。このことと未来への希望はどのようにつながるのでしょうか。フロマートカは以下の議論を展開します。

教会史において、信徒の道は失われた楽園へ帰る道だと言う証人がいるのを私たちはよく耳にする。聖書は「帰りなさい」という帰還への呼びかけに満ちている。しかし信徒が帰るところは楽園ではない。キリスト教徒が希望を持って期待しているのは、単なる楽園の再興ではない。楽園の規則の再興と言っても、古い規則を再興したいのではない。（期待しているのは）元の楽園のイメージで表現できるものよりも新しく、高く、深いものである。時の終わりには、十字架にかけられ勝利したイエス・キリストが立っている。そして十字架には、楽園においてよりも神の愛と恵みの秘密が豊かに完全に現れた。放蕩息子は、父の家に帰ってきたとき新しいことを経験した。それまで理解していなかった、父の赦す愛を理解したのである。またそれによって、子どものころ一緒に暮らしていたときよりも、父をより深く、よりよく理解した。信仰は純粋であるならば絶えず成長し、神の新しい証拠や実のある表現をいつまでも期待できる。（前掲書317〜18頁）

キリスト教徒は、過去の楽園について想起することによって、過去に戻るのではなく、未来に進むのです。ここで想起された過去は、「未来としての過去」の機能を果たすのです。焦点は、未来に向けられます。

キリスト教とユダヤ教の救済観

ここで、もう一度、キリスト教的な終末論の特徴について確認しておきましょう。

キリスト教的終末論の核心は、再臨したイエス・キリストが最後の審判を行い、正しい者を選び出して、「永遠の命」を付与するという事実に基礎づけられています。その裁きは地上の裁判とは、まったく異なる基準によって行われます。

イエス・キリストは、真の神で真の人です。また、人間と神をつなぐ唯一の媒介項です。それですから、イエスという真の人間は、他のどの人間よりも、人間について深い理解をしています。イエス・キリストの前で人間の自己欺瞞は一切通用しません。悔い改めてイエス・キリストの審判に臨む以外の選択肢はないのです。一六世紀の宗教改革でプロテスタントがカトリック教会から分離したのは、カトリック教会に留まっていたら真の悔い改めができず、イエス・キリストの審判の前に耐えることができなかったからです。痛みを伴うが、健全なほんものの自己批判を行い、イエス・キリストに向かうことができる真実の教会を形成するというのが、宗教改革者の意図だったのです。

このようなキリスト教徒の自己批判がほんものであるかどうかは、最後の審判の際に明らかになります。キリスト教徒は、日々、この審判について考えながら生活しなくてはなりません。ただし、カトリック教会のように、最後の審判を教会員を脅し上げるための道具に用いることをフロマートカは批判します。

不安や恐怖をわざとかきたてるようなことをしたり、恵みと自由に関する福音書の最初の言葉をわきに追いやったり忘れてしまったりすれば、教会生活と霊的な導きの構造全体の土台がゆらぐだろう。告解、赦免、威嚇といったカトリックの方法に対して、救済の確信と真の自由を求める宗教改革の戦いは、まさに福音をめぐる戦いであった。（前掲書32

1頁)

プロテスタント教会は、最後の審判の際の救済への確信と真の自由を信徒が獲得できることを強調しています。しかし、そのことでプロテスタント教徒が「私は他の人々と違って確実に救われる」と増長してはいけません。人間は神ではありません。人間と神は質的にまったく異なり、真の神で真の人であるイエス・キリストという一点を除いては、接点を持ちません。誰が救済されるかを知るのは、神しかいません。人間は、自分が救われると確信する以外の術《すべ》がないのです。第三者的に見るならば、救いへの確信は独断論という形で現れるのです。しかし、救済は人間の独断によって実現する出来事ではありません。さらに最後の審判における神の判決基準は、地上の裁判とはまったく異なります。誰が救われるかは、神にしかわからないのです。「主よ、主よ」と過剰な信仰を誇示する人が救われるという根拠はどこにもないのです。ここで、フロマートカは、キリスト教とユダヤ教の救済概念を比較します。

イエスは真理と正義に基づいて裁く。もちろん愛に満ちた真理において、そして解放を望む正義において、である。イスラエルの預言者が自分たちの民に、主は彼らをほかの民族よりひいきすることはなく、彼らを自分の証人として召命し、契約の民として愛するからこそ、より大きな責任を持たせるために召命したのと同様に、教会も寛容さを期待することはできない。イエス・キリストにおける契約の担い手として召命を受けることが栄光であればあるほど、自己批判は厳しくならねばならず、それによって次のキリストの日へ

のまなざしはより真剣になるのである。（前掲書322～23頁）

真理と正義が、一人ひとりに対して神が行う審判の基準です。これに対して、ユダヤ教における救済の対象は民族になります。ユダヤ人は、神が約束した最終的な勝利を待ち望んでいます。ユダヤ人は律法を守っていれば、破壊されてしまったエルサレムの神殿がいつか再建され、審判が行われ、そこで正しいとされた人々はまったく新しい秩序の中で、幸せな生活を送ることができるという信念を持っています。旧約聖書にはこんな記述があります。

見よ、わたしは命令を下し
イスラエルの家を諸国民の間でふるいにかける。
ふるいにかけても
小石ひとつ地に落ちないように。
わが民の中で罪ある者は皆、剣で死ぬ。
彼らは、災いは我々に及ばず
近づくこともない、と言っている。
その日には
わたしはダビデの倒れた仮庵《かりいお》を復興し
その破れを修復し、廃墟を復興して
昔の日のように建て直す。（「アモス書」9章9～11節）

この発想は、古代ギリシア人の不死への憧れとはまったく異なる考えです。人間の肉体と魂を分離するのはギリシアに起源を持つストア主義やグノーシスの思想で、それらの死生観はキリスト教と相容れません。肉体が滅びれば、魂も滅びるのです。そして、復活の日には、肉体とともに魂も復活するのです。

「神は神である、被造物は被造物である。つまり人間は人間である」というカール・バルトの言葉があります。これを理解していれば、神が自らとまったく異質である人間のところに、人間を救済するために、神のひとり子であるイエス・キリストを派遣したことの意味がわかります。神は人間とともに生きることを望んだのです。

しかし神はその聖なる愛にあふれる支配をしつつ、人間と共に生きることを望んでいる。これによってまさに人間を永遠の雰囲気で包みこむ。神自身は永遠の命の贈り主であり、創造の恵みによって、人間を自分の国の市民、言い換えれば、自分の父の家の息子や娘にする。神は自分自身(つまり生の充実)をまず、自分と忠実さの契約を結んだ民に与えることを約束する。そしてその民の一人一人にも。神々、偶像、その他の敵に対する主の最終的な勝利は、死に対する生の勝利であり、憎しみに対する愛情の勝利である。(フロマートカ『人間への途上にある福音』324~25頁)

ユダヤ教もキリスト教も偶像崇拝を厳しく禁止します。それは、神が人間を愛しているがゆえに起きることなのです。神は嫉妬深いのです。

この人間観は、ナザレのイエスにも引き継がれている。イエスの働きに関する説明のところで、重要なことはすでにすべて述べた。一つだけ付け加えたいのは、旧約では示唆されているだけできちんと述べられてはいなかった、永遠の命の充実、具体性、個人性が、イエスにおいて与えられているということである。福音書では、永遠の命と魂の不死の関係について多々述べられている。そして当然ながら、魂の不死の哲学的・理想的な概念に反論している。これらの概念にまどわされたり、人々の考えを混乱させたりしないようにしよう！　神の被造物である人間の存在の視点から見れば、生の限界が見えないはずはない。被造物は永遠ではないから、被造物である人間もまた永遠ではなく、（または哲学でいうところの）不死でもない。「あなたは、塵だから、塵に帰る」。この言葉が人間を示しているのは明らかである。（前掲書325頁）

神の愛は、人間を死から復活させる形で現れます。それですから、キリスト教徒は死を恐れなくなるのです。イエス・キリストが説いた「永遠の命」を得ることは、人間が不死になることではありません。神によりつくられたものである人間は、死を免れることができません。肉体だけが死んで、魂が生き残るというのは、グノーシス主義者の発想であり、キリスト教とは関係がありません。死ぬときには、肉体だけでなく魂も死ぬというのがキリスト教の考え方です。そして、終わりの日に再臨したキリストによって死者の肉体と魂の復活が実現するのです。

人間に「永遠の命」を付与するというのは、神による救済の出来事です。「永遠の命」は、神による一方的な恩恵としてのみ成り立ちます。従って、終末論は救済史の文脈で理解されなくてはなりません。救済史が必ずしも時系列をなしているとは限りません。従って、終末における神の裁きを、現在の出来事としてキリスト教徒は受け止めることができるのです。このようなリアリティにフロマートカは注目します。

福音書で語られている裁きが現在の出来事であるように。まさにイエス・キリストにおいて時が乗り越えられ、過去、現在、未来の境界が消えているので、人間が待ち望んでいるものであり、人の子への信仰においてすでに私たちに与えられているものの実現なのである。人間に対する決定的な最後の裁きがいつ行われるのか、死後すぐなのか、それとも時の終わりなのか、という議論は本質的に不毛である。聖書ではこの問題は未解決のままである。ラザロと金持ちの話で、この世の生の最後における人間の決断について語られている（ルカ福音書16章19－31節）。ヨハネ福音書では、現在起きていることに関する裁きについて語られている（ヨハネ福音書12章31節）。しかしすでに何度か述べたように、新約聖書全体（またヨハネ福音書5章25－29節）を貫いているのは、将来の裁きに対する期待である。（前掲書326～27頁）

現在の裁きと将来の裁きが新約聖書の中では混在しています。これはテキストが錯綜しているからではありません。救済史を時系列でとらえることができないので、人間の限られた知性では理解が難しい記述になるのです。

むしろ、キリスト教徒の実践という観点から理解することが重要とフロマートカは考え、こう述べます。

信仰は悔い改めながら生きること、つまり人間の真の姿を明らかにする神の言葉の告発に常にさらされるということである。しかしまた、この審判者が人間と共に被告席に座り被告のために弁護してくださる、そのような最後の裁きへの希望を持ちながら生きることでもある（ヨハネの手紙一２章１節）。この事実は、いかなる教義の命題をもってしても決して十分に説明することはできない。（前掲書３２７頁）

神について、論理で語る神学という枠組み自体にそもそも無理があるのです。同様に、復活という現実を信仰として受け止めることが重要になります。人間の知には限界があり、不可知は人知の理解を超えたところで起こる出来事だからです。しかし、それであるからこそ、人間は論理によって神について語るという不可能の可能性に挑まなくてはならないのです。

「終末」を急ぎつつ、待つ

救済は、人間の魂や精神を肉体から解放することではありません。人間は最後の審判で、その人の人格全体が裁かれます。神は、裁かれる人以上にその人を知っています。フロマートカは最後の審判についてこう述べます。

私たちが呼び出される裁きは、私たちの人格全体に関わる。「なぜなら、わたしたちは皆、キリストのさばきの座の前にあらわれ、自分の行ったことに応じて、それぞれ報いを受けねばならないからである」（コリントの信徒への手紙二5章10節）。しかしまた述べておかねばならないのは、キリストの王国は、肉体から分離して無人称的な精神に合体した抽象的な霊の集まりではない、ということである。神の国は、この世でのあらゆる個人的特徴を持って地上を歩んできた具体的な人格の集合である。神の働きが成就する神の国と、具体的な人々の地上の歴史的な人生には関連がある。全能の父の右に座ると称えられたキリストと地上の「歴史上の」ナザレのイエスとの間に関連があるように。地上を歩んだイエスと同じイエスが、今日も教会の生きた頭であり、最後の審判者である。しかし地上のイエス・キリストと天に挙げられたイエス・キリストの間に因果関係（内在関係）はない。彼らの間にあるのは、復活という創造的な行為である。イエスが神の国の至高の王になったのは、その清らかな不死の魂のゆえではない。至高の支配者および審判者となったのは、地上の生の最初から、肉の中で、神の真理と力と解放的な愛の創造行為を行い、人間の荷をも従順に背負い、己の体で苦しみ、死を、本物の墓場を味わったからである。（前掲書328～30頁）

キリストは、抽象的に人間を裁くのではありません。かつて自分が、罪もないのに裁かれたという現実を踏まえた上で、この十字架のイエスの死によって、人間は罪を克服することができるという前提に立って審判を行うのです。それですから、人間にとっては、十字架の上で死んで、葬られ、三日後に復活したキリストに対する信仰が、人間が救われる根拠になります。イエス・キリストの活動は、歴史上の出来事です。すなわち、時間と空間の制約を受ける出来事です。このような制約のゆえにイエス・キリストは、真の人として、人間を救済することができるのです。復活のイエスについて、福音書の著者たちがおぼろげな姿でしか描いていないのは、それがその時点での現実だったからです。復活のイエス・キリストの姿がはっきりした形で現れるのは、最後の審判の時です。

復活による解放の過程では、苦難があります。しかし、その苦難は、イエスが体験した神に見捨てられるという苦難よりは、辛くありません。イエス・キリストが出現したおかげで、私たちの救済は、既に保証されているのです。そのことを信じ、楽観的に生きていくことがキリスト教徒には求められています。もっとも、楽観的といっても、世間一般の基準では、かなり悲観的に映ることと思います。インテリジェンスの世界に「悲観主義者とは、事情に通じた楽観主義者のことを指す」という格言がありますが、この世で起きる現実の出来事をよく知った上でなお楽観的に生きることがキリスト教徒には求められています。終末論の文脈で述べるならば、キリスト教徒は常に希望を持っているということになります。

歴史の終わりがいつ到来しようと（予測していないときであろうと、まったく準備していなかったときであろうと、あるいは見通せないほど遠い未来であろうと）、巡礼者の共同体である教会の信仰と生活は、希望に照らされており、「アァメン、主イエスよ、来てください」（ヨハネの黙示録22章20節）という願いに常に伴われている。これらの希望に満ちた待望を表現するイメージやシンボルは大切ではない。大切なのは、前を向いた、しっかりした信仰の眼差しである。信徒たちは、主の言葉によって創造された宇宙の中の、この地上を歩む。ナザレのイエスが歩いた地上を歩く。そしてイエスも受けた肉体の中で戦う。兄弟姉妹の共同体の中で、主のかたわらで、恐れず希望に満ちた確信をもって戦うために、イエスと共に死と墓場をくぐりぬけてゆく。信徒たちは自らの教会と共に祈るために集まるが、何よりもまず、ナザレのイエスが指示する場で奉仕するために集まる。つまり、もろさと弱さのただ中で、罪人や捨てられた者たちのただ中で。信徒たちは、この道の目的であり人類史の終わりに立つ方、「アァメン、主イエスよ、来てください」という炎のような祈りが向けられた方を見つめながら、この務めに励むのである。（前掲書332～333頁）

ここで引用したフロマートカの言葉に、キリスト教の真髄がまとまっています。キリスト教徒は、われわれの人生の目的で、歴史が終焉するときに再臨するキリストの到来がすぐに来ないかと望んで、待っています。しかし、キリストの再臨がいつあるかは、私たちにはわかりません。しかし、その時は必ず来ます。それだから、私たちは「急ぎつつ、待つ」という姿勢を貫き通す必要があるのです。

「終末論」の課題

一、キリスト教神学で、「生成」概念を重視するのはなぜか。あなたの考えを述べよ。

二、キリスト教がユダヤ教から引き継いだもの、引き継がなかったものを挙げよ。

三、キリスト教から、終末論をなくすことは不可能であるという命題について、あなたの考えを述べよ。

四、キリスト教徒は、終末が来るときまで、どのようにこの世界で生きるべきか。あなたの考えを述べよ。

あとがきにかえて

私が同志社大学神学部に入学したのは、一九七九年四月のことだった。あれから三九年が経った。最初に受けた本格的な神学の講義は、緒方純雄《すみお》教授（1921〜2016）の教養学の講義だった。教養学の講義であるにもかかわらず、緒方先生の第一声は「プロテスタント神学に単数形のドグマ（Dogma）、すなわち教義はありません。あるのは複数形のドグメン（Dogmen）だけです。限界のある人間が、神について完全に知り、単一の教義を構築できるという発想は傲慢です」というものだった。講義は、シュライエルマッハー（緒方先生は、戦前・戦中にドイツ語を学んだ人の特徴でerをエルと発音するので、シュライエルマッヘルと呼んでいた）の『神学通論』（第二版）だった。この本の原著は一八三〇年に刊行された。私が「一五〇年も前に出た本を教科書にするのですか」と尋ねると「佐藤君、神学の世界では、一〇〇年や二〇〇年はそんなに長い時間ではありません。最近の流行になっているような神学書で勉強してもすぐに使えなくなってしまいます。『神学通論』を今、勉強しておけば、佐藤君が僕くらいの歳になったときにその有難味《ありがたみ》がわかります」と緒方先生は答えた。当時、緒方先生は五八歳だった。現在の私と同じ歳である。あのとき恩師が述べていたことは真実だと痛感している。

同志社大学大学院神学研究科を修了した後、私は外務省に入省した。その後も神学の勉強を続けていた。ソ連崩壊後の混乱期には、モスクワ国立大学哲学部の宗教学・宗教史学科（ソ連時代の科学的無神論学科）で、弁証法神学に関する講義をした（一九九二年九月〜九五年一月）。外交官時代は、北方領土交渉とインテリジェンス業務に従事した。外交やインテリジェンスの仕事に私は適性があった。しかし、こういう仕事を好きになることはどうしてもできなかった。二〇〇二年五月一四日、私は鈴木宗男事件に連座して、当時の職場だった外務省外交史料館で東京地方検察庁特別捜査部の検事によって逮捕された。「もうこれで外交やインテリジェンスといった苦しい仕事から解放される」とほっとしたというのが、私の偽らざる気持ちだった。その後、私は職業作家となって第二の人生を歩むことになった。国際関係、国内政治、インテリジェンス、教育法、歴史、マルクス経済学、書評などが私の主たる守備範囲であるが、神学研究を本格的に再開させることができたのが個人的には職業作家になった最大の喜びだ。二〇一六年四月からは、母校の同志社大学神学部で特別講義を行っている。私の神学生時代と較べ、入学偏差値が飛躍的に上がったこともあり、現在の神学生は基礎学力が高い。現在、私が教えている中で、傑出して神学的センスのよい三回生（二〇歳）がいる。この学生を指導しながら、緒方先生や歴史神学の藤代泰三《たいぞう》先生（1917～2008）が私にていねいに神学の手ほどきをしてくださったことを思い出した。神学教師にとって、自分の問題意識を継承してくれる可能性のある学生を教えることが喜びであることを実感している。今年からは『神学の思考』と『神学の技法』を副読本に指定し、私は神学部での講義を進めようと思っている。

　本書を読み終えて、さらに佐藤優流のプロテスタント神学について深く知りたいと考える読者には以下の神学書を勧める。

　ヨゼフ・ルクル・フロマートカ（平野清美訳、佐藤優監訳）『人間への途上にある福音――キリスト教信仰論』新教出版社、2014年ヨゼフ・ルクル・フロマートカ編著（平野清美訳、佐藤優監訳）『宗教改革から明日へ――近代・民族の誕生とプロテスタンティズム』平凡社、２０１７年
ヨゼフ・ルクル・フロマートカ（平野清美訳、佐藤優監訳）『神学入門――プロテスタント神学の転換点』新教出版社、２０１２年
ヨゼフ・ルクル・フロマートカ（佐藤優訳）『なぜ私は生きているか――Ｊ・Ｌ・フロマートカ自伝』新教出版社、２００９年（オンデマンド版）
藤代泰三『キリスト教史』講談社学術文庫、２０１７年
ハンフリート・ミューラー（雨宮栄一／森本あんり訳）『福音主義神学概説』日本キリスト教団出版局、２０１６年（オンデマンド版）
ホルスト・ゲオルグ・ペールマン（蓮見和男訳）『現代教義学総説　新版』新教出版社、２００８年
佐藤優『宗教改革の物語――近代・民族・国家の起源』ＫＡＤＯＫＡＷＡ／角川書店、２０１４年
ヨゼフ・スモリック（新見宏訳）『第四の人間と福音』日本ＹＭＣＡ同盟出版、１９７３年
ミラン・オポチェンスキー（小池創造訳）『悪の連鎖を断て――世界改革教会連盟と21世紀の課題』一麦出版社、２００１年

本書を上梓するにあたっては、平凡社の吉田真美さんにたいへんにお世話になりました。どうもありがとうございます。

二〇一八年四月九日　　佐藤優

受肉
神によって、神の子キリストがイエスという人の肉体をとって現れたこと。

召命
神に選ばれ、呼び出され、救われること。神に召されて、使命を与えられることの意味でも使われる。

東方正教会
ビザンティン帝国のキリスト教会を起源とし、ロシア、ギリシア、中東、東ヨーロッパで広く信じられる。

ファンダメンタリスト
聖書の無謬性を主張し、天地創造やキリストの処女降誕などの教理を信じるプロテスタント教徒。根本主義者、原理主義者ともいう。

プロテスタント
ローマ・カトリック教会の慣習と信仰に「抗議（protest）」した人を指す。教会の権威を強調するカトリックに対し、聖書に基づく信仰のみを強調する。

弁証法神学
限界ある人間の認識で超越的な神を知ることはできないが、神の言葉への信仰を弁証法的な論理によって表象することで克服されると説く。自由主義神学を超える運動として、カール・バルト、フリードリッヒ・ゴーカルテンを中心に提唱された。危機神学、神の言葉の神学ともいう。

ルター派
人は信仰のみによって義とされる、すべての教理は聖書に基づくといった、ルターの福音と信仰理解に従う。ルーテル派ともいう。

ロゴス
ギリシア語で「言葉」を意味する。キリスト教では、イエス・キリストを「神の言葉」と認め、神の「ロゴス（言葉）」が、人間本性にどうかかわっているのかについてを考察する。

ロマン主義
個人の感性と直観を重視する文芸・芸術運動、またその現象。政治と結びついた場合、主観的で美化された観念的なものを理想とすることが多い。

用語解説

改革派
ルター派に対し、ツヴィングリ派とカルヴァン派などを指す呼称。神の言葉（聖書）に従った不断なき改革を目指す。

カトリック
公同、普遍を意味する形容詞。時間と空間を越えた教会の普遍性（公同性）と、それを強調する教会団体に用いられる。

関係の類比
イエスが神、他者と築いた具体的な関係から類比すること。バルトは「信仰の類比」という語を使う。

キリスト論
イエス・キリストとは誰であるか、その人性と神性の関係について扱うキリスト教神学の一分野。

グノーシス
古代ギリシア語で「知識」「認識」を意味し、霊の優位性を説く霊魂二元論を取る。キリスト教では、人間を救済に導く究極の知恵を指し、異端として古代教会から排除された。

啓示
超越者である神が示す、人間の力では知ることができない真理。キリスト教における最大の啓示はイエス・キリストである。

啓蒙主義
「啓蒙」は暗闇を明るくするという意味。人間の理性と自律の光により蒙昧の闇を啓き、人間の自立を促すという、18世紀ヨーロッパの中心的思想。

サクラメント
イエス・キリストによって定められたと考えられる、神の恩恵にあずかるための教会の儀式。カトリック教会では秘跡といい、洗礼・堅信・聖体・結婚・聖職叙階・悔悛・終油の七つを認めるが、プロテスタント教会は洗礼と聖餐のみと主張する。

三一論／三位一体論
父、子、聖霊という三つの位格を持ちながら、神であるという本質については一つであるという、キリスト教の神理解。

史的イエス
聖書を歴史学的方法により他の史料を用いて分析、構成する人間イエス像。信仰の対象としてのイエス・キリストと対比される。

自由主義神学
聖書、教会、伝統といった歴史的・組織的な教理体系によらず、個人の理知的判断に基づいて解釈する神学。

コリントの信徒への手紙一

コリントの信徒への手紙二

ガラテヤの信徒への手紙

フィリピの信徒への手紙

コロサイの信徒への手紙

ヘブライ人への手紙

ヨハネの手紙一

ペトロの手紙二

ヨハネの黙示録

聖句索引

佐藤　優（さとう・まさる）
作家、元外務省主任分析官。1960年生まれ。同志社大学大学院神学研究科修了後、外務省入省。主任分析官として対ロシア外交の最前線で活躍。2002年背任と偽計業務妨害容疑で逮捕され、09年最高裁で有罪が確定し失職。13年執行猶予期間が満了し、刑の言い渡しが効力を失った。05年に発表した『国家の罠』で第59回毎日出版文化賞特別賞受賞。著書に『自壊する帝国』（新潮ドキュメント賞、大宅壮一ノンフィクション賞）『獄中記』『私のマルクス』『人に強くなる極意』『同志社大学神学部』『神学の思考』、訳書にフロマートカ『なぜ私は生きているか』、監訳書にフロマートカ『人間への途上にある福音』『宗教改革から明日へ』などがある。

本書は「ウェブ平凡」（http://webheibon.jp/）に連載された「日本人のためのキリスト教神学入門」（2014年4月〜2017年2月）を加筆修正し、再構成したものです。

神学の技法
キリスト教は役に立つ

2018年5月25日　初版第1刷発行

著　者　佐藤 優
発行者　下中美都
発行所　株式会社平凡社
〒101-0051 東京都千代田区神田神保町3-29
電話　03-3230-6581（編集）
　　　03-3230-6573（営業）
振替　00180-0-29639
DTP　株式会社言語社
印刷・製本　図書印刷株式会社

ISBN 978-4-582-71719-8
NDC分類番号191　四六判（19.4cm）　総ページ352
平凡社ホームページ http://www.heibonsha.co.jp/